DER DENKER

Dieter Zehetmayer, *Der Standard*

ANDREAS KHOL

DURCHBRUCH ZUR BÜRGERGESELLSCHAFT

MOLDEN
VERLAG

Andreas Khol

DURCHBRUCH ZUR BÜRGERGESELLSCHAFT

MOLDEN VERLAG WIEN

Die Deutsche Bibliothek - CIP Einheitsaufnahme
Andreas Khol:
Durchbruch zur Bürgergesellschaft/Andreas Khol. - Wien:
Molden Verlag, 1999
ISBN 3-85485-022-0

Umschlagentwurf: Veronika Molden
Lektorat: Christopher Dietz
Herstellung: Die Druckdenker GmbH, Wien
Druck: Wiener Verlag, Himberg bei Wien

ISBN 3-85485-022-0

Inhaltsverzeichnis

TEIL I
Eine Vision für das nächste Jahrhundert:
Neue Bürgersolidarität gestaltet die Bürgergesellschaft 9
Die Provokation: Wir brauchen eine neue Vision! 11
Das Rauschen im Blätterwald 14
Was ist eigentlich eine Bürgergesellschaft? 20
Die Bürgergesellschaft – der dritte Weg! 23
Die Bürgergesellschaft als Antwort auf Solidaritäts-, Freiheits- und Demokratieverlust 27

TEIL II
Bürgergesellschaft in Österreich – eine Bilanz 31
Fakten gegen Behauptungen 33
Die privaten Organisationen der Bürgergesellschaft: Mitglieder, Funktionäre, Mitarbeiter 35
Bürgergesellschaftliches Engagement nach Organisationstypen 40
Wer engagiert sich in der Bürgergesellschaft? 41
Bürgergesellschaftliches Engagement und Weltanschauung 46
Religiöse sind bürgergesellschaftlich besonders engagiert 46
Bürgergesellschaftliche Arbeit außerhalb von Organisationen 48
Bürgerschaftliche Mitarbeit: Was tun die Bürgerinnen und Bürger eigentlich? 49
Welche Tätigkeiten werden geleistet? 49
Der Zeitaufwand 51
Beweggründe zum Engagement in der Bürgergesellschaft: Solidarität *und* Emanzipation 52
Die Beweggründe dafür, nicht in der Bürgergesellschaft mitzutun 57
Was hält die öffentliche Meinung von der Bürgergesellschaft? 61

Streitfragen der Bürgergesellschaft und die Antworten 63
Die Grundwerte und Ziele der Bürgergesellschaft: Der erhobene Zeigefinger einer christlichen Moral? 64
Wie bildet man die Grundwerte und Ziele für die Bürgergesellschaft – Wie veranstaltet man den dritten Weg? 69
Das Verhältnis der Bürgergesellschaft zum Staat: Bürgergesellschaft gegen den Staat oder mit ihm verschränkt? 72
Was leistet die Bürgergesellschaft – Ein Ergebnis 85
Die Bürgergesellschaft verlebendigt die Demokratie 85
Die Bürgergesellschaft bildet Werte, formt Bürgertugenden und stiftet Lebenssinn 86
Bürgergesellschaft schafft Freiräume und schützt vor staatlicher Willkür 87
Die Bürgergesellschaft ist Ort gelebter und belastbarer Solidarität 88
Bürgergesellschaft hilft Arbeitsmarktprobleme zu lösen 89

TEIL III
Heimat Bürgergesellschaft: Ein Manifest 91
Heimat Bürgergesellschaft – Bericht 93
Freie Bürger – starke Gemeinschaft 93
Die aktiven Bürgerinnen und Bürger 109
Bürgerarbeit: Der zweite Arbeitsmarkt 120
Bildung und Ausbildung zur „aktiven Bürgerin" und zum „aktiven Bürger" 128
Verwaltung im Dienste der Bürger 142
Rechtliche Rahmenbedingungen 150
Die bürgernahe Gemeinde und das bürgernahe Land 157
„Best practices" aus Österreichs Bundesländern und Gemeinden 162
Heimat Bürgergesellschaft – Das Aktionsprogramm 179
Die gesellschaftspolitische Vision der ÖVP: Wir wollen unsere Heimat als Gesellschaft aktiver Bürger gestalten 179
Wir wollen Subsidiarität und Solidarität neu durchsetzen 182

Die sozialen Einrichtungen der Bürgergesellschaft bringen Wärme in unser Sozialsystem 183
Klare Regeln für die Organisationen der Bürgergesellschaft (NPOs) 185
Die Bürgergesellschaft sichert kulturelles Erbe und sinnvolle Freizeitgetaltung 188
Die Rettungseinrichtungen der Bürgergesellschaft bringen persönliche Sicherheit 188
Community Policing verstärkt die örtliche Sicherheit 189
Wir fördern das Ehrenamt 189
Wir fördern die Bildung zum aktiven Bürger 190
Wir fördern die Schaffung geeigneter rechtlicher und steuerlicher Rahmenbedingungen für die aktive Bürgergesellschaft 191
Wir fördern Bürgerarbeit und Bürgergeld auf einem „zweiten Arbeitsmarkt“ 193
Wir gestalten Gemeinden und Länder bürgernah 195
Die staaliche Verwaltung ist für die Bürger da 197

TEIL IV
Modelle der Bürgergesellschaft in internationaler Theorie und Praxis 199
Programmatisches aus dem Ausland 201
Die Bürgergesellschaft als Antwort auf die Globalisierung: Der Amerikanische „Third-way“ 201
Aktive Bürger gewinnen die Zukunft in Hessen 203
Für eine neue Bürgergesellschaft 211
Zahlen und Fakten aus dem Inland 214
Die Zahl der Vereine in Österreich 214
Der Nonprofit Sektor im Bereich sozialer Dienste 215
Die Ehrenamtlichkeit in der Kultur 219
Ehrenamtliche Tätigkeiten der Lehrerinnen und Lehrer 223
Sport und Wirtschaft in Tirol 224
Die Bürgergesellschaft beginnt zu leben 229
Freiwilligenarbeit in Zürich 229
Reform findet Stadt: in Finnland 232
Zwettl an der Rodl: Bürgersolidarität im Dorf 234

Wie man die Ehrenamtlichen ehrt: Beispiele aus der Steiermark 239
Der Tatendrang geht nicht in Ruhestand – Das Ehrenamt als Chance 244
Der Steinbacher Weg: Wie Bürgersolidarität eine Krisen-Gemeinde zu einem Vorbild machte 251

Personenregister 256

Teil I

Eine Vision für das nächste Jahrhundert: Neue Bürgersolidarität gestaltet die Bürgergesellschaft

Die Provokation: Wir brauchen eine neue Vision!

Die Herausforderung des politischen und über Politik schreibenden Establishments Österreichs war perfekt gelungen: Als Fritz Molden, Wolfgang Schüssel und Konrad Paul Liessmann am 3. März 1998 das Buch „Mein politisches Credo. Aufbruch zur Bürgersolidarität“ präsentierten, war der traditionsreiche Budgetsaal des Parlamentsgebäudes am Ring zum Bersten voll. Regierungsmitglieder zuhauf, Klubobleute der Parlamentsparteien, Abgeordnete, Nachdenker und Vordenker, Freund und Feind, Parlamentarier und Sozialpartner, Medienfachleute und andere Wortgewaltige – sie alle waren gekommen.

Eine Vision für das 21. Jahrhundert sollte ihnen vorgestellt werden, jenseits der Alltags-Parteienrealität am Ring. Die klassischen Fragen, die sich jeder immer und überall gefallen lassen muß, der etwas tut, was den Rahmen des Gewöhnlichen sprengt, wurden natürlich hörbar und unhörbar gestellt: „Wozu brauchen wir das?“, „Der traut sich was, ja, darf der denn das?“ und schließlich das ernüchternde „Da könnte ja jeder kommen“.

Was vorgetragen wurde, war ja durchaus nicht der Zeitgeist, wie er uns allüberall entgegenströmt, sondern ein ganz bewußtes Innehalten in der Zeitgeistigkeit; eine nachdenkliche Untersuchung, warum es uns verhältnismäßig gut geht und was wir tun müssen, um unser Erbe an die nächste Generation in gutem Zustand weiterzugeben.

Eine neue gesellschaftspolitische Vision stellte ich vor, beruhend auf den bewährten, im Labor der Geschichte herauskristallisierten Grundwerten, die auch in der Vergangenheit unsere Gesellschaft zusammenhielten – Grundwerte, die aber heute bedroht erscheinen.

Der Ursprung des österreichischen Wunders der Zweiten Republik ist der Gesellschaftsvertrag der Österreicherinnen und Österreicher. Abgeschlossen von der politischen Elite im nationalsozialistischen Konzentrationslager bei Dachau, führte er zur Unabhängigkeitserklärung am 27. April 1945. Er umfaßt jenen Grundkonsens, der noch heute als ungeschriebenes Grundgesetz in Österreich gilt – er hat Österreich groß gemacht, zu einem geachteten, friedfertigen, wohlhabenden Land mit hoher Lebensqualität.

Dieser Gesellschaftsvertrag ist bedroht: Entfremdungserscheinungen prägen nicht nur Randschichten – immer mehr Menschen sind gefährdet. Der Staat hat die Verantwortung für die Hilfe an sich gezogen und die Solidarität verstaatlicht. Der Staat ist aber an den Grenzen seiner Leistungskraft angelangt, die redlichen Leistungsträger – die Steuerzahler – revoltieren und flüchten. Die organisierte Kriminalität nimmt zu, die Aufgaben der Polizei werden umfangreicher. Die Erhaltung der Sicherheit erfordert immer schärfere Werkzeuge in den Händen von Gerichtsbarkeit und Sicherheitsexekutive. Die Vergehen gegen die Gesellschaft werden epidemisch: der Sozialmißbrauch wurde ein zu weitverbreiteter „Kavaliersdelikt". Die Treffsicherheit unseres Wohlfahrtsstaates fehlt. Trittbrettfahrer, Faule, Mitnehmer: sie nutzen den Staat aus. Die Hilfe des Staates ist für Leistungsschwache, nicht für Leistungsunwillige gedacht. Die Bürgerinnen und Bürger sind es leid, die soziale Hängematte für diesen Mißbrauch zu bezahlen. In weiten Bereichen fehlt die Sozialethik: das Bewußtsein, daß der Mißbrauch des Sozialstaats ein Unrecht ist.

Die Gesellschaft ist auf dem besten Wege, im Zuge dieser Entwicklungen zum Polizei- und Therapiestaat zu verkümmern. Das Heer der Bürokraten leistet wichtige und qualitätsvolle, allerdings zunehmend unfinanzierbare Arbeit, und es wird immer kälter in der Gesellschaft.

Die Demokratie beschränkt sich mehr und mehr auf die Möglichkeit der Stimmabgabe bei Wahlen. Die Stimmabgabe bedeutet zugleich Abgabe, Abtretung der Stimme, Abgabe der Mitbestimmung. An der Wurzel dieser Entfremdung liegt eine falsche Aufgabenteilung von Staat und Gesellschaft. Die Verstaatlichung der Solidarität, der Nächstenliebe und Nächstenhilfe hat dieses Überborden von Staatsmacht bewirkt. Das private Engagement wurde zurückgedrängt.

Eine Gesellschaft ohne breites Wertefundament kann nicht bestehen – daher sind die bewährten Wertestifter neu gefordert. Vor allem die politischen Parteien müssen neu denken und handeln. Die klassischen Wertegebäude sind oft Ruinen, sie haben nicht mehr den Sitz im Leben. Keine klassische Partei kann nur noch konservative, liberale, christlich-demokratische oder sozialdemokratische Werte vertreten – nur solche Parteien werden mehrheitsfähig, die für die Probleme der Zeit glaubwürdige Lösungen vorschlagen. Problemlösung bringt Erfolg.

Wollen sich Parteien ein Profil geben, müssen sie konkret werden: durch Aktionsprogramme zur Lösung der Probleme der Zeit. Sie müssen jene Grundwerte herausarbeiten, derer die Gesellschaft besonders bedarf. Dies ist heute die belastbare Solidarität aller Bürgerinnen und Bürger. Mit der Forderung nach einer neuen Bürgersolidarität müssen sich alle Parteien auseinandersetzen, wenn sie die Zeichen der Zeit richtig deuten. Die neue Bürgersolidarität leistet nämlich Wichtiges:

- Sie bringt durch mehr Freiheit und Verantwortung für den Bürger eine Erstarkung der Demokratie,
- sie bewirkt eine neue Aufgabenteilung hin zum Bürger,
- sie nützt den Solidaritätswert in unserer Gesellschaft,
- sie kann Menschen Lebenssinn vermitteln

Am Ende der Buchvorstellung machte ich dann meine Botschaft klar: Ich glaube, daß diese neue Bürgersolidarität die Vision sein kann, die das 21. Jahrhundert prägen wird. Ihr Ziel ist die Einrichtung einer aktiven Bürgergesellschaft. In ihr sollen initiative Bürgerinnen und Bürger in den vielen bereits bestehenden freien Vereinigungen und Vereinen, in privatem Engagement und freiwillig auf allen Ebenen mehr Verantwortung für die Gemeinschaft übernehmen. Ziel ist auch die Stärkung der Verantwortung des einzelnen für sich selbst und die Seinen, die Festigung der Familie und die planmäßige, umfassende Ausgestaltung dieser freien Vereinigungen. Ihr Wissen und ihr Können muß in die staatlichen Entscheidungen eingebaut wer-

den, vor allem auf der Ebene der Städte und Gemeinden. Bürgerbüros in den Bezirken der Städte und bei den Gemeindeämtern sollen den hunderttausend österreichischen Vereinen Hilfe und Service anbieten, sie in die Gestaltung einbinden und das Entstehen neuer Aktionen, neuer Bürgerinitiativen fördern. Das Ehrenamt muß anerkannt und gefördert werden. Die freiwillig wirkenden Bürgerinnen und Bürger müssen Zugang zu staatlichen Geldquellen und zu Sachmitteln, aber auch zur Ausformung und Durchsetzung von Werten haben. Das ist die aktive Bürgergesellschaft.
Meiner eigenen Partei, der Österreichischen Volkspartei, stellte ich eine Aufgabe: Konkrete Aktionsprogramme zu entwickeln und gemeinsam mit anderen Solidaritätspartnern umzusetzen – den Durchbruch zur Bürgergesellschaft vorzubereiten; geprägt vom Grundsatz, daß unsere Gesellschaft in allen Bereichen von den leistungsbereiten Bürgerinnen und Bürgern lebt, die mehr tun als ihre Pflicht.

Das Rauschen im Blätterwald

Die Provokation gelang – das Thema der Bürgergesellschaft sollte von diesem Zeitpunkt an nicht mehr aus der Diskussion verschwinden. Keine Partei, keine Zeitung in diesem Land kam umhin, sich mit dieser Vision auseinanderzusetzen. Das Rauschen im Blätterwald, das der Buchpräsentation folgte, war unüberhörbar. Die wichtigsten politischen Kommentatoren versuchten eine Schematisierung, Einordnung und Verortung: „Ja, was soll denn das Ganze eigentlich", und: „Ist das Ganze nun konservativ, neokonservativ, liberal, überhaupt nicht konservativ, zu wenig, oder sogar progressiv? Ist das eine Attacke auf den Sozialstaat oder eine neue Ausprägung?" Die Einordnung auf dem Links-Rechts-Raster gelang nicht; auch nicht die Denunzierung als klerikal-patriarchalisch (so der sozialistische Parteivorsitzende beim Parteitag seiner Partei, der ein Parteiprogramm der Belanglosigkeit, der Beliebigkeit und der technokratischen Stehsätze beschloß).

Günther Nenning war da schon subtiler, wenn er schrieb: „Jeder Schwarze ist heute ein bissel ein Roter; jeder Rote ein bissel ein Schwarzer (ich auch). Rote wie Schwarze sind Klammeräffchen, die sich, wie der Name sagt, umklammern. Ich finde darin nichts Böses. Als Roter (und sonst noch allerhand) bin ich halt auch Großkoalitionär (und sonst noch allerhand). Nachdem Khol geradezu geschwelgt hat in „roten" und „schwarzen" Verähnlichungen – vom Sozialismus bis katholischer Soziallehre und retour, mit neoliberalen Einschlüssen –, geht er daran, sich ein neues Haus zu bauen [...]. Sein Haus paßt jetzt ein Stück mehr in die sanft-gewellte austriakische Landschaft, als seinerzeit seine erzkonservative Jugendblüte vermuten ließ."

Annähernd in die gleiche Richtung ging der liberale Hans Rauscher: „Die Ironie dabei ist, daß Khol möglicherweise zu wenig konservativ ist. Sein Buch enthält keine deutliche Forderung nach Steuersenkung und Reduktion des Sozialstaates – klassische Anliegen vornehmlich angelsächsischer Konservativer. Er verwirft sogar in seinem Eingangskapitel ausdrücklich das Modell Thatcher und Reagan – ein Modell der Marktwirtschaft mit Demokratie und zu wenig Solidarität zugunsten eines Modells Demokratie mit Marktwirtschaft und Solidarität. Die Solidarität spielt eine sehr große Rolle in seinem politischen Credo. Neu daran ist allerdings, daß er eine Gesellschaft vor sich sieht, in der Solidarität nicht sosehr anonym und mehr oder weniger zwanghaft durch staatliche Umverteilung geübt wird, sondern durch private Bürgerinitiative. Will er dieses Modell auf Österreich übertragen, so müßte er zunächst eine massive Steuer- und (Sozial-)Abgabensenkung fordern. Die Bürgergesellschaft organisiert sich selbst? Wunderbar! Er selbst will, daß seine ‚hunderttausend österreichischen Vereine' zu Trägern der neuen Bürgersolidarität werden sollen und die ehrenamtlich wirkenden Bürger und Bürgerinnen Zugang zu staatlichen Geldquellen und zu Sachmitteln haben. Wirklich konservativ wäre gewesen, ihnen das Geld für die neue Bürgersolidarität gleich in der Tasche zu lassen." Also auch: Zu wenig konservativ!'

Ganz anders, sehr nervös und aufgeregt die Chefin des hart mitgenommenen Liberalen Forums, Heide Schmidt: „Die Bürgersolidarität eines Khol hat mit einer offenen, liberalen BürgerInnengesellschaft soviel zu tun wie eine Schiffssirene mit einer Opernarie [...]. Während Liberale nämlich davon ausgehen, daß sich Menschen in einer BürgerInnengesellschaft selbstbestimmt und eigenverantwortlich organisieren, entscheidet in der konservativen Bürgergesellschaft ausschließlich ein Khol, wer teilhaben darf und wer nicht." Und sie schließt hoffnungsfroh, „daß die Auflehnung gegen diese Art von Bürgergesellschaft in der Volkspartei wohl allgemein werde [...]."

Auch der Chefredakteur des „Standard", Gerfried Sperl, greift in die Tasten: „Gegen Vera (die Fernsehserie, A. K.) gerät Khols Credo allemal in einen Gegenwind. Der Tiroler Wortschütze zielt auf die Wurzeln Tarockaniens – die Vereine. Im Schlußkapitel über die Bürgersolidarität wünscht er sich nicht mehr und nicht weniger als eine Politisierung der Spar- und Trachtenvereine, er schlägt kommunale Nebenregierungen vor und zu schlechter Letzt auch noch einen jährlichen Tag der Ehrenämter, auf daß sich Gold und Silber in Form von Orden durch die Republik ergießen [...]."

Am schärfsten ins Gericht gehen in der Volkspartei immer die Freunde: Manche selbsternannte Liberale in der Volkspartei haben mit der Gemeinwohllehre des christlichen Solidarismus schon immer ihre Schwierigkeit gehabt, und daher wird der dritte Weg der Sozialen Marktwirtschaft und der Bürgersolidarität gleich als Synthese mit dem Sozialismus verstanden, als Antithese zum Liberalismus – und zwar nicht bloß als temporäre Koalitionsstrategie, sondern aus ideologischer Überzeugung. Ganz richtig meint der Steirer Bernd Schilcher, daß ich den starken Staat in der Form einer starken Demokratie möchte, wenn er meint: „Khol möchte den Staat nur mißbrauchs- und treffsicher machen. Da er freilich nicht hinter jeden Pfuscher und jede unberechtigte Karenzgeldbezieherin einen Polizisten stellen kann, braucht er die neue Bürgersolidarität, die andere daran hindert, die gesellschaftlichen Leistungen zu mißbrauchen." Wie anders soll man, so meint der steirische Vordenker, diese neue Ethik der Solidarität interpretieren als als privates Spitzelwesen? Und Schilcher schließt messerscharf unter dem Schlagwort „Solidarisches Spitzelwesen": „Khol hat ein gravierendes Problem, er ist FÜR Solidarität und GEGEN Autonomie."

Der bekannte marxistische Wirtschaftsprofessor Erwin Weissel wiederum greift die Bürgersolidarität und die Bürgergesellschaft von links an: „Khols zentrales Anliegen ist, die Bewältigung sozialer oder solidarischer Aufgaben durch kleine Gruppen statt durch den Staat zu erreichen. Damit steht er nicht alleine – früher nannte man das Subsidiarität, der von ihm bevorzugte Begriff ist heute Kommunitarismus –, aber das enthebt ihn nicht der Pflicht zum Nachweis, wie das funktionieren soll, denn Hundezüchter oder Gesangsvereine haben noch nie gesellschaftliche Umwälzungen herbeigeführt, um die es ihm geht. Der Haken ist nämlich, daß das Ziel des Zusammenschlusses darin bestehen kann, sich einen Vorteil zu Lasten der Außenstehenden zu verschaffen. Er nimmt die Freiwillige Feuerwehr als Musterbeispiel solidarischen Handelns – als Ergebnis eines nüchternen Versicherungskalküls auf Gegenseitigkeit läßt sie sich genauso gut, wenn nicht sogar besser, erklären. Er bewundert, daß laut einer Umfrage die in Vereinigungen aktiv Tätigen eher Anerkennung wollen als Geld vom Staat, was er deshalb behaupten kann, weil er Geld wörtlich nimmt und Sachleistungen, Schulungen und Beistellung von Personal ausklammert, alles geldwerte Leistungen, die zwei Drittel der Befragten wollten – also man kann Bürgersolidarität auch so mißverstehen."

Michael Fleischhacker in der „Kleinen Zeitung" sieht ein Theorie-Praxis-Problem in der Bürgergesellschaft: „Khols deutlich von der Kommunitarismusdiskussion inspiriertes Suchen nach einer neuen Bürgersolidarität erweckt ein wenig den Eindruck des Psychohygiene-Projekts. Da wollte sich wohl der politische Grundsatzdenker gegenüber dem beinharten Pragmatiker etwas Luft verschaffen. Und letztlich ist ihm dabei die Luft ausgegangen, weil die neue Bürgergesellschaft, die sich der Theoretiker Khol wünscht, doch am Widerstand des Pragmatikers Khol scheitern würde. Vermutlich ist die Erkenntnis schon beim Schreiben ausgegangen, und so hat er vorsichtshalber gleich einmal nicht alles zu Ende gedacht [...]."

Hans Winkler wiederum meint in der gleichen Zeitung: „Die Logik der kapitalistischen Marktwirtschaft, zu der es keine Alternative gäbe, erzeugt genau jene Individualisierung, Atomisierung, Entsolidarisierung, der die Bürgergesellschaft entgegenarbeiten will."

Meint er damit wirklich, daß es zur kapitalistischen Marktwirtschaft nicht die Soziale Marktwirtschaft und die Bürgergesellschaft als Alternativen gäbe?

Substantiell auf das Ideologische zielt die Kritik von Lothar Höbelt in „Zur Zeit": „Die Bürgergesellschaft ist wohl ein Rückgriff auf das Solidaritätsmyzel der privaten Vereine als Baustein einer echten Zivilgesellschaft. Hier kann Gemeinschaft erlebt werden, auf freiwilliger Basis und mit gesellschaftlichem Nutzeffekt – von der Caritas und den Roten Falken bis zu den Burschenschaften, da hat Khol ein weites Herz. Nun ist es zweifelsohne schön, wenn Werte auch wirklich gelebt werden, wenn die Privatinitiative floriert; verdienstvoll auch, wenn man sich aus aktuellem Anlaß für die Vereine stark macht. Doch was kann der Staat und die Politik tun, um diese Idylle zu fördern – außer eben, sie möglichst in Ruhe zu lassen. Das wäre eine liberale Variante. Die ist ihm jedoch nicht genug, und da beginnt das Problem. Er möchte die Privatinitiative eben nicht als Gegenbewegung zum Rabenvater Staat sehen, sondern als Partner. Ob die Eigeninitiative diese Umarmung überlebt, ist die Frage. Sind Organisationen, die von der öffentlichen Hand geschaffen und gefördert werden, noch wirklich bürgerschaftliche Agenturen der Zivilgesellschaft oder sollten die unter Beschuß geratenen öffentlich-rechtlichen Institutionen bloß durch einen Kranz von verträglicheren Vorfeldorganisationen entlastet, aber nicht entmachtet werden? Es bleibt sein Verdienst, eine zwar wirksame, aber bisher nur am Rand wahrgenommene Strömung aufgegriffen und ins Zentrum der Debatte gerückt zu haben. Über zwei Widersprüche des Konservatismus kommt er schwer hinweg: Zum einen das taktische Dilemma, die für notwendig gehaltene Veränderung und Weichenstellung plausibel zu machen, wenn unser Grundkonsens doch ohnehin so super ist. Zum anderen aber das klassische konservative Dilemma schon des 19. Jahrhunderts: die zentralistischen staatlichen Strukturen waren ihnen zu Recht suspekt, also setzte man auf Autonomie und Subsidiarität. Aber wirkliche Autonomie wollte man auch wieder nicht riskieren, daher alles nur schön im Rahmen des Grundkonsenses ohne bizarre Einzelinitiativen, also doch wieder unter staatlicher Leitung und Gängelung."

Konrad Paul Liessmann wiederum hat schon bei der Buchpräsentation im Parlament auf die Spannung zwischen egoistischen Interessen, dem Wunsch nach individueller Freiheit und dem Bedürfnis nach funktionierenden Gemeinschaften hingewiesen, als er meinte: „Diese Spannung wird auch unter den gegenwärtigen Bedingungen zunehmen, auch wenn das Konzept der Bürgersolidarität Anklang findet. Was ich durchaus für wünschenswert hielte, auch wenn ich zu bedenken gebe – und das ist vielleicht mein stärkster Einwand –, daß es für mich zumindest schon auch zu den großen Errungenschaften dieser bürgerlichen modernen Gesellschaft gehört, Menschen ein individuelles Leben zu ermöglichen, das, gerade weil die sozialen Leistungen nicht unmittelbar sondern mittelbar transferiert werden, mit einem Minimum an Gemeinschaftssinn auskommen kann, ohne deshalb schon gemeinschaftsschädigend zu sein. Also diese berühmt-berüchtigte Anonymität in urbanen Umgebungen schätze ich zumindest hin und wieder doch sehr. Auf diese Errungenschaften würde ich nur ungern verzichten."

Ein Rauschen im Blätterwald also – den einen war der Entwurf zu wenig konservativ, den anderen zu konservativ; die einen fanden ihn patriarchalisch-klerikal, die anderen polizeistaatlich und mit erhobenem Zeigefinger das Spitzelwesen fördernd; die einen versöhnlich-integrierend, die anderen scharf-polarisierend. Die einen waren für den Gemeinsinn, die anderen für das „Laßt mich in Ruhe" – Mißverständnisse, gewollt oder unvermeidbar. Jedenfalls wurde eines klar: Das Thema der Bürgergesellschaft kam damit in den Mittelpunkt der politischen Diskussion, soweit sie sich über den Tellerrand der Tagespolitik hinaus entwickelte. Das Thema selbst läßt fast niemanden kalt. Die Neugier darüber, was eigentlich dahintersteckt, wurde artikuliert. Die Notwendigkeit, in die Einzelheiten zu gehen, wurde für alle, die an dieser neuen Vision interessiert waren, eindrucksvoll klar. Denn es gab viele, die sich ganz im Gegensatz zu den genannten Kritikern von rechts und links von oben und von unten voll mit dem Leitbild einer Bürgergesellschaft identifizieren konnten. Sie sind die Mitstreiter im Kampf um den Durchbruch zur Bürgergesellschaft.

Was ist eigentlich eine Bürgergesellschaft?

Im ersten Vorstoß zur Umgestaltung unserer Gesellschaft zu einer solidarischen, bürgernäheren Verantwortungsgesellschaft ging es mir vor allem darum, das Thema auf die Tagesordnung der öffentlichen Debatte zu setzen. Im Gefolge der Buchvorstellung berichteten Hörfunk und Fernsehen, Zeitschriften und Zeitungen ausführlich darüber, das Thema wurde liebevoll und beißend zugleich in Karikaturen aufgearbeitet. Daran knüpften sich zahlreiche größere und kleinere Diskussionen, Pamphlete, also Kampfschriften – dafür und dagegen – Vortragsabende und Buchpräsentationen. Überall stand die Erklärung des sperrigen Begriffs der Bürgergesellschaft im Mittelpunkt: Wenige konnten sich darunter etwas vorstellen – es war und ist eben ein ideologischer Kampfbegriff, der international, in den Vereinigten Staaten von Amerika und in Großbritannien als *civil society* geprägt und ins Deutsche übertragen wurde: „Bürgergesellschaft"!

Jean Veenenboss, *Der Standard*

Viele Freunde rieten mir: „Such' doch einen neuen Begriff, einen selbstverständlicheren, einen weniger erklärungs- und argumentationsbedürftigen!" Einen solchen gibt es aber nicht so leicht! Schon manche haben es versucht: in Deutschland mit den Worten „Für eine neue Sozial- und Bürgerkultur" – ist das plastischer?

Meine Erfahrungen sind geprägt von der Diskussion um die Soziale Marktwirtschaft und die daraus abgeleitete Ökosoziale Marktwirtschaft: Fast vierzig Jahre benötigte die internationale Christdemokratie, bis zumindest politisch halbwegs Interessierte verstanden und wußten, daß zwischen reinem Markt und Sozialismus der dritte Weg die „Soziale Marktwirtschaft" ist, ein von Ludwig Erhard und seinen Mitstreitern geprägter Begriff. Heute hat er sich durchgesetzt – auch moderne Sozialdemokraten bekennen sich dazu, in Absage an den bloß liberalen Markt und die sozialistische Zentralverwaltungs- und Bürokratenwirtschaft.

In den siebziger Jahren wurde die Bedeutung des Umweltschutzes immer sichtbarer; die Diskussion führte zuerst zum Begriff der Ökosozialen Landwirtschaft und dann zur Ökosozialen Marktwirtschaft: in den späten achtziger Jahren ein von Josef Riegler gestalteter und vertretener Begriff. Mit dessen Abgang geriet er in Vergessenheit – der Begriff sei zu sperrig und niemand könne sich darunter etwas vorstellen. Und so verlor man die politischen Urheberrechte, verlor man den Kampf ums Wort – heute ist die Ökosoziale Marktwirtschaft ein weithin verstandener Begriff, der unsere Wirtschaftsziele umschreibt. Dasselbe soll nicht mit dem Begriff „Bürgergesellschaft" geschehen, zumal er schon heute ein internationaler und über den ganzen deutschen Sprachraum verbreiteter und gängiger Begriff mit umrissenem Inhalt ist.

Wenn wir in unserem Zusammenhang von Bürgergesellschaft sprachen, so wurde zuerst ein noch nicht konkretisiertes Modell vorgestellt. Zielsetzungen und Umrisse wurden zwar deutlich, nicht aber Maßnahmen und Aktionen. Die erste Annäherung an dieses Modell soll im folgenden kurz skizziert werden.

Sie war Gegenstand heftiger Auseinandersetzungen, die wiederum – wie positive Kritik immer – dazu führten, daß manches klargestellt, manches ausgeräumt und manches verstärkt werden konnte.

Die Bürgergesellschaft – der dritte Weg!

Die Bürgergesellschaft ist geprägt von selbständigen Menschen, die eigenverantwortlich, freiwillig und solidarisch handeln. Sie ist geprägt von einer neuen Arbeitsteilung zwischen Staat und Bürger. Die Bürgergesellschaft nutzt die ungenutzten Solidaritätsvorräte, sie stärkt die bereits bestehenden Solidaritätsgruppen. Die Bürgergesellschaft tritt neben den oft kalten staatlichen Wohlfahrtsapparat und macht die mitmenschliche Initiative sichtbar, die Wärme ausstrahlt, Geborgenheit und Beheimatung gibt: Füreinander und nicht Gegeneinander; Helfen, wo der Staat nicht helfen kann, wo der Staat nicht helfen will, wo der Staat nicht helfen darf. Nicht helfen kann, weil ihm die Mittel fehlen; nicht helfen will, weil es den Politikern und ihren Bürokraten ideologisch oder machtpolitisch nicht in den Kram paßt; nicht helfen darf, weil er die Grenze zum Privaten, zur Werteentscheidung, die jedem Bürger höchstpersönlich zusteht, überträte.

Bürgergesellschaft ist von Bürgersolidarität geprägt: Initiative Bürgerinnen und Bürger nehmen in einer neuen Mitgestaltungs- und Mitbestimmungskultur zahlreiche Aufgaben eigenverantwortlich wahr – unterstützt in erster Linie von Privaten, in zweiter Linie von den Gemeinden, den Ländern und dem Bund.

Bürgergesellschaft bedeutet konkret: Private, spontane Initiativen oder freie Vereinigungen übernehmen freiwillig und ehrenamtlich Aufgaben zur Verwirklichung des Gemeinwohls und zur Sinnstiftung. Sie organisieren sich entweder locker in Aktionsgruppen, Bürgerinitiativen, Nachbarschafts- oder Diskussionsrunden, ohne rechtlichen Rahmen, oder sie verrechtlichen sich auf Grundlage des Vereinsrechts, finanzieren sich durch Mitgliedsbeiträge, Spendenzuschüsse, wählen ihre eigenen Funktionäre, organisieren ihre Tätigkeit frei und gemeinnützig und sind im wesentlichen unbezahlt, also ehrenamtlich und vor allem freiwillig tätig.

Selbstorganisation, Freiwilligkeit, Ehrenamtlichkeit, Engagement, örtliche Verwurzelung, erprobte Sachkunde, Dialogbereitschaft, demokratische Willensbildung, Bürgersinn: all dies sind Merkmale der Träger der Bürgergesellschaft. In ihr haben jene ein Aufgabengebiet, die sich aus religiösen, weltanschaulichen oder anderen moralischen Gründen zum Dienst am Nächsten und für das Gemeinwohl begeistern lassen. Aber auch die Leistungsbereiten, die „säkularisierten" Menschen, die ganz einfach eine sinnvolle Freizeitgestaltung, eine freudebringende, lustvolle Tätigkeit mit Gleichgesinnten suchen die emanzipiert und selbstbestimmt öffentliche Angelegenheiten mitgestalten wollen, und zwar ohne den Staat: auch sie sind gemeint und unverzichtbar.

Bürgerinnen und Bürger geben ihre Freizeit neben der Erwerbsarbeit, oder nach der (frühen) Pension ihre Lebenserfahrung, und erhalten Lebensfreude und Lebenssinn zurück. Bürgerinnen und Bürger tun etwas gemeinsam, was ihnen Freude macht, aber auch der Gemeinschaft nützt. Neben die verstaatlichte Solidarität – nicht an ihre Stelle – tritt wieder die private, ohne in die Almosengesellschaft des letzten Jahrhunderts zurückzufallen.

Das Aufgabengebiet ist schier unbegrenzt: Es reicht von den sozialen Initiativen, wie sie die Caritas und die tausenden Pfarren und Pfarrgruppen gestalten – in der Jugendarbeit, Altenpflege, Krankenbetreuung, Gefangenenhilfe, Betreuung von Alleinerziehern, Hilfe für die Armen –, bis zu den sinnstiftenden Kulturaktivitäten im Bereich der Musik, des Theaters, der Literatur, der bildenden und darstellenden Kunst. Von Natur- und Tierschutz zum Umweltschutz, vom Alpenverein zu den Rettungsorganisationen des Roten Kreuzes, der Wasserrettung, der Bergrettung usw. Von den Feuerwehren zu den sogenannten Serviceklubs wie Rotary, Zonta, Kiwanis. Die Farbstudenten aller Richtungen gehören mit ihrer Jugendarbeit und der Herausbildung ethisch fundierter Leistungseliten ebenso zu den Pfeilern der Bürgergesellschaft wie die Kinderfreunde, die Roten Falken, die Naturschutzjugend und natürlich die Alpenvereinsjugend.

Neue und zusätzliche Aufgaben entwickeln sich ständig: Neu sind die Telefonseelsorge, die Nachbarschaftsgruppen, die sich um die Sicherheit im Wohnbereich kümmern, die Gruppen in den großen kommunalen Wohnanlagen, alles, was mit Sport, Brauchtumspflege und Kultur zu tun hat. Neues entsteht ständig.

In zahlreichen Gruppen sind mehrere Millionen Menschen heute schon in Österreich tätig. Sie bilden die unsichtbare Struktur unserer Gesellschaft, sie sind die Bürgergesellschaft. Von arroganten Intellektuellen als „Vereinsmeier" abqualifiziert, leisten sie Unersetzliches und gestalten ein Gesellschaftsbild, das jenem angeblich modernen Gesellschaftsbild diametral entgegengesetzt ist, das uns aus den Zeitgeistmagazinen entgegenströmt: die Liegestuhlgesellschaft.

Die Liegestuhlgesellschaft ist das Zerrbild einer Gesellschaft, die ins 21. Jahrhundert zu torkeln droht – eine Gesellschaft, geprägt von Demokratie-, Sinn-, Wert- und Solidaritätsverlust, geprägt von einem staatlichen Alleinverantwortungsanspruch für den einzelnen, dem eine ebensolche Anspruchsgesinnung der Menschen entspricht: „Rabenvater Staat" ist für mein Kind verantwortlich – so jüngst eine Demonstration von Alleinerzieherinnen vor dem Bundeskanzleramt –, nicht ich selbst! Der Staat ist Träger einer umfassenden Staatsfürsorge geworden: Damit verbunden sind Egoismus und schleichende Entmündigung, Abbau der Eigenfürsorge und der Eigenverantwortung, Abbau von Solidarität. An die Stelle der Nächstenliebe, an die Stelle der Solidarität tritt der Staat als anonymes Fernwärmesystem. Und damit entsteht die Liegestuhlgesellschaft: Die einen liegen im Liegestuhl und schauen zu – der Liegestuhl wird vom Staat bereitgestellt –, wohl befürsorgt, aber geprägt vom sinnlosen Leben – die anderen stöhnen unter der Arbeit, der Bürokratie und der Steuerlast. Der Bürger wird damit zunehmend zum Kunden im Selbstbedienungsladen Staat. Ein Selbstbedienungsladen, in dem man sich selbst verwirklicht und gerade nur das tut, was Spaß macht. In der Gemeinschaft Verantwortung für sich selbst und den Mitmenschen zu übernehmen, das ist unmodern, so sagen die Vertreter des Zeitgeistes in der veröffentlichten Meinung.

Wir glauben, daß in den Institutionen der Bürgergesellschaft Junge und Alte Lebenssinn erfahren können, daß in den Institutionen der Bürgergesellschaft die Grundwerte der Solidarität, der Toleranz, der Leistung und andere heute oft als Sekundärtugenden verunglimpfte Grundwerte vermittelt werden, und wir glauben schließlich, daß in einer solchen Bürgergesellschaft die Demokratie neue Stärke erhält.

In der Diskussion dieses vorerst in Umrissen skizzierten Modells wurde mir schnell klar: Die Visionen einer Bürgergesellschaft werden erst wirklich verständlich, wenn man sie konkret umsetzt. Aus dem allgemeinen Grundsatz mußte also ein Aktionsprogramm, ein „Bürgermanifest", werden. Die Zielsetzung dabei war klar: die Strukturen der Bürgergesellschaft zu stärken und auszubauen, die neue Freiwilligkeit und Leistungsbereitschaft in einer zunehmend säkularisierten Jugend ansprechen, das Ehrenamt anzuerkennen und ihm zu helfen. Unter dem Leitsatz „Freie Bürger machen eine starke Demokratie" müssen die Alternativen diskutiert werden: Wo brauchen wir weniger Staat? Wo brauchen wir mehr Staat? Wo müssen wir den Staat verändern?

Der dritte Weg zwischen dem Kapitalismus der liberalen Marktwirtschaft und der sozialistischen Zentralverwaltungswirtschaft ist die Soziale Marktwirtschaft. Dieses Leitbild für die Wirtschaft bedarf einer Ergänzung im Gesellschaftlichen: Im gesellschafts- und demokratiepolitischen Bereich ist der dritte Weg die Bürgergesellschaft. So wie die Soziale Marktwirtschaft dem freien Markt einen staatlichen Rahmen gibt, den Wettbewerb veranstaltet, so muß in der Bürgergesellschaft dem freien Vereinswesen und den freien Vereinigungen ein staatlicher Rahmen gegeben werden, muß Bürgergesellschaft durch die Gestaltung der Rahmenbedingungen veranstaltet und gestaltet werden. Diese Rahmenbedingungen klarzulegen und in ein Aktionsprogramm zu gießen: dies war der klare Auftrag, um der Bürgergesellschaft zum Durchbruch zu verhelfen.

Die Bürgergesellschaft als Antwort auf Solidaritäts-, Freiheits- und Demokratieverlust

Wie bei so vielen Ideologien und Parteiprogrammen hat sich auch der Gedanke einer neuen Gesellschaftsordnung in Form der Bürgergesellschaft als Antwort auf die Mißstände in der gerade herrschenden Gesellschaft entwickelt. Sozialismus und christliche Soziallehre waren in der Mitte des 19. Jahrhunderts beispielsweise die Antwort auf die Auswüchse des Liberalismus in Form des brutalen Frühkapitalismus mit seiner Ausbeutung der Arbeiter und dem Massenelend der beginnenden Industrialisierung.

Der Gedanke der Bürgergesellschaft fußt zwar auf guten, bewährten Grundsätzen, die sich über das Jahrhundert entwickelt haben: Selbstorganisation durch Subsidiarität; Partnerschaft und der Solidarität; Freiheit durch Emanzipation vom Staat, Verantwortung für sich und die Mitmenschen. Dennoch, die Bürgergesellschaft ist etwas Neues und formt sich in jedem Land anders – als Antwort auf die Zustände im Land, als Antwort auf Mißstände, Unzulänglichkeiten, auf Solidaritäts-, Freiheits- und Demokratieverluste.

Es war der Abbau der Sozialleistungen in den Vereinigten Staaten durch Ronald Reagan, der die Bürgergesellschaft als *civil society* zur Wiedererringung des Gemeinwohls entstehen ließ. Ronald Reagan schaffte eine Reihe von Bundesprogrammen der Sozialhilfe ab und übertrug ihre Aufgaben den Einzelstaaten der USA; er senkte die Steuern und kurbelte die Wirtschaft an – der Wirtschaftsboom der Vereinigten Staaten der letzten 15 Jahre ist die Folge. Eine andere Maßnahme war die Abschaffung so mancher wichtiger Sozialhilfeleistung des Staates. An die Stelle der staatlichen Programme traten die privaten Vereinigungen und Stiftungen, um die Lücken zu schließen. Die Übernahme öffentlicher Aufgaben und die Arbeiten an der Verwirklichung des Gemeinwohls haben in den USA eine jahrhundertealte Tradition. George Bush, der Nachfolger Ronald Reagans, setzte diesen Abbau des Sozialstaates und die neue Aufgabenteilung fort und überhöhte die inzwischen voll angelaufene Arbeit der Vereine und Stiftungen ideologisch: Vor einer großen Konferenz dieser Vereine und Stiftungen sprach er von den „tausend Lichtern in der Gesellschaft" und unterstrich ihre Bedeutung für das ganze Land.

Die Politik Ronald Reagans war die Antwort des Neokonservativismus auf die wuchernde Sozialbürokratie in den USA gewesen, auf den eklatanten Mißbrauch der Sozialleistungen durch viele, und auf die damit ständig steigende Steuerlast. Die Bürgergesellschaft wiederum war die Antwort auf das „soziale Loch", das durch die tiefeinschneidenden Dezentralisierungs- und Sparmaßnahmen in die amerikanische Gesellschaft gerissen wurde. Die USA haben sich seitdem in jeder Beziehung erholt: wirtschaftlich, aber auch gesellschaftlich. Die neue Aufgabenteilung bewährt sich.

Ähnlich die Entwicklung in Großbritannien: Margaret Thatcher hat einen funktionsuntüchtigen sozialistischen Bürokratenstaat in zwölf Jahren einer neokonservativen Radikalkur unterzogen. Auch hier war die Wirtschaft durch die riesigen Steuerlasten im Gefolge einer wuchernden Sozialbürokratie, durch ein ständiges Wachsen der Sozialleistungen und deren systematischem Mißbrauch an den Rand des Erstickens gebracht worden; die Arbeitslosigkeit hatte zweistellige Ziffern erreicht. Die Kur von Frau „Dr. Eisenbart" Thatcher half – aber unter großen Opfern und Verwundungen der Gesellschaft. Auch diese Kur führte zu einem britischen Wirtschaftswunder: Die Arbeitslosenzahlen sanken auf einen Tiefststand, die Industrie erholte sich. Die großen Verwundungen der Gesellschaft –

man erinnert sich noch an den fast zweijährigen Streik der Bergarbeiter und an das große und den sozialen Unfrieden, der bleibend dadurch entstand – hat sich Tony Blair zu heilen vorgenommen, ein praktizierender Christ, der aus der marxistisch inspirierten Labour Party ein New Labour, also aus einer Arbeiterpartei auch in semantischer Hinsicht etwas anderes machte, nämlich „neue Arbeit". Auch seine Philosophie ist die Philosophie der Bürgergesellschaft. Bei ihm steht die Dezentralisierung, die Stärkung der kleinen Netze im Vordergrund. Er und Bill Clinton sprechen daher immer wieder von der *civil society* als dem dritten Weg, dem *third way* zwischen Kapitalismus und Sozialismus.

Im deutschen Sprachraum sind es vor allem der Grundwerteverlust, die Erstarrung der Demokratie in formalen Abläufen und der überbordende Sozialstaat, die von vielen festgestellt werden und den Ruf nach der Bürgergesellschaft erschallen lassen. Andere aber rufen nach der Bürgergesellschaft in einem neuen Freiheits- und Autonomiestreben; ihnen ist das Abwerfen staatlicher Bevormundung und die Nutzung des Sich-einbringen-Wollens, die Nutzung der Bereitschaft zum sinnvollen Engagement ein wichtiges Motiv. Wiederum andere kommen zur Bürgergesellschaft, weil sie die Grenzen des Wohlfahrtsstaates sehen: bei der Armutsbekämpfung, bei der Bekämpfung der Arbeitslosigkeit, bei der Bekämpfung der Ellbogengesellschaft.

Diese Vielschichtigkeit der Motivation zur Bürgergesellschaft bedeutete aber auch eine kontroversielle Diskussion des ganzen Projekts – nicht nur mit den Gegnern der Bürgergesellschaft, sondern auch innerhalb ihrer Verfechter. Wer vor allem im freien Streben und im Abwerfen staatlicher Bevormundung seinen Zugang zur Bürgergesellschaft sieht, kann mit dem Solidaritätsargument wenig anfangen und vermutet dahinter den Zwang zum „Gutmenschentum". Wer vor allem die Armut bekämpfen will, vermutet im Projekt „Bürgergesellschaft" – vor allem, wenn es von christlich-demokratischer Seite kommt – einen Anschlag auf den Sozialstaat, einen Anschlag auf den

Gewerkschaftsstaat. Wer vor allem den Grundwerteverlust in der Gesellschaft durch neue Bindungen und Institutionen bekämpfen will, sieht wiederum im liberalen Emanzipationsdenken keinen richtigen Weg.

Die Diskussion, die meine vehement vorgetragenen und in die Öffentlichkeit gebrachten Visionen auslösten, war von diesen vielen verschiedenen Zugängen zur Bürgergesellschaft geprägt. Der gemeinsame Nenner war meist: ‚Im Prinzip ja, aber so nicht!'

Ein konkretes Aktionsprogramm zu erstellen, um der Bürgergesellschaft zum Durchbruch zu verhelfen: das war die Aufgabe. Sie zu erfüllen bedeutete umfangreiche sozialwissenschaftliche Studien. Ihre Ergebnisse werden im nächsten Teil präsentiert.

Peter Kufner, *Der Standard*

Teil II

Bürgergesellschaft in Österreich – eine Bilanz

Fakten gegen Behauptungen

Viele meiner Forderungen und Vorschäge zur Bürgergesellschaft gründete ich vorerst auf eine deutsche wissenschaftliche Studie, die in Fachkreisen sehr bekannte „Geislingen-Studie". Im Auftrag des Sozialministeriums von Baden-Württemberg untersuchte das Sozialwissenschaftliche Institut für Gegenwartsfragen (SIGMA) die Einstellungen der Bürgerinnen und Bürger zur Bürgergesellschaft in der Stadt Geislingen. Der Bericht darüber zog weite Kreise.

Um den vielen Behauptungen und persönlichen Meinungen zur Bürgergesellschaft Fakten und Messungen gegenüberstellen zu können, mußte zunächst die gesellschaftliche Wirklichkeit in Österreich in einer der „Geislingen-Studie" entsprechenden Forschungsarbeit wissenschaftlich untersucht werden. Die Suche nach wissenschaftlich fundierten Erkenntnissen – und nicht nur Gegenbehauptungen – war Anlaß zu einer eigenständigen, österreichbezogenen und aktuellen Sozialforschung zum Thema Bürgergesellschaft.

Daher beschloß der Vorstand des ÖVP-Parlamentsklubs im Juni 1998, das wissenschaftliche Institut für Sozialforschung FESSEL-GfK Wien mit einer umfassenden sozialwissenschaftlichen Studie zu betrauen. Die Studie sollte Einstellungen und Meinungen der Bevölkerung repräsentativ – d. h. auf der Grundlage einer genügend großen und richtig zusammengesetzten Stichprobe – und in Qualitätsinterviews erheben und messen.

Folgende Fragen standen im Vordergrund:

- Wer ist in welchen Organisationen (Vereinen) der Bürgergesellschaft aktiv; wer ist Mitglied, wer arbeitet aus welchen Gründen mit?

- Wer ist bürgergesellschaftlich in freien Initiativen, in freier Initiative tätig – ohne Verein, ohne Institution?

- Um welche Tätigkeiten in welchem Ausmaß geht es?

- Warum engagieren sich Bürgerinnen und Bürger in der Bürgergesellschaft?
- Warum engagieren sich Bürgerinnen und Bürger nicht in der Bürgergesellschaft?
- Wie steht die öffentliche Meinung zum Projekt Bürgergesellschaft?

Die Studie fand zwischen dem 22. Juni und dem 31. August 1998 statt. 4.159 Bürgerinnen und Bürger ab 15 Jahren wurden aus einer Stichprobe von 4.200 Österreicherinnen und Österreicher befragt – österreichweit ausgewählt nach dem wissenschaftlichen Zufallsprinzip. Erstellt wurde die Arbeit von Univ. Doz. Dr. Peter Ulram; von ihm wurde – in enger Absprache mit mir – das Fragenprogramm ausgearbeitet.

Die Ergebnisse werden nun im Einzelnen dargestellt. Sie sind aufschlußreich und in keiner Weise selbstverständlich. Sie entziehen so mancher kritischen Behauptung den Boden, sie entlarven so manche „objektive Kritik“ als ideologisches Vorurteil. Die Studie stellt aber auch eindrucksvoll unter Beweis, daß es in Österreich in der Tat – wie angenommen – ein eingewurzeltes Geflecht von bürgergesellschaftlichen Strukturen und Haltungen, daß es eine überaus große Bereitschaft zur Solidarität, zur freiwilligen Gemeinwohlarbeit, zur spontanen Initiative gibt. Die Studie zeigt eindrucksvoll, daß die grundsätzlich positive Einstellung der Österreicherinnen und Österreicher zur Bürgerarbeit in keiner Weise hinter ausländischen Gesellschaften zurückfällt: Was die „Geislingen-Studie“ in Deutschland aufwies, was die Untersuchungen der Kommission der Europäischen Union europaweit aufzeigten, trifft auch voll für Österreich zu. Die Bürgerinnen und Bürger sind bereit, sich freiwillig einzubringen und mitzuarbeiten; sie erfahren dadurch Freude und Sinn und helfen, wo der Staat nicht helfen kann, wo der Staat nicht helfen darf oder wo der Staat nicht helfen will.

Die Darstellung der Ergebnisse beruht auf den Messungen der Forscher, die in Tabellen und Schaubildern aufbereitet sind.

Die textlichen Erläuterungen folgen sehr eng dem Textkommentar, den Univ. Doz. Dr. Peter Ulram zum Ziffernmaterial lieferte – ich habe seine Bewertungen übernommen, nur manchmal das „Soziologendeutsch“ in meine schlichteren Worte gesetzt.

Die wissenschaftliche Fessel-Studie zur Bürgergesellschaft war wiederum eine wichtige und maßgebende Grundlage für die Arbeitsgruppe, die unter dem Vorsitz von Erwin Pröll, Josef Pühringer und mir das Bürgermanifest „Heimat Bürgergesellschaft“ und das dazugehörige Aktionsprogramm ausarbeitete. Wir wollten Kritik ernst nehmen und unsere eigenen Meinungen objektiv überprüfen lassen; gleichermaßen wollten wir unser Bürgermanifest auf Messungen, nicht auf Vorurteile aufbauen.

Die privaten Organisationen der Bürgergesellschaft: Mitglieder, Funktionäre, Mitarbeiter

In der Bürgergesellschaft spielen die privaten Organisationen, in der Regel Vereine, Genossenschaften, Rettungsorganisationen, kirchliche und andere religiöse Einrichtungen, neue soziale Initiativen u. a. m. eine wichtige Rolle: Sie sind in der Rechtsform der nichtstaatlichen Organisation (Non Governmental Organization, NGO) eingerichtet. In der bürgergesellschaftlichen Diskussion spricht man weiters von nicht auf Gewinn gerichteten gemeinnützigen Organisationen (Nonprofit Organization, NPO).

Diese Organisationen sind die Werkzeuge der Bürgergesellschaft, in denen es schlichte Mitglieder, aber auch Funktionäre, Mitarbeiter und freiwillige Helfer gibt. In der wissenschaftlichen Untersuchung wurde zuerst erhoben, wie viele Österreicherinnen und Österreicher in den Organisationen der Bürgergesellschaft registrierte Mitglieder sind. Die Untersuchung brachte ein erstaunliches Ergebnis: Es ist zwar bekannt, daß

Österreich ein Land mit hoher Organisationsdichte ist, aber es überraschte doch, daß 76 Prozent der Bevölkerung in irgendeiner der untersuchten Organisationen Mitglieder sind. Nur 24 Prozent gehörten keiner der Organisationen an.

Welche sind nun die Organisationen, die hier als Werkzeuge der Bürgergesellschaft gesehen werden, und in welchen sind wie viele Bürgerinnen und Bürger Mitglied?

Mitgliederstarke Massenorganisationen:

25 % religiöse und kirchliche Organisationen *
21 % Gewerkschaft, Berufsverbände, Betriebsrat
17 % Sportvereine
11 % diverse Freizeitvereine/-clubs
11 % politische Parteien

* Die bloße Zugehörigkeit zu einem Religionsbekenntnis, zu einer Kirche fällt nicht unter diese Kategorie.

Mitgliederstarke Organisationen:

8 % Pensionistenvereine, Frauenorganisationen, Volksgruppenvereine
7 % Organisationen für Bildung, Kunst, Musik, Kultur
7 % Alpenverein/Naturfreunde
6 % Katastrophenschutz, Freiwillige Feuerwehr etc.
6 % Tierschutzorganisationen
5 % Genossenschaften
5 % Jugendorganisationen u.a.
4 % Ökologie- und Umweltgruppen
4 % Hilfsorganisationen im Gesundheitswesen

Weniger mitgliederstarke Organisationen:

2 % diverse soziale Hilfsdienste
2 % Entwicklungshilfe, Menschenrechtsgruppen etc.
2 % politische Organisationen außerhalb der Parteien

1 % lokale Initiativgruppen
1 % Bürgerinitiativen

(Neun Prozent der Befragten, also der Bevölkerung, sind in Organisationen tätig, die in dieser Einteilung nicht erfaßt wurden.)

Die bloße Mitgliedschaft in diesen Organisationen bedeutet Unterschiedliches. In Massenorganisationen wie Gewerkschaften, Berufsverbänden oder politischen Parteien bedeutet Mitgliedschaft oft nur Service oder allgemeine Unterstützung, aber nicht spezifisches Mittun, Aktivität, Funktion. Darauf ist gesondert einzugehen. Daher wurde dieser Aspekt auch besonders untersucht.

Die Tabelle „Mitgliedschaft und Aktivität nach Organisationen“ gibt einen entsprechenden Überblick.

MITGLIEDSCHAFT UND AKTIVITÄT NACH ORGANISATIONEN
Österreich 1998

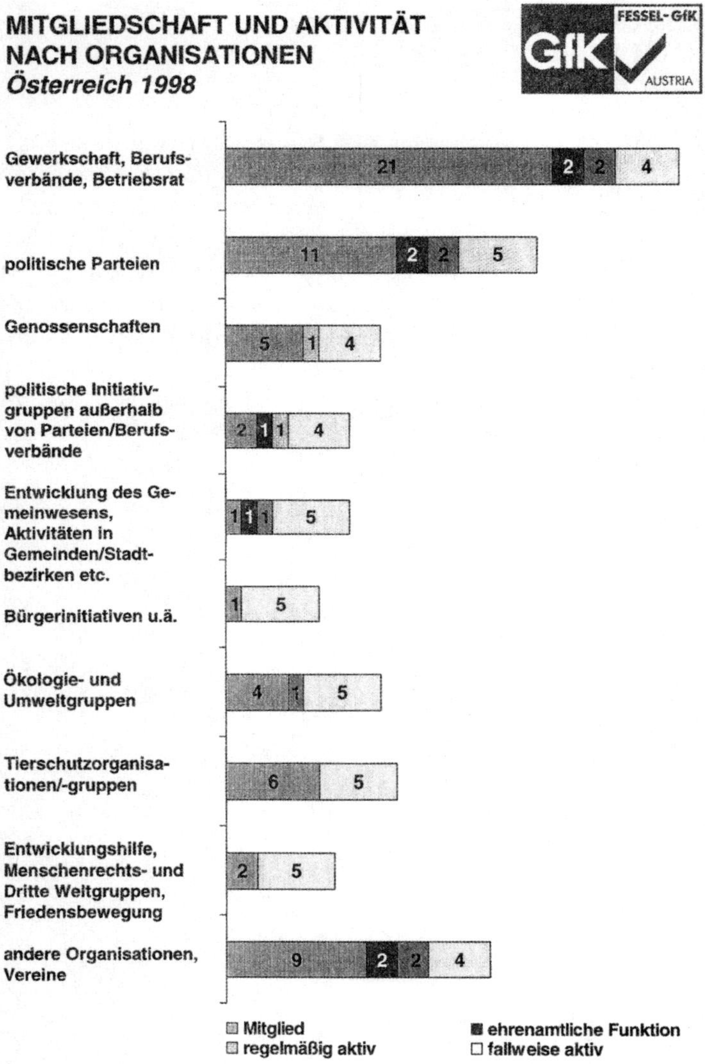

MITGLIEDSCHAFT UND AKTIVITÄT NACH ORGANISATIONEN
Österreich 1998

FESSEL-GfK AUSTRIA

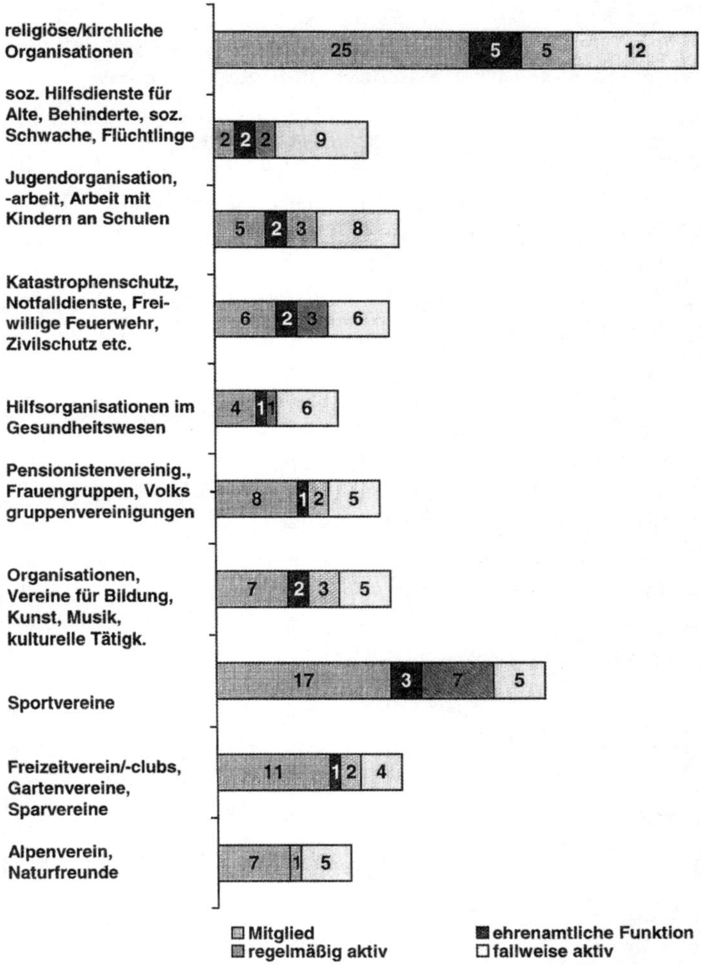

Bürgergesellschaftliches Engagement nach Organisationstypen

In der Untersuchung wurden die einzelnen Organisationen nun in sechs sachlich kohärente Untergruppen eingeteilt:

1. Religiöse und weltanschauliche Organisationen
2. Traditionell bewährte soziale Organisationen (Pensionisten/Frauen, soziale und gesundheitliche Hilfsdienste, Katastrophenschutz/Freiwillige Feuerwehr etc., Jugendorganisationen)
3. Organisationen für Bildung und Kultur
4. Freizeit-Organisationen, inklusive Sportvereine, alpine Vereine etc.
5. Traditionelle Politik- und Interessenvertretungen, d. s. Parteien, Genossenschaften, Gewerkschaften/Berufsverbände
6. Neue Soziale Bewegungen, d. s. Tierschutz, Ökologie, lokale Initiativen, Bürgerinitiativen, Entwicklungshilfe etc., politische Gruppen außerhalb der Parteien.

Wenn man nun diese Organisationen auf den Anteil der Aktiven gegenüber den „Nur-Mitgliedern" untersucht, ergibt sich wiederum ein eindrucksvolles Bild:

Organisationstypus	Mitglieder insgesamt in Prozent der Bevölkerung	davon Mitarbeiter (Funktionäre, Helfer) in Prozent der Bevölkerung
Freizeitorganisationen	48	19
Traditionell bewährte soziale Organisationen	48	26
Kirchliche und religiöse Organisationen	44	19
Politik und Interessensvertretung	40	12
Neue Soziale Bewegungen	24	12
Bildung und Kultur	15	8

Daraus ergibt sich eine interessante Schlußfolgerung: Bei den Organisationen der Politik und Interessensvertretungen, den kirchlichen, religiösen und den Freizeitorganisationen übersteigt die Zahl der bloßen Mitgliedschaften die der Funktionäre, Mitarbeiter und Helfer. Bei den Neuen Sozialen Bewegungen, den Organisationen für Bildung und Kultur sowie den traditionell bewährten sozialen Organisationen ist jedes zweite Mitglied auch aktiv engagiert.

Wer engagiert sich in der Bürgergesellschaft?

Wer sind nun die Bürgerinnen und Bürger, die sich tatkräftig einbringen, die Mitarbeiter in den genannten Organisationen? Wie kann man sie beschreiben? In diesem Zusammenhang räumt die Studie mit einigen Vorurteilen auf, bestätigt aber manche Annahme.

Großstädter sind unterrepräsentiert
Mit Ausnahme der traditionellen politischen Organisationen und Interessensvertretungen, die in der Bundeshauptstadt stark verankert sind, findet sich das bürgerschaftliche Aktivsegment aller Organisationstypen primär im ländlichen Bereich und in kleinen Städten; große Städte und Wien sind deutlich unterrepräsentiert. Das vermutete Übergewicht bürgerschaftlicher Strukturen im ländlichen Raum und das Defizit vor allem in Wien trifft also zu.

Mittlere Altersgruppen dominieren
Es dominieren die mittleren Altersgruppen; berufsspezifisch gesehen sind Angestellte und Beamte sowie Facharbeiter zumeist überdurchschnittlich vertreten; Landwirte finden sich vergleichsweise häufig bei den traditionell bewährten sozialen Organisationen.

Kirchen und Feuerwehr: im Bevölkerungsdurchschnitt
Aktivisten von religiösen und traditionell bewährten sozialen Organisationen entsprechen am ehesten dem Bevölkerungsdurchschnitt, sieht man einmal von der geringen Vertretung im großstädtischen Bereich ab.

Gebildete sind aktiver
Bildungsmäßig weisen die Neuen Sozialen Bewegungen und die kulturellen Organisationen einen überdurchschnittlich hohen Akademikeranteil auf; bei Politik/Interessenvertretungen und Kultur- und Freizeitorganisationen ist auch die mittlere Bildungsebene stark vertreten.

Keine Frauendominanz
Das Profil der Aktivisten in Politik/Interessenvertretungen ist eindeutig männlich (64 %) und hier wiederum von berufstätigen Männern (47 %) geprägt; ähnliches gilt für kulturelle Organisationen (61 % bzw. 47 %) und Freizeitorganisationen (62 % bzw. 49 %). Entgegen manchen Vorstellungen ist auch bei den Neuen Sozialen Bewegungen und bei den kirchlichen Organisationen keine Frauendominanz feststellbar. Der Satz „Bürgergesellschaft ist weiblich" stimmt also nicht.

Religiosität als wesentliche Grundlage
Als aufschlußreich und für liberale Vertreter der Bürgergesellschaft unerwartet erweisen sich die Unterschiede der verschiedenen Aktivistengruppen in soziokultureller und politischer Hinsicht. So stellt Religiosität – ungeachtet des verwendeten Indikators – offenbar eine wesentliche Ressource für bürgerschaftliche Aktivitäten dar: Mit zunehmender religiöser Orientierung steigt die Aktivität in allen Organisationstypen, mit Ausnahme der Freizeitorganisationen und teilweise der traditionellen, politischen Organisationen und Interessenvertretungen.

Parteimitglieder sind aktiver
Anhänger der Volkspartei sind unter den Aktivisten fast aller Organisationstypen überdurchschnittlich vertreten, auch in

den Neuen Sozialen Bewegungen, allerdings nicht in den Freizeitorganisationen. Die Sozialdemokraten liegen bei traditionellen Politik/Interessenvertretungen erwartungsgemäß über dem Durchschnitt, bei Freizeitorganisationen im Durchschnitt, sonst sind sie erkennbar schwächer vertreten. Freiheitliche sind vergleichsweise seltener unter den Aktivisten vorfindbar, am ehesten in Freizeitorganisationen und in der traditionellen Politik/Interessenvertretung – diesbezüglich sind sie integrierter, als es das öffentliche Erscheinungsbild erwarten ließe. Grüne und LIF-Anhänger haben kaum Eingang in die traditionelle Politik/Interessenvertretung gefunden. Während aber LIF-Anhänger in allen bürgerschaftlichen Aktivsegmenten nur in Spurenelementen vorfindbar sind, stellen Anhänger der Grünen einen zum Bevölkerungsschnitt überproportionalen Anteil unter den Aktivisten der Neuen Sozialen Bewegungen sowie kirchlicher und kultureller Organisationen.

Auch Parteimitglieder stellen einen überproportionalen Anteil am Aktivsegment – dies gilt bei Mitgliedern der Volkspartei für alle Organisationstypen, am vergleichsweise schwächsten bei Freizeitorganisationen; bei SPÖ-Mitgliedern nur in Politik/Interessenvertretungen, Neuen Sozialen Bewegungen und Freizeitorganisationen.

Tabelle: Religiöses und politisches Profil der bürgerschaftlich Engagierten nach Organisationstypen – Österreich 1998

In Prozent der Aktivisten des jeweiligen Organisationstyps (senkrechte Prozentuierung)	K.O. (n= 816)	T.S.O (n= 1.080)	T.P.+IV (n= 494)	N.S.B. (n= 512)	KU.O. (n= 343)	F.O (n= 808)	gesamt Stich-probe
Kirchgangsfrequenz							
jeden Sonntag	**39 62**	**26 45**	18 33	**23 41**	**24** 43	15 29	15 27
jeden Monat	**23**	**19**	15	**18**	**19**	14	12
selten/nie	38	55	67	59	58	71	73
	100%	100%	100%	100%	100%	100%	100%
Religiosität							
hoch	**61**	**46**	**41**	**42**	**48**	33	33
mittel	29	33	33	35	32	37	36
gering/keine	9	20	26	22	19	29	29
	100%	100%	100%	100%	100%	100%	100%
Kirchlichkeit							
hoch	**42**	**31**	**25**	**26**	**28**	21	20
mittel	**34**	30	**34**	30	**33**	32	29
niedrig/keine	22	38	41	43	37	46	49
	100%	100%	100%	100%	100%	100%	100%
Parteipräferenz							
SPÖ	21	26	**34**	23	24	30	30
ÖVP	**37**	**32**	**31**	27	**32**	24	23
FPÖ	11	13	16	14	15	17	17
GRÜN	**10**	8	5	**12**	**10**	8	7
LIF	4	5	2	4	4	4	7
andere/keine	18	16	13	19	13	16	18
Parteimitglied							
SPÖ *)	5	9	**21**	**12**	10	12	9
ÖVP *)	**15**	**14**	**24**	**15**	**15**	**10**	7
Mitglied gesamt	**21**	**26**	**51**	**30**	**28**	**24**	18
kein Mitglied	79	74	49	70	72	76	82
	100%	100%	100%	100%	100%	100%	100%

Quelle: Fessel+GfK, Bürgergesellschaft (Austrian Life Style) 1998
*) SPÖ- und ÖVP-Mitglieder sind Teile aller Mitglieder
K.O.=Kirchliche Organisation
T.S.O.= Traditionell bewährte Soziale Organisation
T.P.+IV=Traditionelle Politik und Interessenvertretung
N.S.B.= Neue Soziale Bewegungen
KU.O.= Kulturelle Organisationen
F.O.= Freizeit Organisationen

Tabelle: Parteienpotentiale der bürgerschaftlich Engagierten nach Organisationstypen – Österreich 1998

Senkrechte Prozentuierung	K.O.	T.S.O	T.P.+IV	N.S.B.	KU.O.	F.O	Stich-probe
ÖVP-Potential gesamt *)	**79**	**75**	69	69	**75**	71	67
kein ÖVP-Potential *)	6	9	10	12	8	10	12
	100%	100%	100%	100%	100%	100%	100%
SPÖ-Potential *)	70	71	70	73	71	72	71
kein SPÖ-Potential *)	11	10	13	10	8	11	11
	100%	100%	100%	100%	100%	100%	100%
FPÖ-Potential *)	33	38	**42**	40	39	**43**	39
kein FPÖ-Potential *)	**53**	48	46	48	**50**	47	48
	100%	100%	100%	100%	100%	100%	100%
GRÜN-Potential *)	**47**	**47**	38	**50**	44	45	42
kein GRÜN-Potential *)	24	23	**31**	20	24	28	28
	100%	100%	100%	100%	100%	100%	100%
LIF-Potential *)	33	36	32	38	**39**	34	37
kein LIF-Potential *)	**39**	35	**37**	33	31	**37**	34
	100%	100%	100%	100%	100%	100%	100%

Quelle: Fessel+GfK, Bürgergesellschaft (Austrian Life Style) 1998
*) aufgrund von „keine Angabe" weniger als 100 %
K.O.=Kirchliche Organisation
T.S.O.= Traditionell bewährte Soziale Organisation
T.P.+IV=Traditionelle Politik und Interessenvertretung
N.S.B.= Neue Soziale Bewegungen
KU.O.= Kulturelle Organisationen
F.O.= Freizeit Organisationen

Bürgergesellschaftliches Engagement und Weltanschauung

Welche Zusammenhänge bestehen mit religiösen, weltanschaulichen sowie politischen Orientierungen? Auch darüber gibt die Studie Aufschluß.

Religiöse sind bürgerschaftlich besonders engagiert

Religiös orientierte Personen (gleichgültig, ob die Indikatoren Kirchgangsfrequenz, Religiosität oder Kirchlichkeit herangezogen werden) sind weit häufiger bürgerschaftlich engagiert als Nicht-Religiöse: So geben 51 Prozent der regelmäßigen Kirchengänger bürgerschaftliches Engagement zu Protokoll, aber nur 25 Prozent derer, die nie zur Messe gehen.

Anhänger der Volkspartei (46 % engagiert) und der Grünen (43 %) weisen eine deutlich überdurchschnittliche Aktivität auf; SPÖ- und LIF-Anhänger eine etwas unterdurchschnittliche Aktivität (je 32 %). Bei den Anhängern fällt auf, daß auch potentielle ÖVP-Wähler ein überdurchschnittliches Aktivitätsniveau aufweisen (41 %), während Menschen, bei denen die Wahl der ÖVP nicht in Frage kommt, nur zu 27 Prozent engagiert sind. In abgeschwächter Form gilt dies auch für die Einstellung zu den Grünen. Geradezu spiegelverkehrt ist die Situation bei potentiellen FPÖ-Wählern (nur 31 % engagiert), während Personen, für die eine Stimmabgabe zugunsten der FPÖ nicht in Frage kommt, zu 41 Prozent Aktivität zeigen; schwächer aber ähnlich gilt dies im Falle potentieller Wähler wie Nichtwähler für das LIF.

Vertrauen in die Mitmenschen verbindet sich mit einem Mehr an bürgerschaftlichem Engagement; wer den meisten Menschen mißtraut, ist auch selten aktiv.

Tabelle: Bürgerschaftliches Engagement nach religiösen, gesellschaftspolitischen und politischen Orientierungen – Österreich 1998

Regelmäßig oder fallweise aktiv	in Prozent
Österreich gesamt	36
Kirchgangsfrequenz	
jeden Sonntag	51
jeden Monat	49
selten	39
nie/kein Bekenntnis	25
Religiosität	
Hoch	47
Mittel	33
Niedrig/nicht	27
Parteipräferenz	
ÖV	46
GRÜN	43
SPÖ	32
LIF	32
FPÖ	27
Andere/unklar	34
Gesellschaftspolitische Typologie	
Systemverdrossene Rechte	28
Wohlfahrtsstaatliche Chauvinisten	31
Sozialstaatliche Traditionalisten	35
Neue Libertäre Linke	37
Defensive Konservative	37
Integrierte Wertkonservative	40
Marktliberale Individualisten	42
Vertrauen in Mitmenschen	
Vertrauen	48
unterschiedlich	34
Mißtrauen	25

Quelle: Fessel-GfK, Bürgergesellschaft (Austrian Life Style) 1998

Bürgerschaftliche Arbeit außerhalb von Organisationen

Bürgergesellschaft findet auch außerhalb der Welt der Organisationen statt: Freie Initiative schafft sich ihren eigenen, nicht verrechtlichten Rahmen. Ein paar initiative Bürgerinnen und Bürger tun sich beispielsweise zusammen; irgend jemand sieht, daß seine Hilfe benötigt wird und hilft spontan: Diese bürgerschaftliche Arbeit außerhalb von Organisationen, Vereinen, kirchlichen Gruppen ist gleichfalls ein wichtiges Werkzeug der Bürgergesellschaft. Das Ausmaß dieser Arbeit überrascht:

Tabelle: Nichtorganisiertes Engagement

In Prozent sind persönlich aktiv, ohne einer Organisation oder einem Verein anzugehören	regelmäßig aktiv	fallweise aktiv	aktiv	nicht aktiv
Österreich gesamt	8	32	40	57
Frauen	10	37	47	52
Männer	7	28	35	64
Landwirte	11	38	49	51
Persönliche Religiosität				
hoch	11	39	50	49
mittel	6	32	38	59
niedrig/nicht11	8	25	33	66
organisiert aktiv	11	38	49	50
organisiert Mitglied	6	33	39	58
kein Mitglied/keine Aktivität	6	27	33	64
religiöse O. aktiv	11	42	53	46
traditionell-soziale O. aktiv	13	42	55	43
Neue Soziale Bewegung aktiv	11	50	61	38
ÖVP-Präferenten	10	36	46	52
GRÜN-Präferenten	10	34	44	54

Quelle: Fessel-GfK, Bürgergesellschaft (Austrian Life Style) 1998

Bürgerschaftliche Mitarbeit: Was tun die Bürgerinnen und Bürger eigentlich?

Welche Tätigkeiten werden geleistet?

Vier von zehn erwachsenen Österreichern sind persönlich aktiv (8 % regelmäßig, 32 % fallweise), ohne dies im Rahmen von Organisationen bzw. Vereinen zu tun; zum Beispiel indem sie Kranke, Nachbarn oder Bekannte unterstützen. Die Mehrheit dieser Personen bestätigt sich allerdings auch in organisierter Form. Engagement ohne Organisationsbindung trifft auf Frauen (47 %) deutlich häufiger zu als auf Männer (35 %), speziell in der Gruppe der 50- bis 60jährigen und bei Hausfrauen. Ähnliches gilt für Landwirte, wo offenbar die Nachbarschaftshilfe eine große Rolle spielt. Religiös orientierte Personen sowie in Organisationen Aktive engagieren sich auch häufiger im privaten, nichtorganisierten Rahmen. Politisch fällt auf, daß Anhänger der Volkspartei und der Grünen persönlich sozial aktiver engagiert sind als Anhänger von SPÖ, LIF und FPÖ.

ART DER TÄTIGKEITEN
Österreich 1998

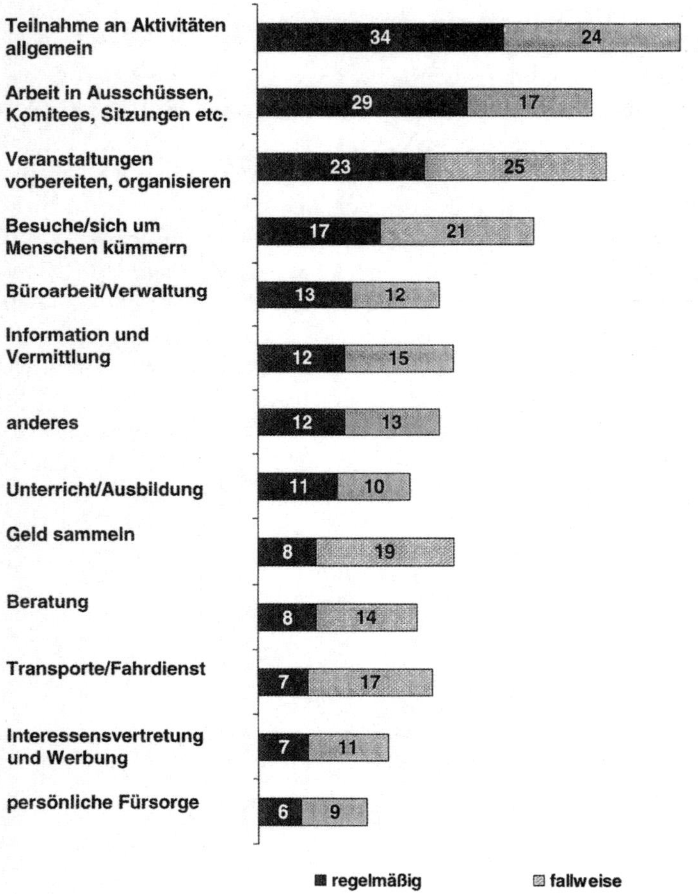

Der Zeitaufwand

Der Zeitaufwand ist beträchtlich: Zwar sind 14 Prozent der Aktiven nur selten und weitere 29 Prozent durchschnittlich eine bis vier Stunden im Monat aktiv, doch ein Viertel wendet fünf bis zehn Stunden pro Monat (24 %) und ein Fünftel mehr als elf Stunden pro Monat auf (13 % 11-20 Stunden, 8 % mehr als 20 Stunden). 12 Prozent machen dazu keine näheren Angaben.

ZEITAUFWAND FÜR TÄTIGKEITEN
Österreich 1998

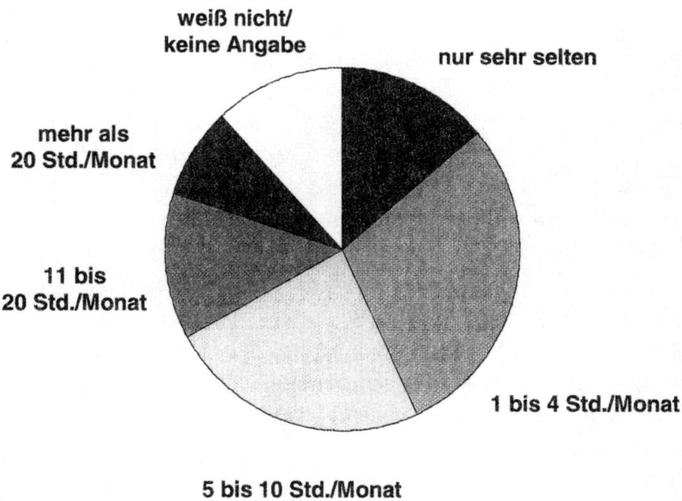

Konkreter Anlaß für die Aktivität war zumeist Ansprache bzw. Ersuchen um Hilfe (50 % der Aktiven), 14 Prozent haben selbst nachgefragt bzw. ihre Hilfe angeboten, zwölf Prozent haben die Aktivität selbst initiiert; 18 Prozent verweisen auf andere Anlässe. Wer selbst nachgefragt oder die Aktivität eigenständig initiiert hat, wendet im Regelfall auch mehr Zeit für die Aktivitäten auf als jene, die angesprochen bzw. um Hilfestellung ersucht wurden.

Beweggründe zum Engagement in der Bürgergesellschaft: Solidarität *und* Emanzipation

In der Diskussion um meine ersten Vorstöße für eine Umgestaltung unserer Gesellschaft zu einer aktiven Bürgergesellschaft kam gerade von „liberaler" Seite die Kritik, die verkürzt wie folgt zusammengefaßt werden kann:

‚Die Idee der Bürgergesellschaft ist ja durchaus vertretbar, aber nicht so, wie es der stockkonservative Tiroler Andreas K. macht (klerikal-faschistisch wurde nicht gesagt, aber von manchen dazugedacht): Die Motivation für bürgerschaftliches Engagement ist nicht die gelebte und belastbare Solidarität, also auf gut deutsch, die Nächstenliebe, sondern vor allem die Selbstverwirklichung ... Laßt uns endlich mit dem Gemeinsinn, mit dem Gemeinwohl in Ruhe!'

Die Untersuchung zeigt nun deutlich, daß beide recht haben: Die österreichische Solidaritätslandschaft ist reich gestaltet – Paul Michael Zulehner hat mit seiner Qualifikation der Österreicherinnen und Österreicher recht. Aber auch Bernd Marin hat recht, wenn er meint: „Vereine bieten nicht nur Heimat, Geselligkeit, Dienste, (Selbst)Hilfe, Interessensvertretung, selbst parastaatliche Aufgaben an, sondern durch freiwilliges Engagement auch Freude, Befriedigung, Anerkennung, Erfolgserlebnisse, neue Erfahrungen, Qualifikationen, Selbstverwirklichung im Gemeinwesen – Lebenssinn jenseits bloßen Konsumierens."

Die beiden stärksten persönlichen Motive für bürgerschaftliches Engagement sind nämlich genereller Altruismus („Etwas für die Gemeinde, die Gemeinschaft etc. tun“) *und* der Wunsch nach zwischenmenschlichen Kontakten. Beide Motive sind vor allem im ländlichen Raum überdurchschnittlich häufig anzutreffen, genereller Altruismus bei Männern eher als bei Frauen. Ein Viertel der Aktivisten nennt persönliche Befriedigung als Motiv. Spezifisch sozial-humanistische Motive (Helfen um zu helfen, aus Mitleid/Mitgefühl, Solidarität; auch leicht resignierend: „Weil sich sonst niemand darum kümmert“) sind bei Frauen deutlich stärker ausgeprägt als bei Männern, tendenziell eher bei älteren Menschen. Junge Menschen betonen neben dem Kontaktmotiv auch andere, eher individualistische Motive wie Neues zu lernen, neue Erfahrungen zu machen oder: „Weil ich in dieser Tätigkeit gut bin“. Religiös-moralische Verpflichtung kommt speziell bei Frauen und älteren Personen zum Tragen.

Natürlich variiert die Motiviationsstruktur auch nach der Art der Organisation, in denen die Aktivität stattfindet: Allgemeiner Altruismus ist bei den Mitarbeitern aller Organisationen stärker ausgeprägt (mit Ausnahme der Freizeitorganisationen). Sozial-humanistische Motivation findet sich vermehrt bei Mitarbeitern traditionell bewährter sozialer Organisationen und Neuer Sozialer Bewegungen, tendenziell auch bei jenen religiöser und kultureller Organisationen. Religiös-moralische Verpflichtung nennen erwartungsgemäß vor allem Mitarbeitern von kirchlichen Organisationen, Neuen Sozialen Bewegungen und kulturellen Organisationen. Sowohl die Mitarbeiter traditionell politischer Organisationen und Interessensvertretungen als auch der Neuen Sozialen Bewegungen führen vermehrt politische Motive an, tendenziell auch die in Kulturorganisationen Tätigen. Persönlicher Kontakt ist in kirchlichen und kulturellen Organisationen von vergleichsweise höherer Bedeutung. Individualistische Motivationen weisen eine geringere organisatorische Variation auf, sie kommen etwas überdurchschnittlich bei Neuen Sozialen Bewegungen sowie bei politischen, kulturellen und Freizeitorganisationen zum Tragen.

PERSÖNLICHE MOTIVE *FÜR* BÜRGER-GESELLSCHAFTLICHES ENGAGEMENT
Österreich 1998

FESSEL-GfK AUSTRIA

Deutliche altersspezifische Effekte zeigen sich bei den Antworten auf die Frage, welche Arten von Befriedigung man aus der Tätigkeit für andere bzw. aus der Aktivität in Vereinen und Gruppen bezieht. Mit zunehmendem Alter der Mitarbeiter treten die Hilfe für Menschen, das Gewinnen von Freunden und die aktive Vertretung von moralischen, politischen und persönlichen Überzeugungen in den Vordergrund, während jüngere Menschen insbesondere die Möglichkeit, Neues zu lernen, die Lebenserfahrung zu erweitern, aber auch die Befriedigung, Ergebnisse zu sehen, betonen. Dies entspricht im wesentlichen dem Befund von Hermann Benz, der aufgrund der Daten der Europäischen Wertestudie feststellt: „Bei den höheren Altersgruppen [...] (sind) es Pflichtbewußtsein, Helfen und auch religiöse Gründe, für die mittlere Generation sind politische Gründe [...] wichtig, für die Jüngeren die Selbstverwirklichung."

Soziale Anerkennung ist vor allem für (sehr) junge Menschen von vergleichsweise großer Bedeutung. Ungeachtet dieser Differenzen bleibt jedoch als stärkster persönlicher Bonus für alle Mitarbeiter, daß es ihnen persönlich Freude bereitet, für andere und mit anderen tätig zu sein.

PERSÖNLICHE BEFRIEDIGUNG DURCH BÜRGERSCHAFTLICHES ENGAGEMENT
Österreich 1998

Die Beweggründe dafür, nicht in der Bürgergesellschaft mitzutun

Spiegelbildlich zum Profil der aktiven Mitarbeiter und Helfer der bürgergesellschaftlichen Organisationen zeigt das Profil der Nicht-Aktiven einen Schwerpunkt bei älteren Menschen, Angehörigen der unteren Sozial- und Bildungsschichten sowie im (groß)städtischen Bereich. Von diesen ist ein Viertel (24 %) grundsätzlich daran interessiert, sich in einem Verein bzw. einer Organisation zu engagieren. Dies trifft (unter den Nicht-Aktiven) insbesondere für jüngere Menschen, Angehörige der oberen Bildungsschicht und Menschen im ländlichen Raum zu; auf Männer tendenziell eher als auf Frauen. Die Soziodemographie der potentiell Aktiven entspricht also im wesentlichen jener der bereits Aktiven.

Als Gründe, sich nicht für andere zu engagieren, werden vor allem genannt:

- Zeitprobleme (34 % der Nicht-Aktiven)
- „Wurde nie gefragt“ (20 %)
- „Bin kein geselliger Mensch“/Ablehnung von „Vereinsmeierei“ (19 %); deutlich seltener folgen:

- Alter, Behinderung (9 %)
- „Habe nie darüber nachgedacht“ (8 %)
- Schlechte Erfahrungen (6 %)
- Finanzielle Probleme (4 %)
- „Habe das Gefühl, nichts anbieten zu können“ (3 %)

Kaum jemand glaubt, nichts bewirken zu können oder lehnt Engagement aus politischen oder ideologischen Gründen ab. Sieben Prozent verweisen auf nicht näher spezifizierte andere Motive; 29 Prozent dieser Gruppe begründen ihr mangelndes Engagement nicht näher („kein spezieller Grund“).

PERSÖNLICHE MOTIVE *GEGEN* BÜRGER-GESELLSCHAFTLICHES ENGAGEMENT
Österreich 1998

AKTIVITÄT UND AKTIVITÄTSPOTENTIAL
Österreich 1998

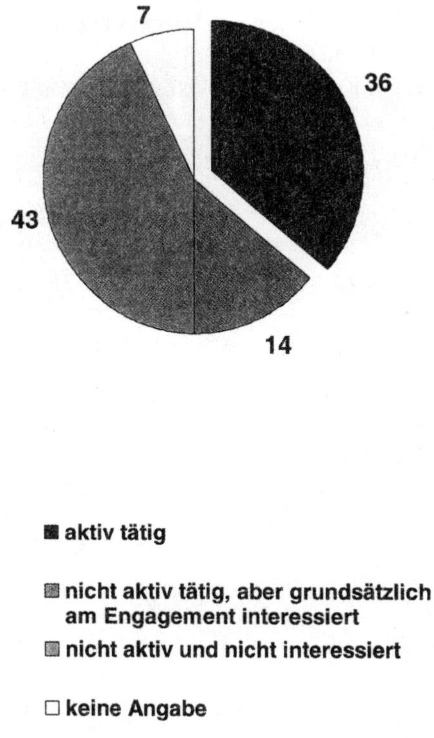

Prinzipiell zum Engagement bereite Menschen verweisen überdurchschnittlich oft darauf, nie gefragt worden zu sein. Zum Engagement nicht bereite Menschen nennen vergleichsweise häufiger die persönliche Ablehnung von Vereinsmeierei bzw. „Bin kein geselliger Mensch", Alter/Behinderung, aber auch finanzielle Probleme und das Gefühl, nichts beitragen zu können. Die beiden letztgenannten Argumente werden verstärkt von der unteren Bildungsschicht ins Treffen geführt; Personen dieser Gruppe werden offensichtlich auch seltener auf die Teilnahme an Aktivitäten hin angesprochen. Zeitprobleme stehen bei Berufstätigen, jungen Männern und Angehörigen der oberen Bildungs- und Sozialschicht verstärkt im Vordergrund. Die Ablehnung von Vereinsmeierei bzw. die Selbstqualifikation als ungeselliger Mensch kommt überdurchschnittlich oft von älteren Menschen (vor allem älteren Männern) sowie von (Groß)Städtern. Alter und Gesundheitsprobleme nennen naturgemäß eher ältere Menschen, vor allem Frauen.

Motive gegen Engagement nach Gruppen

In Prozent der Nicht-Aktiven	Bereitschaft Engagement Ja	zum Nein	Überdurchschnittliche Nennungen
Keine Zeit	35	34	Jüngere, Berufstätige Män ner, obere Bildung
Nicht gefragt worden	28	17	untere Bildung
Kein geselliger Mensch/kein Vereinsmeier	10 10	23 23	Ältere (v. a. Männer), obere Bildung (Groß) Stadt
Alter, Krankheit, Behinderung	4	10	Ältere (v .a. Frauen), untere Bildung
Nie darüber nachgedacht	9	8	Junge, untere Bildung
Schlechte Erfahrungen	5	6	Ältere (v. a. Männer), untere Bildung
Kann ich mir nicht leisten	2	5	untere Bildung/Einkommen
Habe nichts anzubieten	2	4	untere Bildung

Die Konsequenzen sind klar: Viele Menschen sind bereit, sich zu engagieren – man muß sie nur dort abholen, wo sie sind. Daher sind Bürgerbüros als Informationsdrehscheibe so wichtig!

Was hält die öffentliche Meinung von der Bürgergesellschaft?

Die Einstellung zu bürgerschaftlichem Engagement in Österreich ist außergewöhnlich positiv: Beinahe neun von zehn Befragten (85 %) stimmen der Ansicht zu, daß die Gesellschaft „kälter“ und das Zusammenleben immer schwieriger werde, wenn jeder nur an sich denke; lediglich vier Prozent lehnen dies dezidiert ab. Drei Viertel orten eine moralische Verpflichtung für jede(n), irgendwann in seinem Leben unbezahlte Arbeit für Mitmenschen und Gesellschaft zu leisten (Ablehnung: 13 %), und fast zwei Drittel (63 %) meinen, daß eine funktionierende Demokratie aktives Engagement der Bürger in einer Vielzahl von Initiativen und Vereinen benötige (7 % Ablehnung). Darüber hinaus sehen sechs von zehn Befragten (59 %), daß ehrenamtliche Aktivitäten etwas anbieten, was von bezahlten Professionisten nicht geleistet werden kann (Ablehnung 10 %), wie auch nur zwölf Prozent Organisationen, die ehrenamtliche Mitarbeiter beschäftigen, als amateurhaft und unprofessionell abqualifizieren (Ablehnung hier: 67 %). Eine Bedrohung für bezahlte Arbeit bzw. eine Nutzung von ehrenamtlichem Engagement zur Kürzung öffentlicher Ausgaben orten nur 15 Prozent (61 % Ablehnung).

Etwas unsicher zeigt man sich hinsichtlich der Frage, ob bürgerschaftliches Engagement dem Menschen hilft, eine aktive Rolle in einer demokratischen Gesellschaft einzunehmen (56 % Zustimmung, 6 % Ablehnung, 36 % neutral). Der Vorwurf, daß Menschen sich in Vereinen und Institutionen nur aus Vereinsmeierei und somit letztlich nur zur eigenen Befriedigung engagieren, steht bei 28 Prozent im Raum, 42 Prozent lehnen diese Ansicht ab. Ein gespaltenes Meinungsbild herrscht allerdings beim Thema, ob ehrenamtliche und unbezahlte Arbeit auch dann nötig wäre, wenn der Staat all seinen Aufgaben nachkommen würde. Jeweils ein starkes Drittel sieht diese „Lückenbüßerrolle“ bzw. verneint sie, ein Viertel ist diesbezüglich unschlüssig.

EINSTELLUNGEN ZU BÜRGER-SCHAFTLICHER BETEILIGUNG
Österreich 1998

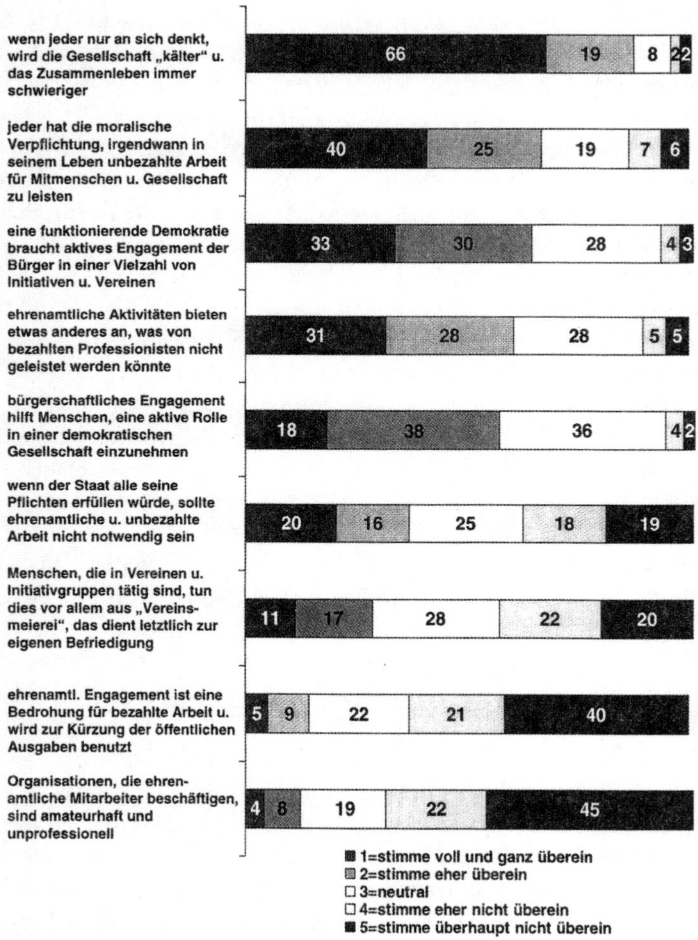

Die beiden vergleichsweise skeptisch gefärbten Einstellungen („Vereinsmeierei und egoistische Motivation“ bzw. „Lückenbüßerrolle“ bei staatlichen Versäumnissen) werden am häufigsten im (groß)städtischen Raum vertreten; der mit den letztem Argument verbundene implizite Vorwurf an den Sozialstaat ist primär bei älteren Menschen, Angehörigen der unteren sozialen Bildungsschichten und politisch bei FPÖ-Anhängern hörbar.

Die überwiegende Mehrheit der Österreicher ist zudem für eine Förderung bzw. Erleichterung der Arbeit von Vereinen und Bürgergruppen etc. durch die öffentliche Hand. Im Vordergrund steht dabei die Erleichterung von Verwaltungsvorschriften (36 % aller Befragten und 41 % der bürgerschaftlich Aktiven), gefolgt von den steuerlichen Abschreibemöglichkeiten für Spenden (27 %) und dem Zurverfügungstellen von Räumlichkeiten (26 %, 33 % der Aktiven). 23 Prozent wollen den Organisationen Zivildiener zur Verfügung gestellt wissen und 19 Prozent (29 % der Aktiven) sprechen sich für öffentliche Subventionen aus. Nur ein Fünftel (19 %) vertritt die Ansicht, die öffentliche Hand sollte bürgerschaftliche Aktivität weder fördern noch behindern, sich also absent verhalten; neun Prozent sehen sich nicht in der Lage, ein Urteil abzugeben.

Streitfragen der Bürgergesellschaft und die Antworten

Auf der Grundlage der Ergebnisse der Fessel-Studie und anderer Forschungen kann ich nun Streitfragen der Bürgergesellschaft, wie sie am Ende des ersten Teiles formuliert wurden, beantworten. Mißverständnisse können aufgeklärt und die Inhalte und Anliegen der Bürgergesellschaft plastischer umrissen werden.

Die Grundwerte und Ziele der Bürgergesellschaft: Der erhobene Zeigefinger einer christlichen Moral?

In der Diskussion um die Bürgergesellschaft wurde mir vor allem von liberaler Seite immer wieder vorgeworfen, die bürgergesellschaftlichen Strukturen einem ganz bestimmten, eng umrissenen Wertgebäude zu verpflichten, also weltanschaulich festgelegte Ziele gleichsam aufzuerlegen: Die Bürgergesellschaft als Vehikel zur Durchsetzung ideologischer Verengungen? Dabei wurde natürlich vermutet, meine christlich-demokratischen politischen Ziele einer am Gemeinwohl orientierten Politik der Solidarität, der persönlichen Verantwortung und der starken Demokratie würden gleichsam allen bürgergesellschaftlichen Gruppen aufgezwängt. Dieser Vorwurf steht hinter den Angriffen aus Randgruppen der Steirischen Volkspartei; meine Bürgergesellschaft sei der Weg zu einer Spießbürgergesellschaft, sei „parfümierter Mist“, sei der erhobene Zeigefinger der Moral.

Diese Vorwürfe weise ich energisch zurück: Schon in meinem ersten Buch zur Bürgersolidarität („Mein politisches Credo“) habe ich klargestellt, daß der Staat den Bürgern keine Wertvorstellungen auferlegen dürfe: das wäre totalitär. Ich stellte zwar klar, daß der Erfolg der Zweiten Republik auf dem soliden Wertefundament beruht, das einem ungeschriebenen Gesellschaftsvertrag der Zweiten Republik zugrunde liegt. Ich machte aber auch hinreichend deutlich, daß dieses Wertefundament nicht mißverstanden werden darf: Es kann nicht vom Staat verordnet werden, denn auch das wäre totalitär. Ein Staat, der eine bestimmte Wertüberzeugung mittels Gesetz den Bürgern auferlegt, schränkt Gesinnungs- und Handlungsfreiheit der Menschen unzulässig ein. Es ist eine Errungenschaft des Rechtsstaates, daß der Staat im Rahmen seiner Grundrechtsordnung verschiedene Gesellschafts- und Wertesysteme ermöglicht. Das ist eben das Wesen der offenen Gesellschaft: Wenn die Grundrechte respektiert werden, ist alles möglich und erlaubt. Der Wähler entscheidet über die Art der Umsetzung der Werte in Alltagspolitik. Die Gesellschaftsmodelle der viktorianischen Zeit, des Biedermeier oder der „Gründerzeit" im 19. Jahrhundert waren durch Gruppendruck, durch eine starke öffentliche Moral – zwar nicht von Staats wegen, aber von Seiten der Gesellschaft – den Bürgern auferlegt, aufgezwungen. Das nationalsozialistische Gewalt- und Unrechtsmodell der rassenreinen Volksgemeinschaft war ebenso von der Staatsgewalt mit (Unrechts)Gesetzen aufgezwungen wie der brutale, eigentums- und religionsfeindliche kommunistische reale Sozialismus.

Der Gesellschaftsvertrag mit einem Grundkonsens, den ich in meinem ersten Buch beschrieben habe, beruht auf der freien Entscheidung der Bürger. Er kann gemessen werden und existiert – die Meinungsforschungen zeigen hier ein sehr klares Bild, ein Bild, das in ganz Europa ähnlich ist, wie die europäische Wertestudie von Paul Michael Zulehner zeigt.

Unsere Gesellschaft beruht auf dem Fundament dieser Werte, jede Generation muß sich diese Werte neu erringen. Und so kommen wir zu dem Paradoxon, das schon viele Gesellschaftswissenschafter beschrieben haben: Unser Staat und unsere Leistungsgesellschaft mit Wohlstand, sozialer Gerechtigkeit und Sicherheit beruhen auf Grundwerten, die der Staat selbst nicht auferlegen und auch nicht erzeugen kann, sondern die andere stiften müssen!

Der moderne Staat und die moderne Gesellschaft können nur im Zusammenwirken mit ihren Bürgern bestehen. Da die Grundwerte vom Staat nicht auferlegt werden dürfen, bedarf es anderer Wertestifter: Nur wenn die Bürgerinnen und Bürger in einer Gesellschaft in ihrer Mehrheit die Überzeugung teilen, daß dieser Grundkonsens gesollt und gewollt ist, nur dann hält die Gesellschaft zusammen. Und dies ist ein wesentlicher Zug der Bürgergesellschaft: die Verzahnung staatlicher Institutionen und Strukturen mit einem Geflecht von freien Vereinigungen, Initiativen und Stiftungen.

Die Grundwertvorstellungen, die den Sockel des Gesellschaftsvertrages bilden, können auch als Ziele beschrieben und verstanden werden. Der Staat darf letzte Ziele, letzte Zwecke, die in die Existenzfragen, in die Sinnfragen und Lebensziele reichen und sie bestimmen, nicht regeln. Diese Fragen für sich zu entscheiden, bleibt jedem einzelnen vorbehalten, aber auch privaten Stiftungen, Vereinen und Initiativen: Sie können sich solchen Zielen verschreiben, aber nur für ihre freiwilligen Mitglieder.

Diese Aufgabenteilung zwischen Staat und Privat ist ebenso wie die Verzahnung von Privat und Staat absolut zwingend. Sie unterscheidet den dogmatisierten, diktatorischen Staat vom pluralistischen, freien Staat. In der amerikanischen Civil-Society-Theorie hat man natürlich auch diese Frage diskutiert. Der Gemeinwohllehre verpflichtete Theoretiker haben als Ziel der Bürgergesellschaft sehr wohl ein letztes Ziel, einen letzten Zweck beschrieben: die Gestaltung eines gelungenen, guten Lebens. Aber was ist ein gutes Leben? Wann gelingt ein Leben? So bald dies vom Staat her zu definieren versucht wird, ist der erhobene moralische Zeigefinger sehr nahe. Wenn aber Gruppen ihre eigenen Antworten auf diese Fragen finden und sich mit ihrer auf Freiwilligkeit beruhenden Mitgliedschaft einem selbstdefinierten „gelungenen Leben" als Ziel verschreiben, so ist dies ihre Sache – sie stehen damit im Wettbewerb zu anderen Gruppen, die andere Modelle mit der gleichen Legitimität und dem gleichen Anspruch auf Richtigkeit vertreten.

Was für den freien Staat gilt, gilt auch für die freie Bürgergesellschaft. Sie blüht und gedeiht auf einem Nährboden, den der Staat durch seine Rechtsordnung gestaltet. In dieses Fundament gehört aber auch jener Bestand an Grundüberzeugungen und Zielen, den die Institutionen der Bürgergesellschaft selbst bestimmen, den man aber als einen gemeinsamen Bestand empirisch feststellen und beschreiben kann. Auf dieses Fundament können die bürgergesellschaftlichen Gruppen ihre Ziele frei stellen, ihre Wertvorstellungen akzentuieren und intensiv verfolgen. Niemand hat diesen pluralistischen Charakter der offenen Bürgergesellschaft in meiner Sicht eindrucksvoller beschrieben als Dr. Rolf-E. Breuer, Vorstandssprecher der Deutschen Bank, in der „Frankfurter Allgemeinen Zeitung" vom 3. Jänner 1999:

„Die Bürgergesellschaft baut auf die individuellen und gesellschaftlichen, wirtschaftlichen wie politischen Freiheitsrechte. In ihrem Zusammenleben ist sie aber auch auf das Engagement kultureller Vereinigungen, auf dem gemeinnützigen Stiftungsgeist und auf soziale und ethische Maßstäbe angewiesen. Die Gesellschaftsform der Bürgergesellschaft ist daher nicht allein frei, sondern freiheitlich zu nennen. Das zentrale gesellschaftliche Prinzip der Bürgergesellschaft ist die Offenheit, das heißt, daß im Zusammenleben der Personen ganz verschiedene geistige Strömungen, vielfältige private und familiäre Bindungen und soziale Überzeugungen aufeinandertreffen. Die Bürgergesellschaft akzeptiert diese Widersprüche und trägt die daraus entstehenden Spannungen aus. Hingegen versucht sie nicht, sie etwa durch Ideologien zu verschleiern. Ihre Stärke ist auch die Offenheit gegenüber dem Fremden, Neuen und Innovativen. Das dritte Wesensmerkmal der Bürgergesellschaft ist die Verantwortung. Zur Verantwortung gehört vor allem, daß die persönlichen Freiheiten, die die bürgerliche Gesellschaftsordnung dem einzelnen garantiert, nicht allein private Freiheiten sind, sondern daß die Freiräume in der freiheitlichen und offenen Gesellschaft vom einzelnen etwas verlangen. Er muß sie aktiv ausfüllen, sein Leben selbst verantwortlich führen, doch darüber hinaus mit Zivilcourage und Bürgersinn auch das Ganze im Blick behalten. Eine freiheitliche Gesellschaft besteht also letzten Endes in der Teilhabe aller an der Machtausübung, die ‚Staat' und das geordnete Zusammenleben von Menschen in ihrem Gemeinwesen möglich macht."

Die Bürgergesellschaft ist also ein nach außen offenes Netzwerk kleiner Einheiten, die von gemeinsamen Werten und damit Zielen zusammengehalten werden. Diese stehen auf einem Sockel des Durchschnitts der moralischen Gerechtigkeitsvorstellungen der Bürger. Ein Sockel, der von niemandem normativ festgelegt oder auferlegt wird, sondern die Realität der bestehenden anerkannten bürgergesellschaftlichen Zielsetzungen beschreibt.

Die Ziele der Bürgergesellschaft stehen im Spannungsfeld der beiden Pole: Freiheit und Verantwortung. Das Freiheitsziel der Bürgergesellschaft meint Emanzipation vom Staat, Zurückbinden des Staates, Autonomie, die Anerkennung des unabhängigen, freien und selbstbestimmten rationalen Handelns.

Damit ohne Schwierigkeit vereinbar sind die Ziele, die dem Grundwert der Verantwortung entsprechen: das Ziel einer starken Demokratie, eines gemeinwohlorientierten Handelns, der Mitmenschlichkeit im Dienst am Nächsten. Bürgergesellschaftliche Gruppen verschreiben sich legitimerweise mehr dem einen oder anderen Ziel – wie es dem bürgergesellschaftlichen Pluralismus entspricht.

Grundwerte, die alle bürgergesellschaftlichen Gruppen prägen, die den Rahmen bilden, der ihre Haltung legitimiert, sind wie folgt beschrieben worden:

Der Rahmen der staatlichen Rechtsordnung, in dem sich Bürgergesellschaft bewegt, ist durch den Pluralismus, die Beachtung der Gesetze (Legalität), die Toleranz (die Hinnahme anderer Gruppen und ihrer Ziele in ihrer Verschiedenheit), die Öffentlichkeit und die Beachtung des staatlichen Gewaltmonopols, also den Gewaltverzicht, gekennzeichnet. Zu den staatlich ebenfalls verbürgten Grundzielen der Bürgergesellschaft gehören die absolute Freiwilligkeit, die von staatlichem Eingriff freie Selbstorganisation, aber auch die Loyalität zu Staat und Verfassung.

Im Verhältnis der bürgergesellschaftlichen Gruppen untereinander und zum Staat gilt also der Grundsatz des Pluralismus: Der Staat schreibt ihnen keine Ziele vor, die Gruppen untereinander respektieren sich in ihren verschiedenen Zielsetzungen.

Innerhalb einer einzelnen bürgergesellschaftlichen Gruppe allerdings gilt dieser Pluralismus in der Regel nicht. Die selbstgesetzten Ziele erreichen diese Gruppen nur dann, wenn sich die freiwilligen Mitglieder zu diesen Zielen und Grundwerten bekennen, Verantwortung übernehmen, Pflichten und Ziele aufnehmen und erfüllen. Das Mitglied ist ja schließlich Mitglied einer Werte- und Zielgemeinschaft und damit deren Grundwerten verpflichtet. Solange die einzelnen

Gruppen nicht Anspruch auf Alleinvertretung und auf Herrschaft über andere Gruppen erheben, ist das ja auch in Ordnung.

Damit ist klargestellt: In meiner Vorstellung einer Bürgergesellschaft werden anderen Gruppen und Menschen weder eine bestimmte gesellschaftliche Orientierung noch christliche oder andere Moralgrundsätze auferlegt – vom erhobenen Zeigefinger also keine Spur! Ebenso wenig trifft der Vorwurf zu, es solle die eigene, von anderen vielleicht als kleinkariert qualifizierte Wertewelt des Biedermeier einer Spießbürgergesellschaft der Emanzipationsgesinnung anderer entgegengesetzt und auferlegt werden. Auch was „parfümierter Mist" genannt wurde, nämlich die starke Vorbildwirkung der bürgergesellschaftlichen Strukturen im ländlichen Raum (wo Bürgergesellschaft funktioniert), ist nicht nur grob abwertend und mißverständlich, sondern ein unberechtigter Vorwurf.

Wie bildet man die Grundwerte und Ziele für die Bürgergesellschaft – Wie veranstaltet man den dritten Weg?

Dem bürgergesellschaftlichen Engagement liegen Grundwerte und damit Ziele zugrunde, die nicht selbstverständlich sind. Genau dies ist ja eines der Probleme, die den Ruf nach systematischer Förderung bürgergesellschaftlicher Modelle lautwerden ließen: Es besteht in unserer Gesellschaft die Gefahr der Vereinzelung und der Vereinsamung, vor allem für ältere Männer und Frauen nach dem Berufsleben. Trotz grundsätzlicher Bereitschaft zur bürgergesellschaftlichen Verantwortung fehlt die Einbindung. Dabei kann gerade bei berufserfahrenen Menschen auf viele Voraussetzungen zurückgegriffen werden, die das Leben als Lehrmeister geschaffen hat: Sachkunde, Dialogbereitschaft, Leistungsbereitschaft, Gemeinsinn und vor allem die doppelte Motivation: Selbstverwirklichung und Solidaritätsbereitschaft zur Hilfe für andere.

Hier obliegt es den öffentlichen Strukturen, den politischen Parteien und den Kirchen, aber auch den staatlichen lokalen Stellen, die Bürgergesellschaft möglich zu machen und den bürgergesellschaftlichen Markt zu organisieren – einen Markt, auf dem sich das Angebot an bürgergesellschaftlicher Arbeit mit der Nachfrage dafür treffen. Die Einbindung in die gewählte Gemeinschaft und die Ausbildung für die Zielsetzung erfolgt dann *on the job*, also durch die Tätigkeit selbst.

Als besonders wichtig für die bürgergesellschaftlichen Strukturen haben sich die Lehrer aller Schultypen erwiesen (vgl. unten im vierten Teil die Untersuchung über die ehrenamtlichen Tätigkeiten der Lehrerinnen und Lehrer, die eindrucksvoll zeigt, daß fast 60 Prozent der Lehrkräfte in Salzburg zumindest eine ehrenamtliche Tätigkeit ausüben). Ihre Einbindung in die bürgergesellschaftliche Verantwortung ist im ländlichen Raum leichter und naheliegender als in der Großstadt. Aber auch hier kann vieles über die Schule, die Schulgemeinschaft und ihre Organisationsformen der Schulpartnerschaft geschehen.

Die Einbeziehung der Jugend, der Schülerinnen, Schüler und Lehrlinge in die Vereine ist ein wichtiger Weg zur Wertebildung. Die Funktion der Bürgergesellschaft gerade auf diesem Gebiet ist unersetzlich. Der Werteverlust in der Gesellschaft, von vielen beklagt und in meinem ersten Buch zur Bürgersolidarität im Detail aufgezeigt, liegt an der Wurzel vieler gesellschaftlicher Mißstände. Ihm kann die Schule als zweiter Ort der Wertebildung (nach der Familie) begegnen. Die Schule ist zur Wertebildung aufgerufen – unter strenger Beachtung folgender Grundsätze: Die Schülerinnen und Schüler sollen Grundwerte kennen- und werten lernen, über letzte Dinge diskutieren und sich damit auseinandersetzen, aber nicht indoktriniert werden. Eine besondere Rolle spielt dabei der Religionsunterricht. Die modernen Lehrpläne, beispielsweise des konfessionellen Religionsunterrichts der christlichen Kirchen, erfüllen diesen Zweck. Sie schaffen Überblick über die Wertsysteme aller großen Weltanschauungen und zeigen die verschiedenen Antworten auf letzte Fragen auf. Aber nicht alle Schülerinnen und Schüler erhalten heute Religionsunterricht:

Wer ohne religiöses Bekenntnis ist oder sich vom Religionsunterricht abgemeldet hat, erhält in der Schule keine Bildung im Wertebereich ungebildet. Es wäre daher unumgänglich, für diese Gruppen eine anderen verpflichteten Werte-Unterricht zu schaffen, subsidiär zur Verpflichtung, den Religionsunterricht der eigenen Glaubensgemeinschaft zu besuchen.

Die Schule ist aber auch der Ort, wo im Schulgemeinschaftsausschuß bürgerschaftliches Engagement vermittelt, eingeübt und für andere nichtschulische Bereiche angeboten werden kann. Die Schulpartnerschaft ist ein optimaler Ansatz zur Heranbildung bürgerschaftlichen Engagements und bürgerschaftlicher Werte.

Als weiterer Ort der Vermittlung hat sich der Zivildienst erwiesen. Er ist für die vielen gemeinnützigen Rettungs- und Sozialorganisationen der Bürgergesellschaft in Österreich unverzichtbar geworden. Sichert das Bundesheer unsere Gesellschaft vor Bedrohungen von außen und bei Katastrophen und Unglücksfällen, so sichert der Zivildienst den Bestand der kleinen Netzwerke, die heute ohne Zivildiener nicht mehr arbeiten könnten. Darüber hinaus zeigt die Erfahrung, daß bis zu 25 Prozent der Zivildiener nach ihrem Dienst auf freiwilliger Basis bei jener Organisation bleiben, bei der sie ihren staatsbürgerschaftlichen Sozialdienst abgeleistet haben.

So hat der Zivildienst in Österreich hohes Ansehen erworben, auch deswegen, weil er aus staatsbürgerschaftlicher Pflichterfüllung bürgergesellschaftliches Engagement in Freiwilligkeit macht. Junge Menschen in bürgergesellschaflichen Organisationen verpflichten sich auf die Ziele und Grundwerte der von ihnen freiwillig gewählten Gemeinschaften, erwerben Sachkunde, Dialogbereitschaft und die Fähigkeit, im Team zu arbeiten, zu lernen, Konflikte auszutragen, sich für ihre eigenen Meinungen Mehrheiten zu suchen und Mehrheitsentscheidungen von anderen zu ertragen. In den vielen gemeinwohlorientierten Organisationen der Bürgersolidarität werden daher die Grundlagen für die Basiswerte bürgergesellschaftlicher Organisation gelegt.

Das Verhältnis der Bürgergesellschaft zum Staat: Bürgergesellschaft gegen den Staat oder mit ihm verschränkt?

Bürgergesellschaft statt Sozialstaat?

Die verschiedenen Zugänge zur Bürgergesellschaft habe ich schon in mehrfachem Zusammenhang geschildert. Ich habe auf die beiden Pole „Freiheit" und „Verantwortung" hingewiesen, ebenso auf die beiden Hauptmotivationen zur bürgergesellschaftlichen Tätigkeit: Selbstverwirklichung einerseits, Solidarität auf der anderen Seite. So manche Kritik am Vorstoß für eine Bürgergesellschaft in Österreich knüpfte an meine klare Unterstützung des Konzepts einer starken Demokratie an, eine Unterstützung, die eher der Solidarität zuzuordnen ist. Denn ich sehe eine der Wirkungen der Bürgergesellschaft in der Verlebendigung der Demokratie, in der Gemeinwohl-Hilfe für den Staat durch private Organisationen und in Zusammenarbeit mit dem Staat. Liberale Zugänge zur Bürgergesellschaft setzen – ebenso legitim – auf andere Ziele: die Emanzipation vom Staat, das Zurückdrängen seines ständigen Einmischung in neue Aufgabengebiete, das Zurückdrängen der Übernahme ständig neuer Staatsaufgaben: Der Ausdruck davon ist die steigende Steuer- und Abgabenlast. Liberale fordern daher die Rückkehr zu einem Sozialsystem, in dem die Solidarität nicht zum überwiegenden Teil verstaatlicht ist, das auch der Privatinitiative im Sozialbereich mehr Raum läßt und die Eigenverantwortung und Eigeninitiative fördert. Steuern und Abgaben senken, Sozialprogramme abbauen und dafür die privaten Wohlfahrtsorganisationen zuständig machen: Der Weg, den Ronald Reagan in den Vereinigten Staaten ging.

Ähnlich ist es mit dem demokratiepolitischen Zugang: Die Organisationen der Bürgergesellschaft sollen frei ihre Interessen vertreten können, ohne sich dabei des staatlichen Apparats zu bedienen. Schutz durch den Staat in dieser Tätigkeit: ja – aber keine Zusammenarbeit, keine Verschränkung! In einer solchen Konzeption wird Bürgergesellschaft von den spontanen Gruppen selbst geleistet, nicht aber vom Staat her gestaltet oder veranstaltet – getreu dem liberalen Postulat der Trennung von Staat und Gesellschaft.

Diese Motivation zur Organisation der bürgergesellschaftlichen Initiative wird von den Befürwortern der wachsenden Verantwortung des Staates für den einzelnen, von den Anhängern des Sozial- und Wohlfahrtsstaates, natürlich mit Argwohn beobachtet. Sie sehen darin ihre Vermutung bestätigt: Die Bürgergesellschaft will die soziale Sicherheit abschaffen, die Not privatisieren und die Rückkehr zur Almosengesellschaft des 19. Jahrhunderts einleiten.

Nun sind diese Modelle für bürgergesellschaftliches Engagement sicher im Pluralismus der Ziele legitim. Aber ebenso legitim und stärker vom Erfolg getragen sind jene Modelle, die die Bürgergesellschaft im Einzelnen mit staatlichen Stellen und mit ihrer Unterstützung „veranstaltet" – getreu der Erkenntnis, daß Bürgergesellschaft so wie die Soziale Marktwirtschaft veranstaltet werden muß, um sich entfalten zu können. Ich habe schon betont, daß es keine verbindlichen und exklusiven Begriffe der Bürgergesellschaft gibt, sondern daß viele Modelle in einem breiten Pluralismus Platz haben. Wie der Weg zur Bürgergesellschaft in einer bestimmten gesellschaftlichen Situation, in einem Land und zu einer bestimmten Zeit aussieht, hängt vom Zustand der Gesellschaft, von ihrer aktuellen Struktur und ihren aktuellen Problemen ab.

Österreich ist ein reich gegliedertes, föderales, von Gemeindeautonomie geprägtes, dezentrales Staatswesen mit stark entwickelten bürgergesellschaftlichen Strukturen, die schon heute (bei allen Gefahren, die das mit sich bringt) mit dem Staat eng verschränkt sind. Sie richten sich nicht gegen den Staat, haben nicht emanzipatorischen Charakter, sondern wollen subsidiär und komplementär – also ergänzend – Aufgaben wahrnehmen, die der Staat nicht wahrnehmen kann, nicht wahrnehmen will oder nicht wahrnehmen darf. In Österreich ist die Steuerquote hoch, Spenden an soziale oder kulturelle bürgergesellschaftliche Strukturen sind ebenso wenig steuerbegünstigt wie Spenden an bewährte, traditionelle soziale Organisationen und neue soziale Initiativen. Die Organisationen können sich daher nicht allein über Spenden finanzieren (etwa wie in den USA), sondern brauchen staatliche Subventionen, die ihnen auch zuteil werden. Daraus zu schließen, Bürgergesellschaft sei in Österreich unterentwickelt, weil – vor allem auf der lokalen Ebene – eng mit dem Staat verbunden, greift zu kurz und engt das Konzept der Bürgergesellschaft unnötig dogmatisch ein. Eine solche Argumentation reißt auch unnötige Gräben auf und polarisiert gegen einen Großteil jener, die in der aktiven Bürgergesellschaft tätig sind, vor allem im sozialen Bereich. Solche Kritiker der Zusammenarbeit und Verzahnung freier Initiativen und Organisationen mit dem Staat liefern auch den Gegnern der Bürgergesellschaft die Handhabe, den ganzen Entwurf als „hart an der Grenze zur karitativen Almosengesellschaft" (so die Sozialdemokraten in Österreich) zu verunglimpfen.

Bürgergesellschaft will nicht in jedem Fall den Staat aus der sozialen Wohlfahrt zurückdrängen, sondern subsidiär und effizient ergänzen. Daß der Sozialstaat unserer Prägung finanziell entlastet werden und neue Prioritäten setzen muß – die Sozialquote kann nicht weiter steigen –, ist allen Fachleuten klar. Das soziale Netz muß angepaßt werden. Dabei kann die Bürgergesellschaft helfen. Bürgergesellschaftliche soziale Hilfe, die vor Ort geleistet wird, trägt auch dazu bei, den Mißbrauch von Sozialleistungen hintanzuhalten. Dies ist ein wichtiger Nebeneffekt der Auslagerung von Aufgaben der sozialen Wohlfahrt an private, bürgergesellschaftliche Organisationen – aber eben ein Nebeneffekt, nicht Hauptursache und nicht Hauptzweck.

Die Aufgabenteilung zwischen staatlichen Stellen und privaten Organisationen der Bürgergesellschaft im sozialen Bereich wird dabei von den bewährten Grundsätzen der Subsidiarität und der Solidarität gestaltet: Subsidiarität heißt hier, daß der einzelne das leisten muß, was er selber zu leisten fähig ist – der einzelne ist in erster Linie für sich selbst verantwortlich. Nur wo er selber überfordert ist, dort muß die Gemeinschaft die notwendige Hilfe geben – Hilfe heißt auf lateinisch *subsi-*

duum, und von dort kommt das Wort der Subsidiarität. Dem gesellschaftlichen Konsens hat es lange Zeit entsprochen, Leistung und Gegenleistung im Zusammenhang zu sehen: Wer etwas erhält, muß dafür auch etwas leisten, denn es gibt nicht nur Rechte und Ansprüche – es gibt auch Pflichten gegenüber der Gesellschaft. Dieses Gesellschaftsbild geht davon aus, daß der Bedürftige nicht in den Liegestuhl der Passivität gelegt und befürsorgt wird, sondern Mitverantwortung für sich selbst, für die Gemeinschaft und deren Entwicklung trägt. Diesen Grundüberzeugungen entsprechend soll die Eigenverantwortung gestärkt, die Hilfe auf die nicht Leistungsfähigen konzentriert und damit die Solidarität der Leistungsfähigen mit den weniger Leistungsfähigen unter Beweis gestellt werden. Um den Mißbrauch der staatlichen Sozialleistungen zu verhindern, müssen die bereits im Sozialsystem vorgesehenen Maßnahmen zur Stärkung der Eigenverantwortung ebenso ausgebaut werden wie jene gegen den Mißbrauch durch Leistungsunwillige. Auch hier kann das kleine Netz bürgergesellschaftlicher Vereinigungen Wichtiges leisten, was staatliche Bürokratie nicht zu leisten imstande ist.

Die Bürgergesellschaft braucht eine Spendendemokratie und einen zweiten Arbeitsmarkt

In Österreich müssen sich Institutionen der Bürgergesellschaft vorwiegend durch Mitgliedsbeiträge und staatliche Subventionen finanzieren – Spenden kommen auch herein, aber nicht in reichlichem Ausmaß, trotz der großen Spendenfreudigkeit der Österreicher: Spenden sind nicht steuerlich begünstigt, es sei denn, es handelt sich um eine Institution der wissenschaftlichen Forschung, der die Steuerbegünstigung durch Bescheid der Finanzverwaltung zuerkannt wurde. Die Zuerkennung einer Steuerbegünstigung für gemeinnützige Institutionen, so wird argumentiert, entziehete dem Staat viele Steuereingänge; Steuermittel, die er braucht, um Subventionen an Institutionen zu finanzieren, die auch von Spenden leben könnten. Die fehlende Steuerabsetzbarkeit von Spenden bedeutet also, daß der Staat die Bürger daran hindert, Spenden direkt an jene Institutionen zu geben, die für vertrauenswürdig gehalten werden. Vielmehr bewirkt dieses System, daß der Staat zuerst die Steuern einhebt und dann selbst als Mäzen, als Spender auftritt. Dieses System hat zur Folge, daß der Staat letztlich indirekt bestimmt, welche bürgergesellschaftlichen Organisationen und Ziele gefördert werden und damit in den Pluralismus bürgergesellschaftlicher Organisationen steuernd und bestimmend eingreift. Er verletzt daher indirekt das Gebot, daß der Staat letzte Ziele und letzte Zwecke nicht zu beeinflussen hat, weil dies den Bürgern selbst und ihren Organisationen vorbehalten ist.

Das österreichische System bewirkt, daß bürgergesellschaftliche Organisationen sehr oft am Tropf des Staates hängen – sie müssen um ihre Mittel jährlich betteln. Die Klagen der Vereine sind daher weit verbreitet und eindeutig: Die Politik fördert sehr oft nach parteipolitischen Präferenzen – nur parteinahe oder von der Partei gegründete und gesteuerte Organisationen erhalten öffentliche Mittel; andere Institutionen, also solche, die nicht parteipolitisch gesteuert werden können oder unliebsame Zwecke und Ziele haben, erhalten keine Förderung.

In anderen Ländern gibt es gemischte Finanzierungen: Der Staat fördert in geringerem Maße als in Österreich, und dann auch nur einige wenige, unbestrittene Schwerpunkte. Dort wird auch kontrolliert, daß ein – gerade in Österreich – weitverbreitetes Muster nicht gestrickt wird; ein Muster, das den Gedanken der Bürgergesellschaft ins Gegenteil verkehrt: Nicht Privatinitiative wird aktiv, entlastet und ergänzt den Staat, sondern der Staat schlüpft ins Gewand der Bürgergesellschaft, gründet Vereine, finanziert sie, beherrscht sie durch Beamte in den Vorständen oder durch politisch bestellte Vorstände, entschlüpft damit den Kontrollen, die für direkte staatliche Tätigkeit vorgesehen sind und ermöglicht so parteipolitische Mittelvergabe. So gibt es gerade im Bereich des Sozialministeriums viele Vereine dieser Art, die auch die parteipolitischen Dominierung von Sozialprogrammen des Staates und damit letztlich der Stabilisierung die eigenen Regierens erlauben.

Österreich ist ein spendenfreudiges Land: Es wäre reif für eine Spendendemokratie. Spenden an gemeinnützige Vereine und Organe der Bürgergesellschaft sollten steuerlich absetzbar sein. Damit würde de facto der Bürger bestimmen, welche Institutionen mit welchen Zielsetzungen und unter wessen Leitung staatlich gefördert werden, denn die Steuerbegünstigung bedeutet, daß sich der Bürger von seinen Spenden bis zu 50 Prozent vom Staat zurückholen kann. Im Gegenzug müßte der Staat seine Förderungen kürzen und auf unbestrittene Schwerpunkte reduzieren. Den Vereinen würde damit wirksam geholfen und ein Markt der Institutionen der Bürgergesellschaft entstünde: Auch dies wäre im Sinne des Pluralismus.

Eine andere staatliche Maßnahme würde den Institutionen der Bürgergesellschaft aus vielen finanziellen Nöten helfen und hätte darüber hinaus weitreichende Folgen für die Gesellschaft: Die Einrichtung eines zweiten Arbeitsmarktes, auf dem nichtmarktfähige Arbeit mit staatlicher Hilfe den Institutionen der Bürgergesellschaft gegen Kostenbeteiligung zur Verfügung gestellt wird – so wie es unter anderen Vorzeichen durch die Zurverfügungstellung von Zivildienern an diese Organisationen ja heute schon geschieht. Arbeitserfahrene und Arbeitswillige, die auf dem ersten Arbeitsmarkt keine Arbeit bekommen, z. B. ältere Arbeitnehmer, könnten bei gemeinnützigen Organisationen Arbeit und Einkommen erhalten: Einen Teil ihres Lohnes zahlt der Verein selbst, den anderen die öffentliche Hand in der Form des Arbeitsmarktservices, das sich auf diese Weise die Arbeitslosenunterstützung zur Hälfte spart. Allen wäre geholfen: den Arbeitslosen, den bürgergesellschaftlichen Institutionen und dem Staat. Dieses Modell könnte noch ergänzt werden: Langzeitarbeitslose, die eine derartige gemeinnützige Beschäftigung ablehnen, sollten ihre Arbeitslosenunterstützung zum Teil oder auch zur Gänze strafweise verlieren, entsprechend dem System der österreichischen Arbeitslosenversicherung und ihren Sanktionen für Arbeitslose, die eine zumutbare Arbeitsaufnahme ablehnen.

Diese Modelle der Bürgerarbeit mit Grundlohn, Arbeitsverpflichtung und Bürgergeld für bestimmte Arbeitslose wird allerdings von manchen kritisch gesehen. Der Wiener Caritas-Direktor Michael Landau etwa machte seine Bedenken öffentlich: Durch eine solche Regelung würde die Sozialarbeit entprofessionalisiert, würde also an Qualität verlieren. Nicht von vorneherein für diese Arbeit Ausgebildete kämen, noch dazu mit einer nicht hinreichenden Motivation, in den Sozialdienst. Gerade für den Sozialdienst seien Mitmenschlichkeit, Liebe zum Nächsten, Opferbereitschaft und eigene Leidensfähigkeit notwendig. Bei Menschen, die durch den Druck allfälliger Kürzungen beim Arbeitslosengeld in diesen Dienst gedrängt würden, würde die Qualität der Arbeit leiden. Auch der Vorsitzende der Gewerkschaft der Privatangestellten und Chef eines wichtigen Trägers der Sozialversicherung, Hans Sallmutter, setzte sich in einem Briefwechsel eingehend mit dem Bürgergeld für Bürgerarbeit und dem zweiten Arbeitsmarkt auseinander. Auch er machte die Entprofessionalisierung geltend; Hilfe unter Zwang funktioniere nicht oder nur in einer so mangelhaften Qualität, daß sowohl die, denen zu helfen ist, darunter zu leiden hätten als auch jene, die mit den Bürgergeldbeziehern zusammenarbeiten müßten, ungebührlich belastet und dadurch demotiviert würden. Diese Einwände gehen davon aus, daß alle oder zumindest die überwiegende Mehrheit der Langzeitarbeitslosen keine Bereitschaft zeigen, sozial tätig zu werden und sich für die Mitmenschen zu engagieren. Ich kann dieses Menschenbild nicht nachvollziehen. Mit gutem Willen, vor allem vom Arbeitsmarktservice her, können für derartige Bürgerdienste Geeignete aus den Langzeitarbeitslosen für die geeigneten Tätigkeitsfelder ausgesucht werden und das Mittel der Um- und Einschulung, das ja in Österreich sehr erfolgreich eingesetzt wird, zur Anwendung kommen. Dann litte weder die Professionalität noch die Motivation.

Ein anderer Einwand gegen das Modell geht davon aus, daß Frühpensionisten sehr oft eine geplante – die Arbeitslosenversicherung und das Pensionssystem belastende – Vorgangsweise einschlagen: zuerst die Kündigung durch den Arbeitgeber, um

Platz für einen jungen (viel billigeren) Dienstnehmer zu schaffen; nach der Arbeitslosigkeit die Notstandshilfe; nach der Notstandshilfe die Frühpension. Eine Entlastung des Betriebes, eine ruinöse Belastung für die Sozialversicherung. Dem halte ich entgegen, daß diese Ausstiegsplanung in Zusammenarbeit zwischen Dienstgeber und Dienstnehmer zu Lasten der Arbeitslosen- und Pensionsversicherung gerade im Bereich der langzeitarbeitslosen älteren Menschen durch das von mir vorgeschlagene Modell des Bürgergeldes und durch die damit verbundene Vorbildwirkung eingedämmt werden kann. Dies deshalb, weil der ältere Arbeitnehmer in diesem Fall erwarten muß, statt im angestammten Beruf in einem anderen Bereich am Ende seines Erwerbslebens tätig werden zu müssen und sich umschulen zu lassen. Natürlich ist mir die Problematik der Arbeitslosigkeit der älteren Arbeitnehmer bewußt; ebenso, daß das Modell des Bürgergeldes kein isoliertes Allheilmittel darstellen kann. Aber ausländische Modelle zeigen, daß dieses Modell durchaus funktioniert – zur Zufriedenheit aller Beteiligten.

Darüber hinaus wurde gegen meinen Vorschlag ins Treffen geführt, daß Langzeitarbeitslose oft vielschichtige Probleme hätten, die an der Wurzel ihrer Arbeitslosigkeit lägen: z. B. die persönliche Überschuldung, die Haftentlassung, auch die Behinderung. Ein Sonderproblem bilden die WiedereinsteigerInnen oder NeueinsteigerInnen nach der Familiengründung, dem Ausstieg aus dem Erwerbsleben und dem Wiedereinstieg, wenn die Kinder in der Schule sind. Gerade bei diesen Betroffenen ist es aber besonders wichtig, sie wieder in eine Beschäftigung zu integrieren: Gerade mit Sozialorganisationen könnten maßgeschneiderte Lösungen für jeden einzelnen gefunden werden. Arbeit ist ja auch Sinnstiftung für ein erfülltes Leben. Jugendliche von der Straße zu holen, Haftentlassene wieder gesellschaftlich zu integrieren und den Überschuldeten wieder Hoffnung zu geben, ist der offensive und optimistische Ansatz des Bürgergeldes. Die Schaffung eines Bürgergeldes ist überhaupt grundsätzlich nicht als negativ und als gegen die Arbeitslosen gerichtet zu verstehen, sondern als Beitrag zu ihrer Motivation.

Auch hier zeigen ausländische Modelle, daß es sinnvoll ist, ein Bürgergeld einzuführen. Als Ergänzung zu bewährten und anderen Maßnahmen kann es nämlich eine wichtige Aufgabe erfüllen: Arbeit, die notwendig, aber nicht marktfähig ist, kann getan und öffentliche Aufgaben wie Sozial- und Gesundheitsarbeit, Denkmalschutz, Instandhaltung von öffentlichen Einrichtungen, Natur- und Umweltschutz können geleistet werden, wenn auf der anderen Seite die brachliegenden Fähigkeiten von Langzeitarbeitslosen genutzt werden. Die Gewährung des Bürgergeldes kann bei der Erreichung dieser Ziele ein wichtiger Anreiz sein.

Die Bürgergesellschaft: Parfümierter Mist?

Mit diesem Schlagwort wurde die Bürgergesellschaft aus großbürgerlichen intellektuellen Kreisen angegriffen: Man meinte wohl auf witzige Weise darauf hinweisen zu sollen, daß die kleinen Netzwerke des privaten Engagements, der guten Nachbarschaft und der Hilfe von Mensch zu Mensch eine romantische Idylle des ländlichen Raumes seien, wo eben der „Mist" zu Hause ist – eine Zustandsbeschreibung des einfachen dörflichen Lebens, weitab vom intellektuellen Klima der Großstädte mit Kultur- und Kunstbetrieb, Wirtschaft und Wissenschaft, intellektueller Diskussion und Vielfalt. Als Parfüm für diese Idylle war wohl die ideologische Überhöhung durch die Theorie der Bürgergesellschaft gemeint: Was ohnehin im Dorf passiert, braucht nicht vergoldet zu werden. Parfümierter Mist, also so etwas wie eine Neuauflage Jean Jacques Rousseaus und seines berühmten Wortes „Retournons à la nature". Auf ähnlich hohem Roß sitzen jene, die im Vereinswesen und dem bürgerschaftlichen Engagement in diesen Vereinen lediglich „Vereinsmeierei" sehen, also Wichtigtuerei, getrieben von der Sucht nach Selbstbestätigung als „Präsident" eines Vereins, als lokale Größe, die in der Fronleichnamsprozession als Schützenhauptmann vorangeht oder als Präsident des Kameradschaftsbundes hinter der Fahne her, die als Feuerwehrkommandant über den

Schlüssel zur Feuerwache und zur Sirene verfügt ... Diese Geringschätzung ist nicht am Platz. All diese Gruppen tragen Unersetzliches zur Lebensqualität und zur Bürgermitbestimmung im ländlichen Raum bei: die Landjugend – sie war Trägerin der so erfolgreichen Dorferneuerung, die unsere Dörfer zu Lebensräumen hoher Lebensqualität machte –, die Musikkapellen, die Spiel- und Singgruppen, die örtlichen Rettungsorganisationen, Natur-, Tier- und Umweltschutzgruppen usw. Die Geringschätzung ist daher gänzlich unangebracht und wirft ein Bild der Gedankenlosigkeit und der sozialwissenschaftlichen Unwissenheit auf jene, die diese Abqualifizierung vornehmen. Aber das ist nur die eine Seite; die andere ist: Trifft die Behauptung zu, daß die Bürgergesellschaft vor allem etwas für den ländlichen Raum sei? Wenn man die Ergebnisse der Fessel-Studie untersucht, wie ich es im zweiten Teil dargelegt habe, so erscheint es richtig. Sieht man von den traditionellen politischen Organisationen und Interessensvertretungen – also den politischen Parteien und ihren Vorfeldorganisationen sowie den Gewerkschaften, den Kammern und ihrem Vorfeld an Spezialorganisationen – ab, so findet sich das bürgerschaftliche Aktivsegment aller Organisationstypen der Bürgerschaft vor allem im ländlichen Bereich und in kleinen Städten. Die großen Städte und vor allem Wien sind deutlich unterrepräsentiert.

Wenn man aber die anderen Ergebnisse der Studie auf diese Frage anwendet, so gibt es schlüssige Erklärungen dafür, die diese Unterrepräsentiertheit der Großstadt an sich erklären. Sie hat nichts mit der Anziehungskraft und der Lösungskompetenz der bürgergesellschaftlichen Gedankenwelt zu tun, sondern mit Parteistruktur und dem Ausmaß an Religiosität und Kirchlichkeit. So wird deutlich, daß Religiosität eine wesentliche Grundlage für die Bürgergesellschaft darstellt. Mit zunehmender religiöser Orientierung steigt auch die bürgerschaftliche Aktivität. Parteimitglieder sind ebenfalls aktiver als andere und hier vor allem Anhänger der Volkspartei und der Grünen. LIF-Anhänger, Freiheitliche und Sozialdemokraten (letztere mit Ausnahme der traditionellen politischen Organisationen und der Interessensvertretungen) sind unterdurchschnittlich vertreten (siehe Tabelle oben, Religiöses und politisches Profil der bürgerschaftlich Engagierten nach Organisationstypen). Da Religiosität und ÖVP-Anhängerschaft im ländlichen Raum häufiger sind als in den Großstädten, ist dies eine weitere Erklärung.

Wir haben allerdings die in der Bürgergesellschaft nicht aktiven Großstädte auf ihre Motive hin genau untersucht: Stehen sie der Bürgergesellschaft kritischer gegenüber? Es zeigt sich, daß 34 Prozent der Nichtaktiven in der Großstadt Zeitprobleme haben; aus Zeitgründen können sie sich nicht engagieren, und das ist verständlich: Bei den langen Fahrwegen in Wien beispielsweise bleibt wenig Freizeit für Aktivitäten bürgerschaftlicher Gruppen. 19 Prozent lehnen die Bürgergesellschaft grundsätzlich ab, und das ist der gesamtösterreichische Durchschnitt. Hoch interessant ist allerdings, daß 20 Prozent der Nichtengagierten in der Großstadt grundsätzlich zu bürgerschaftlichem Engagement bereit wären, aber nie gefragt wurden. Dies entspricht dem Untersuchungsergebnis, dem zufolge die Einstellung zur Bürgergesellschaft gleich positiv ist, in der Großstadt und im ländlichen Raum (siehe Tabelle oben, Einstellungen zu bürgerschaftlicher Beteiligung).

Eine Rolle spielt natürlich auch der Inhalt bürgergesellschaftlicher Organisation, ihre Ziele und Grundwerte. In der Stadt gibt es in der Regel weder die vielfältigen Rettungsorganisationen, die im ländlichen Raum bestehen (Feuerwehr!), noch die Musikkapellen und Schützenvereine oder ihnen Vergleichbares. Die dem städtischen Leben entsprechenden gleichartigen Strukturen wie z. B. Nachbarschaftsgruppen in den großen städtischen Wohnanlagen, im „virtuellen Dorf", im „Grätzel", rund um die Schule und rund um den Sportverein sind erst im Entstehen. So spielt im ländlichen Raum natürlich die Tatsache eine Rolle, daß Vereine existieren, die das Angebot an bürgergesellschaftlichem Engagement darstellen und sich den Nachwuchs und damit die Teilnehmer holen. In der Stadt fehlt diese Übersichtlichkeit; das Internet ist in seiner potentiellen Funktion für diesen „Markt", wo sich prinzipiell Bereite informieren können, wo sie mitarbeiten können, erst im Entstehen begriffen. Für die Stadt gilt auch ganz besonders der Satz, daß Bürgergesellschaft „veranstaltet“ werden muß: Gerade in der Stadt wachsen diesen Strukturen nicht von selbst. Dies zeigte in Deutschland die bereits mehrfach genannte Geislingen-Studie. Aber auch die Ergebnisse der Fessel-Studie können so ausgelegt werden – weitere Erfahrungsberichte aus dem städtischen Bereich finden sich im IV. Teil.

In den größeren österreichischen Städten gibt es auch aus historischen und politischen Gründen ein bürgergesellschaftliches Defizit. Es beruht auf der geringeren Religiosität im städtischen Raum und der politischen Struktur der Bürgerinnen und Bürger, sowie auch auf dem fehlenden Angebot und dem fehlenden Markt für bürgerschaftliches Engagement und bürgerschaftliche Gruppen. Die Wichtigkeit der Bürgergesellschaft wird für die Stadt genauso erkannt wie für den ländlichen Raum; das prinzipielle Interesse an einer bürgergesellschaftlichen Mitarbeit besteht, aber man muß die dazu Bereiten abholen, damit sie den Weg in die Organisation finden. Gleichermaßen muß erst das spezifisch großstädtische Instrumentarium herangebildet werden. Das Internet kann für einen solchen Markt genutzt werden; die Bezirke der Städte könnten nach deutschem Muster Bürgerbüros oder Freiwilligenagenturen gründen. Spezifische Organisationsformen für große Gemeindewohnanlagen können erfolgreich sein.

Ein Beispiel hierfür geben drei höchst interessante Diplomarbeiten, die an der Grund- und Integrativwissenschaftlichen Fakultät der Universität Wien eingereicht wurden: Sie alle betreffen die Gemeindesiedlung „Am Schöpfwerk“ im Süden Wiens. Diese Siedlung steht in der Tradition der großen sozialdemokratischen Gemeindebauten des „Roten Wien“. Baubeginn war 1976; 1980 wurde die Anlage fertiggestellt. Sie umfaßt 1.700 Wohneinheiten für ca. 5.000 Bewohner – also fast eine kleine Stadt. Die Anlage hat einen schlechten Ruf: Generationenkonflikt, Vandalismus, herumlungernde Jugendliche. Die Problemstellungen waren das schlechte Image der Siedlung, die mangelnde Infrastruktur und Fehlplanungen, die Entkoppelung der Zuständigkeit der Bewohner für ihre Wohnumgebung und schließlich die Kosten. Drei junge Wissenschaftler (zwei davon Frauen) untersuchten nun bürgergesellschaftliche Projekte im „Schöpfwerk" – sie werden nicht als solche qualifiziert, sondern im Sinne der Systemtheorie soziologisch beschrieben.

Mag. Christa Peinhaupt veröffentlichte 1997 ihre Diplomarbeit „Wir haben uns immer ewige Programme vorgenommen", eine qualitative Analyse der Kommunikationsmuster im Projekt „Empowerment Schöpfwerk". In dieser Studie wird beschrieben, wie – initiiert von einer Gruppe von Sozialarbeiterinnen und Sozialarbeitern – Gemeinwesenarbeit durch die Bewohnerinnen und Bewohner der Anlage geleistet wurde und neue Kommunikations- und in der Folge Problemlösungen erarbeitet wurden.

Mag. Oliver Schrader veröffentlichte 1998 eine weitere Untersuchung über das „Schöpfwerk": „Zur Aneignung bedingt geeignet. Soziale, mikropolitische und architektonische Bedingungen der Aneignung und Gestaltung des Wohnumfeldes durch die Bewohner in einem Wiener Gemeindebau". Auch diese Arbeit zielt nicht ausdrücklich auf die Bürgergesellschaft ab, aber sie zeigt neue Formen bürgergesellschaftlicher Initiativen im Gemeindebau in der Großstadt auf, indem sie fragt, wie Bewohner und Bewohnerinnen mehr Verantwortung für ihre Anlage übernehmen und damit mehr Spielraum bekommen können, um die Anlage auf ihre Bedürfnisse umzugestalten.

Mag. Irene Berlach-Pobitzer veröffentlichte ihre Diplomarbeit zum „Schöpfwerk" im September 1998: „Eine Stunde macht hundert Schöpfer. Eine Untersuchung zum Talentetauschsystem Am Schöpfwerk". Hier wird ein Tauschringsystem, das auf der spontanen Initiative von Bewohnerinnen und Bewohnern entstand, in der Anlage beschrieben. Mit viel Eigeninitiative und den Talenten der Bewohnerinnen und Bewohner sollte der Versuch unternommen werden, mehr Lebensqualität in der unmittelbaren Umgebung zu schaffen. Die Autorin untersucht die Frage, ob das Tauschringsystem die Lebensqualität vor Ort gesteigert hat; auch hier wird deutlich bürgergesellschaftliche Initiative in der Großstadt beschrieben, wenn auch nicht beim Namen genannt.

Eine allgemeine Schlußfolgerung aus diesem Projekt kann heute sicher noch nicht gezogen werden. Aber die drei Untersuchungen über die Siedlung „Am Schöpfwerk" zeigen, daß es spezifische bürgergesellschaftliche Strukturen auch in der Stadt geben kann, und das mit durchaus bürgergesellschaftlichen Effekten, wie sie z. B. die Initiatorinnen und Initiatoren des Talentetauschrings formulierten: „Personen, die aus der Beschäftigungswelt ausgeschieden sind (Arbeitslose, Pensionisten, kindererziehende Mütter) bekommen die Möglichkeit, ihre Fähigkeiten und Zeit sinnvoll einzusetzen, darüber hinaus können Menschen mit wenig Einkommen Dienstleistungen in Anspruch nehmen, die sie sonst nicht konsumieren könnten."

Ein Schluß liegt jedenfalls auf der Hand: Die Bürgergesellschaft hat ein weites Feld für ihre Zielsetzungen – auch in der Großstadt.

Was leistet die Bürgergesellschaft – Ein Ergebnis

Die Studien zur Bürgergesellschaft, vor allem die Fessel-Studie, haben mit einigen Vorurteilen zum Projekt aufgeräumt und konnten vieles klargestellen: In dieser Bilanz soll aber auch herausgearbeitet werden, was das Konzept der Bürgergesellschaft zu leisten vermag.

Die Bürgergesellschaft verlebendigt die Demokratie

Die kleinen Netzwerke der Vereine und Vereinigungen, der Initiativen und Genossenschaften haben eine doppelte demokratiebelebende Wirkung. Wer in einer solchen Gruppe Verantwortung übernimmt, erlernt Demokratie lebensnah und im kleinen Zusammenhang: gewählt zu werden und zu wählen; Funktionen auszuüben und andere Funktionäre zu kontrollieren; Entscheidungen zur Abstimmung vorzubereiten, Mehrheiten zu suchen, Abstimmungen durchzuführen und Mehrheitsentscheidungen zu akzeptieren. Bürgergesellschaftliche Netzwerke sind Orte der Autonomie, des „Selbstregierens". In ihnen wird also Demokratie eingeübt und zum persönlichen Verhalten gemacht. Die Vereine haben aber noch einen weiteren Effekt: Als Netzwerk, das auf alle Ebenen einwirkt, bedeuten sie einen Zugang zum Entscheidungsprozeß, bedeuten sie Teilhabe an staatlichen und vor allem an gesellschaftlichen Entscheidungen. Bürgergesellschaftliche Institutionen füllen die Lücke zwischen staatlicher Entscheidung und privater Lebenswelt. Deshalb sind bürgergesellschaftliche Institutionen wichtig für die Demokratie. In den Netzwerken der Bürgergesellschaft zählt die Eigeninitiative, das Tun, das Etwas-tun-Wollen – gemeinsam mit anderen und einem Ziel verpflichtet. Da Bürgergesellschaft, wie herausgearbeitet wurde, eine offene Gesellschaft bedeutet, mit Pluralismus und bunter Vielfalt, eine Gesellschaft der „tausend Lichter", von denen George Bush sprach, ist die Bürgergesellschaft auch Garant für eine offene, nicht dogmatische, freie Gesellschaft.

Die Bürgergesellschaft bildet Werte, formt Bürgertugenden und stiftet Lebenssinn

In der Bürgergesellschaft gibt es keine den Netzwerken auferlegte Moral, keine Bürgertugend, die von den Vereinen zu beobachten ist – sie sind Entscheidungen jedes einzelnen, jeder bürgergesellschaftlichen Institution. Diese bestimmen ihre Ziele selbst – der Staat bestimmt nicht letzte Ziele. Die bürgergesellschaftlichen Institutionen selbst allerdings sind wertebildend: In der Regel verfolgen die Vereine Ziele, mit denen sich das Mitglied freiwillig einverstanden erklärt und die es verfolgt. In allen Netzwerken der Bürgergesellschaft gelten die Toleranz, die Ehrlichkeit, die Zuverlässigkeit, die Verantwortung, die Leistung, die Zivilcourage und schließlich die Gegenseitigkeit als zentrale Werte. Dazu kommen noch die Spielregeln der Demokratie und Zielsetzungen, die vereinsspezifisch sind. Grundwerte werden also gestiftet, eingeübt, verinnerlicht. Eine ganz grundlegende Leistung der Bürgergesellschaft ist also der Umstand, daß sie am Fundament der Gesellschaft mitwirkt: Sie bildet das Wertefundament der Gesellschaft und ist selbst wertestiftend. Damit hilft sie auch Bürgerinnen und Bürgern, die Frage nach dem Sinn ihres Lebens zu beantworten, und vermeidet das Leiden am sinnlosen Leben.

Bürgergesellschaft schafft Freiräume und schützt vor staatlicher Willkür

Die Freiheit vom Staat, das In-Ruhe-gelassen-Werden ist schon in der Menschenrechtslehre eine zentrale Forderung; der Liberalismus schrieb sie einmal mehr auf seine Fahnen. Der Kampf um das Recht, der Kampf um organisierte Freiräume, der Kampf um das Anrecht, eigene Rechtspersönlichkeiten gründen zu können, dies waren die Forderungen der bürgerlichen Revolution in Österreich von 1848. Damals erkämpfte sich das Bürgertum das Vereinsrecht, das 1852 beschlossen wurde und noch heute fast unverändert gilt. Es hat allen bürokratisch-sozialistischen Zugriffen – zuletzt von seiten des sozialistischen Innenministers – widerstanden. Es ist bezeichnend, daß in den Ländern des realen Sozialismus der Nachkriegszeit Vereine nicht wachsen konnten und durften. Der mühsame Aufbau einer Bürgergesellschaft in diesen Ländern ist erst mit der Wende der neunziger Jahre möglich geworden. Gerade in den neuen Demokratien sind die Folgen des Fehlens dieser bürgerlichen Netzwerke sehr plastisch zu sehen und unterstreichen deren Wichtigkeit: Die Radikalisierung der Jugend, der Verfall der öffentlichen Moral, der mühsame Aufbau eines demokratischen Systems auf allen Ebenen, das Wachsen der organisierten Kriminalität, das alles ist Folge des Fehlens der kleinen Netze, in denen Demokratie geübt und Bürgertugend herausgebildet wird. Die Freiräume der Bürgergesellschaft unter dem Schutz des Staates, in selbstbestimmter Autonomie, bedeuten auch Minderheitenschutz und Mittel der kulturellen Vielfalt. So ist die Bürgergesellschaft der Schutzraum gegen einen übermächtigen Staat.

Die Bürgergesellschaft ist Ort gelebter und belastbarer Solidarität

Ein erheblicher Teil der bürgerlichen Netzwerke leistet Sozialarbeit. Aus verschiedensten Motiven wird in den neuen Sozialinitiativen Hilfe für Hilfebedürftigen geleistet. Die bürgergesellschaftlichen Netzwerke, wie ich sie beschrieben habe, sind Orte der gelebten und belastbaren Solidarität – nach Johannes Paul II. die Überlebenstugend für das 21. Jahrhundert. Die Motivation dazu ist religiösen, weltanschaulichen oder einfach humanistischen Ursprungs. Bürgergesellschaftliche Organisationen helfen dort, wo der Staat nicht helfen kann – sei es, weil er finanziell dazu nicht in der Lage ist oder ihm die Zugänge fehlen. Sie helfen auch dort, wo der Staat nicht helfen will, aus welchen Motiven auch immer, etwa aus politischen oder weltanschaulichen Gründen. Die bürgergesellschaftlichen Netzwerke helfen aber auch dort, wo der Staat nicht helfen dort, weil es ihm verwehrt ist, Antwort auf letzte Ziele und Fragen zu geben. Diese Solidarität ist bürgernah und ergänzt das staatliche Wohlfahrtswesen, verdrängt es aber nicht. Diese Solidarität gibt vielen Menschen Lebenssinn und bringt Wärme in die Gesellschaft. Staatliche Fürsorge kann entlastet werden, der Staat kann seine Prioritäten neu ordnen. Die Solidaritätsnetzwerke der Bürgergesellschaft sind im übrigen näher beim Bürger und können daher zielsicherer sein, den Mißbrauch von Sozialleistungen verhindern.

Bürgergesellschaft hilft Arbeitsmarktprobleme zu lösen

In der Bürgergesellschaft reifer sozialer Marktwirtschaften tragen die kleinen Netzwerke dazu bei, die Probleme der strukturellen Langzeitsarbeitslosigkeit zu lösen. Vor allem arbeitswillige ältere Menschen können dort auf einem zweiten Arbeitsmarkt sinnvolle Beschäftigung finden, wenn sie auf dem ersten Arbeitsmarkt als „Problemgruppe“ keine Arbeit mehr finden, weil ihre Arbeit zu teuer ist. So entstünde ein zweiter Arbeitsmarkt, auf dem nicht mehr marktfähige Arbeit vermittelt und nutzbar gemacht wird – im Zusammenwirken von Staat und bürgerlichen Netzwerken kann den Organisationen auf diese Weise erfahrene Arbeitskraft zu günstigen Konditionen angeboten werden, erhalten Personen eine sinnvolle Beschäftigung und werden nicht Langzeitarbeitslose oder Frühpensionisten. Das staatliche Sozial- und Pensionsversicherungssystem wird entlastet, an Stelle des Lohnes tritt das Bürgergeld, bezahlt im Kombi-Lohn (ein Teil vom Arbeitsmarktservice, ein Teil von der bürgergesellschaftlichen Organisation). Solche Modelle haben sich in Dänemark, Holland und Deutschland bewährt – in Österreich gibt es erst Ansätze dazu, die es auszubauen gilt, sobald die ideologischen Barrieren sozialistischer Bürokraten überwunden sind.

Auf der Grundlage dieser Bilanz der wissenschaftlichen Fessel-Studie (1999) und der kritischen Diskussion (siehe Teil II dieses Buches) machte sich nun die Arbeitsgruppe „aktive Bürgergesellschaft“ auf den Weg und an die Arbeit. Die Zielsetzung war klar: dem für wertvoll und richtungsweisend befundenen Gedanken der Bürgergesellschaft zum Durchbruch zu verhelfen.

In sechsmonatiger Arbeit, betreut und gelenkt von Mag. Alexis Wintoniak, wurde der Leitantrag „Heimat Bürgergesellschaft – das Bürgermanifest der Österreichischen Volkspartei“ erarbeitet. Gleichermaßen wurde ein Bericht zu diesem Gegenstand erstellt, der ein volles Aktionsprogramm für die Umgestaltung unserer Gesellschaft zur Bürgergesellschaft darstellt. Beides wird im dritten Teil vorgestellt.

Teil III

Heimat Bürgergesellschaft: Ein Manifest

Der Bericht „Heimat Bürgerschaft“
und das vom Bundesparteitag der
Österreichischen Volkspartei am
23. April 1999
beschlossene Manifest

Heimat Bürgergesellschaft – Bericht

Dieser Bericht und das anschließend wiedergegebene Manifest „Heimat Bürgergesellschaft“ wurden von der Arbeitsgruppe „Aktive Bürgergesellschaft“ unter der Leitung von Andreas Khol, Erwin Pröll und Josef Pühringer erarbeitet. In der Arbeitsgruppe arbeiteten folgende Expertinnen und Experten mit: Rudolf Bretschneider, Günther Burkert-Dottolo, Christian Domany, Erich Fidesser, Susanne Fröschl, Michael Herb, Anna-Maria Hochhauser, Peter Kirchweger, Alberich Klinger, Heinz Krejci, Hans Heinz Lenze, Johanna Mikl-Leitner, Gerald Passath, Reinhard Peter, Johannes Riedl, Inge Rinke, Hans Georg Ruppe, Markus Spannring, Gudula Walterskirchen, Alexis Wintoniak, Paul Michael Zulehner.

Freie Bürger – starke Gemeinschaft

Wir wollen unsere Heimat politisch gestalten

Als gesellschaftspolitisch bestimmende Kraft hat die ÖVP die Verantwortung gegenüber unserem Land, gerade an der Schwelle zum 21. Jahrhundert die Herausforderungen der neuen Zeit zu erkennen und die Entwicklung der Gesellschaft anhand ihrer Wertvorstellungen zu prägen.

Der Mensch ist dabei unser Maßstab. Das sinnerfüllte Leben der Bürgerinnen und Bürger muß in unserem Land Wirklichkeit werden; Demokratie und Mitbestimmung darf sich für die Österreicherinnen und Österreicher nicht in den freien Wahlen – so wichtig diese sind – erschöpfen. Die Verantwortung und damit auch die Möglichkeiten für jede einzelne Bürgerin und jeden einzelnen Bürger müssen ausgebaut werden. Gelebte und belastbare Solidarität ist die Schlüsselfunktion für das 21. Jahrhundert: Das in unserem Land in reichem Maße vorhandene Solidaritätspotential muß aktiviert werden. Die

Bereitschaft unserer Mitmenschen zum „Füreinander", zur Bürgersolidarität soll in die Gestaltung des Biotops Gesellschaft verstärkt einfließen und unser Land zur Heimat im umfassenden Sinn gestalten. Im neuen Grundsatzprogramm, das sich die Volkspartei 1995 gegeben hat, heißt es daher:

„Wir wollen die persönliche Freiheit des einzelnen sichern und seinen Leistungswillen fördern.

Die freie Entfaltung der Persönlichkeit in einem selbstbestimmten Leben und der Schutz der persönlichen Freiheit sind für uns vorrangige Ziele. Der Leistungswille jedes Menschen muß nach Kräften gefördert und darf nicht durch Bürokratisierung und Überreglementierung behindert werden.

Wir wollen die Familie als Keimzelle der Gesellschaft besonders fördern.

Wer für eine Familie und für Kinder Verantwortung übernimmt, dient der gesamten Gesellschaft und verdient deren Unterstützung. Aus der Übernahme von Familienpflichten dürfen Frauen und Männern keine Nachteile erwachsen.

Wir wollen die Verantwortung für die Gemeinschaft stärken.

Gegen die Zeittendenzen eines übersteigerten Egoismus und zunehmender Entsolidarisierung rufen wir die Bürgerinnen und Bürger unseres Landes zur Wahrnehmung ihrer Verantwortung gegenüber der Gemeinschaft als Voraussetzung für jede lebendige Weiterentwicklung der Demokratie und der Gesellschaft auf.

Wir wollen eine Gesellschaft, die sich an dauerhaften Werten orientiert.

Tugenden wie Anständigkeit, Ehrlichkeit, Sparsamkeit, Mut, Fleiß, Verantwortungsbereitschaft und Verläßlichkeit sollen den Umgang miteinander prägen und müssen durch Vorbilder gestärkt werden. Wir verlangen die Beachtung dieser Grundsätze besonders von den Funktionsträgern in unserer Partei.

Wir wollen das Vertrauen der Bürger in die demokratischen Einrichtungen festigen.

Demokratische Institutionen sind auf das Vertrauen der Bürgerinnen und Bürger angewiesen und müssen dieses ständig neu erringen. Wir wollen dies durch Sicherstellung der Handlungsfähigkeit der politischen Institutionen und der Glaubwürdigkeit der politischen Funktionsträger erreichen. Wir wollen die Menschen zur Mitarbeit und zur Mitwirkung immer wieder einladen.

Solidarität darf nicht als ausschließlich staatliche Aufgabe mißverstanden werden.

Das soziale Engagement aller Bürgerinnen und Bürger in kleinen Gruppen und privaten Einrichtungen sowie in den freiwilligen Gemeinschaften ist für das Gelingen des Gemeinwohls unverzichtbar. Zumutbare Eigenvorsorge muß daher das öffentliche Sozialsystem ergänzen."

Die neue Antwort: Die aktive Bürgergesellschaft

Wir wollen unsere Heimat zu einer neuen, modernen und aktiven Bürgergesellschaft weiterentwickeln: eine Gesellschaft, geprägt von selbständigen Menschen, die eigenverantwortlich und solidarisch handeln. Eine Bürgergesellschaft, in der eine neue Arbeitsteilung zwischen Staat und Bürger verwirklicht wird; die gleichzeitig mehr Freiheit wie auch mehr Gemeinschaft gibt und die von Solidarität, Mitgestaltung und Mitbestimmung geprägt ist.

Die Entwicklung der aktiven Bürgergesellschaft ist eine Antwort auf die notwendige Suche nach einer neuen Politik. Immer stärker wird der Reformdruck, immer mehr wird klar, daß mit den Methoden der letzten Jahrzehnte – hier und dort im Flickwerk kleine quantitative Korrekturen durchzuführen – die anstehenden Probleme an der Schwelle zum 21. Jahrhundert nicht lösbar sind. Gefordert sind politischer Mut und Kreativität für die Entwicklung eines qualitativ neuen gesellschaftlichen Gesamtmodells der Bürgergesellschaft: Das Soziale, das Gesellschaftliche und die Politik müssen aus der Kälte des staatlichen Apparats für die aktive Mitgestaltung des einzelnen zurückgewonnen werden.

Die neue Aufgabenteilung zwischen Staat und Bürger

Im Laufe der letzten Jahrzehnte wurden mehr und mehr Aufgaben des gesellschaftlichen Lebens an den Staat abgewälzt. Die bisherige Entwicklung führt in eine Sackgasse. Bildung, Gesundheit und Sozialdienste sind neben die ursprünglichen Aufgaben des Staates – Recht, Ordnung und Sicherheit – getreten. Sicherlich ist es ein Ausdruck des Wohlstandes unserer Gesellschaft, daß diese öffentlichen Leistungen heute von allen Staatsbürgern gleichermaßen beansprucht werden können. Andererseits wird aber immer offensichtlicher, daß dieses automatische Anwachsen der Aufgaben des Staates unfinanzierbar, die Steuerlast für den Bürger immer drückender und die Unzufriedenheit der Bürger mit dem Staat immer größer wird.

Gleichzeitig entwickelt der Steuer- und Wohlfahrtsstaat seine eigene Dynamik im Inneren der Gesellschaft – ein Bürokratenstaat im Staat, der die Gesellschaft dominiert, führt zwangsweise zu einer Entfremdung zwischen dem Bürger und seinem Staat.

Die Ausuferung der öffentlichen Aufgaben bedroht aber gerade jene besonderen Werte unserer Gesellschaft, wie Freiheit, individuelle Verantwortung und Solidarität, die den Kitt für die Fundamente unseres Staates darstellen. Die Neuordnung von Staat und Gesellschaft bedeutet also nicht nur Kampf gegen überwuchernde Steuer- und Staatsallmacht. Es geht um den Zusammenhalt der Gesellschaft. Die zerfallenden Wertfundamente unserer Gesellschaft machen eine Neuordnung nötig. Die Aufgabenkonzentration beim Staat und seinem Apparat einerseits und der Materialismus in der Gesellschaft andererseits haben zur Kälte des Apparats und zur Ellenbogengesellschaft geführt: Während ein materiell-hedonistischer Zeitgeist den Egoismus der Erfolgreichen feiert, werden die zu kurz Gekommenen und vor allem die Alten in die Abhängigkeit vom staatlichen Apparat gedrängt. Die Verluste an gelebter und belastbarer Solidarität sind enorm. Zu viele Menschen werden zu abhängigen „Untertanen". Die Demokratie droht mangels echter Mitgestaltungsmöglichkeiten in Formalismus und Desinteresse zu erstarren.

Die Antwort ist eine neue Aufgabenteilung mit dem Staat: Selbstverantwortliche Bürger nehmen alleine oder mit anderen ihr Schicksal in die Hand und gestalten die Gesellschaft nach ihren Vorstellungen. Die Politik schafft durch einen geordneten Rückzug des Staates die dafür notwendigen Freiheiten und Freiräume, die von den aktiven Bürgern wahrgenommen werden. Neben die – weiterhin notwendige – verstaatlichte Solidarität tritt damit erneut die private Solidarität, das private Engagement, die Eigeninitiative.

Der Staat soll sich dort zurückziehen, wo privates Engagement besteht oder entstehen kann und die gewünschten Aufgaben ebenso gut oder vielleicht besser und kostengünstiger wahrnehmen kann. Keinesfalls darf die neue Aufgabenverteilung als Aufforderung zum Sozialabbau oder zur Rechtfertigung eines Rückzugs des Staates aus lediglich finanziellen Gründen mißverstanden werden.

Der Aufbruch zu aktiven Bürgergesellschaft ist nicht die Kapitulation der Politik, sondern eine Herausforderung: die des Ausbaus einer neuen politischen Ebene – weg vom Machbarkeitsmythos des Staates, hin zum selbständigen Bürger.

Helfen wo der Staat nicht helfen kann, will oder darf

Die aktive Bürgergesellschaft muß nicht erfunden werden – sie existiert in Ansätzen bereits. Wir wollen sie stärken und ausbauen. Wir haben keine allein seligmachende gesellschaftliche Utopie, in die wir die Bürger unseres Landes zwängen und pressen wollen. Bürgergesellschaftliches Mitgestalten ist immer freiwillig und die Freiwilligkeit prägend für alle Institutionen der Bürgergesellschaft. Mit unserer Politik wollen wir Eigeninitiative und soziales Engagement erleichtern und fördern sowie gesellschaftlich attraktiver und anerkannter machen. Andererseits ist das Modell der aktiven Bürgergesellschaft kein Notventil für einen überzüchteten Staatsapparat, der mit seinem Latein am Ende ist. In unserem Konzept steht der Mensch, das Handeln des freien Bürgers als bestimmender Faktor der Politik im Mittelpunkt. Der Staat tritt demgegenüber zurück.

Die aktive Bürgergesellschaft ist daher eine Gesellschaft, in der die Bürger ihre Freiheit mit Eigenverantwortung wahrnehmen und dadurch ein hohes Maß an persönlicher Verantwortungs- und Solidaritätsbereitschaft aufbringen und diese in ihrem unmittelbaren Lebensumfeld, also in der Nachbarschaft, in den Dörfern und Gemeinden, realisieren können.

Die reale Bedeutung, die schon heute der aktiven Bürgergesellschaft zukommt, verdeutlichen die wirtschaftlichen Dimensionen des Sektors der Nonprofit Organisationen (NPOs).

Das Modell der aktiven Bürgergesellschaft beginnt mit der Freiheit des einzelnen. Die aktive Bürgergesellschaft basiert auf den individuellen und gesellschaftlichen, auf den politischen und wirtschaftlichen Freiheitsrechten. Deshalb ist es die erste und wichtigste Aufgabe des Staates, diese Rechte zu garantieren.

Persönliche Freiheit ist die Grundlage für persönliche Verantwortung. Verantwortung ist wiederum die Grundlage für Solidarität, für die aktive Bürgergesellschaft; dafür, daß es gesellschaftliche Bande, ein Füreinander, ein Tragen des Schwächeren durch die Gemeinschaft gibt.

Freiheit und Verantwortung gehören zusammen und sind für uns ein untrennbares politisches Begriffspaar. Während die Politik aber dafür sorgen kann, daß Freiheit gegeben und gesichert wird, müssen andere Instanzen die „Verantwortung" definieren. In Zeiten, wo moralische Autoritäten wie die Kirchen zunehmend nicht mehr angenommen werden, zeigt sich, daß gerade der Familie als Keimzelle der Gesellschaft auch moralische Autorität zukommt. Wo sonst sollten in erster Linie Wertvorstellungen wie Verantwortung und Solidarität an die Nachfolgegeneration weitergegeben werden? Aber auch die Schulen haben hier, zusammen mit der ganzen Schulgemeinschaft, einen wichtigen Aufgabenbereich wahrzunehmen.

Wenn wir in der aktiven Bürgergesellschaft die „private" Solidarität ausbauen wollen, heißt das jedoch nicht, daß die staatliche Solidarität abgeschafft werden soll. Für viele bedeutet mehr Freiheit mehr Chancen, für andere hingegen mehr persönliches Risiko. Für viele bedeutet mehr Flexibilität und Offenheit eine neue Unsicherheit. Für viele bedeutet mehr Verantwortung eine zusätzliche Belastung, wenn sie schon jetzt an der Verantwortung für sich und ihre Familien schwer zu tragen haben.

Gesellschaftliche Solidarität und soziale Sicherheit müssen auch in der entwickelten aktiven Bürgergesellschaft Rechte bleiben und dürfen nicht zu einem gesellschaftlichen Almosen verkümmern. Im Gegenteil, mit der aktiven Bürgergesellschaft wollen wir mehr und nicht weniger soziale Sicherheit. „Sozial" muß aber nicht immer bedeuten, daß das Sicherheitsnetz vom Staat, von Behörden, von der Verwaltung garantiert wird – auch wenn sie jedem Bürger zusteht.

Gerade das Subsidiaritätsprinzip der aktiven Bürgergesellschaft, wonach nur die Aufgaben, die der einzelne, die Familie, die kleine Gruppe nicht leisten können, „nach oben", also an die Gemeinde, die Region oder das Land abgegeben werden, bedeutet für das soziale Sicherheitsnetz ein Mehr an Treffsicherheit und Flexibilität.

Die Bürgergesellschaft hilft wirksamer

Der Vorstoß, wieder mehr Aufgaben den Bürgern, den Familien, den Vereinen und dem Markt zurückzugeben, läßt sich zunächst mit einfachen ökonomischen Effizienz- und Qualitätsargumenten begründen. Viele Aufgaben können von privaten Initiativen besser wahrgenommen werden als durch die öffentliche Hand. Das Hilfswerk in der Altenbetreuung und anderen Sozialdiensten oder die Pfadfinder und die Katholische Jungschar in der Jugendarbeit leisten Hervorragendes. Das Engagement der Eltern, der Schulvereine, der Erwachsenenbildner sichert unser Bildungssystem. Ohne Rotes Kreuz, Freiwillige Feuerwehr oder Bergrettung würde unser Rettungswesen nicht funktionieren. Ohne unsere Vereine gäbe es kaum Kultur- und Sportleben. Natur- und Tierschutz sind in erster Linie private Initiativen. Die leuchtenden Beispiele sind uns aber andererseits schon zur Selbstverständlichkeit geworden, ohne daß wir regelmäßig prüfen, wie wir diese Vereinigungen und privaten Initiativen besser unterstützen können.

Freiwilligkeit im Ehrenamt

Neben der gesellschaftspolitischen Dimension und dem wirtschaftlichen Kriterium der privaten Initiativen tritt noch ein wesentliches Argument für die Bürgergesellschaft: Das freiwillige Engagement für die Gesellschaft ist ein Wert für sich. Das Ehrenamt bringt Selbstwertschätzung für den Amtsträger. Die Freiwilligkeit der Arbeit in der Bürgergesellschaft ist Ausdruck des freien Willens – also der Freiheit und des Willens – und des Freiraumes des einzelnen.

Dieser Vorrang des freien Willens vor dem staatlichen Zwang ist ein zentrales Element unserer Politik. Es gilt, die persönliche Unabhängigkeit des Bürgers und den Respekt für die eigene Leistung, die Verantwortung und die Solidarität des einzelnen zu ermöglichen.

Wenn wir heute von der Bürgergesellschaft sprechen, dann wenden wir uns an alle freien Bürger, die bereit sind, aktiv Verantwortung für ihr Umfeld zu übernehmen. Die Solidarität in der Gesellschaft soll vom freien Willen und nicht vom staatlichen Zwang geleitet werden. Weniger staatlicher Zwang, weniger staatliche Bevormundung, mehr Eigenverantwortung und mehr Realisierung des eigenen freien Willens stehen im Mittelpunkt der Bürgergesellschaft. Der zentrale Gedanke ist dabei, daß die persönliche Unabhängigkeit und der Respekt für den einzelnen Bürger gesichert und ausgebaut werden müssen. Das Konzept der Bürgergesellschaft gründet auf dem Individualismus, nicht auf der Atomisierung der Gesellschaft. Die Bürgergesellschaft basiert auf dem Gemeinschaftssinn – nicht auf dem Kollektivismus. So ist die Bürgergesellschaft jenes Netzwerk von stabilen und zweckgerichteten Beziehungen zwischen Bürgern, die auf der Grundlage ihres freien Willens Verpflichtungen übernehmen und Verantwortung ernstnehmen.

Gemeinsam selbstbestimmt handeln

In der Bürgergesellschaft zählt das gemeinsame, selbstbestimmte Handeln. Die Bürger warten nicht auf den Staat, sie warten nicht auf einen Vorgesetzten, auf den Arbeitgeber, auf eine Kammer, auf eine Schulbehörde, auf Unterrichts- und Kulturminister oder dergleichen, um ihre eigenen Lebensbedingungen zu gestalten, sondern sie nehmen ihr Leben und ihre Umwelt selbst in die Hand. So steht nicht ausschließlich das karitative, helfende Motiv im Vordergrund. Es geht auch nicht um ideologische basisdemokratische Motive, sondern um eine grundlegende gesellschaftliche Verhaltensänderung zur gemeinsamen Gestaltung der eigenen Lebensumwelt. Das Modell der Bürgergesellschaft ist keine politische Utopie. Es geht um konkrete, realisierbare und im Alltag umsetzbare Konzepte, durch die – abseits von Staat und Wirtschaft – Bildung, soziale Hilfe, Kinderbetreuung, kulturelle Bedürfnisse, Sportaktivitäten etc. realisiert werden können. Aktive Bürger schaffen neue Formen der Eigeninitiative, neue Formen des sozialen Engagements und der Selbstorganisation, um ihre unmittelbaren Lebensbereiche für sich und für andere positiv zu verändern. Dies geschieht großteils in konstruktiver, teilweiser kritischer Zusammenarbeit mit den staatlichen Behörden und der Wirtschaft, manchmal aber auch unabhängig oder in Konfrontation mit ihnen. So findet die Bürgergesellschaft ihren Ausdruck in

Elternvereinen, Klassengemeinschaften, privaten Kindergruppen, sozialen Hilfsorganisationen, der Feuerwehr, den Pfadfindern, den Sportverbänden und gleichermaßen in Umweltbewegungen, Bürgerinitiativen mit spezifischen lokalen oder überregionalen Zielsetzungen; aber auch im weiteren Umfeld als private Hilfsnetze in europäischen Programmen oder einfach im Internet.

Das Konzept der Bürgergesellschaft gewinnt auch vor dem Hintergrund der aktuellen sozialpolitischen Debatte an besonderer Bedeutung. Es wird mehr und mehr offensichtlich, daß viele soziale Probleme letztlich vom Staat nicht optimal gelöst werden können und auch die langfristige soziale Sicherheit vom Staat nicht ausreichend gewährleistet werden kann. Eine Reprivatisierung vieler sozialer und karitativer Dienste wird schon alleine aus Kostengründen notwendig sein.

Aktive Bürgerinnen und Bürger beleben die Demokratie

Der Ausbau der Bürgergesellschaft hat auch eine weitreichende demokratiepolitische Bedeutung. Die Bürgergesellschaft ergänzt den demokratischen Verfassungsstaat um die Dimension der Eigenständigkeit. Demokratie bedeutet ja nicht nur, daß Menschen von Zeit zu Zeit abstimmen und jene wählen, die dann für sie die Entscheidungen treffen. Dezentralisierung, Mitbestimmung, Selbstverwaltung und Selbstorganisation der Gesellschaft umschreiben jene Dimensionen der Demokratie, die in der österreichischen Tradition noch nicht ausreichend berücksichtigt sind. Der Ort für diese „starke Demokratie" sind in erster Linie die Dörfer, Gemeinden und Städte sowie die kleineren Einheiten in den großen Städten, die Bezirke, die Nachbarschaft, die Wohnanlage, das „Grätzel".

Das Konzept der Bürgergesellschaft hat auch Feinde. Auf der einen Seite steht die „Neue Linke", die einmal mehr mit zusätzlicher Staatsintervention versucht, der gesellschaftlichen Probleme Herr zu werden. Auch wenn die Wahlkämpfe der Sozialisten und Sozialdemokraten die politische Beliebigkeit zu neuen Dimensionen geführt haben, bleibt letztlich die grundsätzliche Unterscheidung zwischen individualistisch und kollektivistisch begründeter Politik bestehen. Die Bürgergesellschaft basiert auf den Prinzipien Freiheit, Verantwortung, Solidarität und Subsidiarität. Damit ist sie eine deutliche Alternative zu den linken Wurzeln und der neuen Beliebigkeit der Sozialdemokratie. Auf der anderen Seite bedrohen die neuen Populisten linken und rechten Ursprungs die Entwicklung der Bürgergesellschaft, in dem sie nachhaltig versuchen, eine gesellschaftliche Gruppe gegen die andere auszuspielen. Wo Neid, Mißgunst und Aggressivität zu Leitmotiven der Politik werden, ist der gesellschaftliche Zusammenhalt und das Streben nach sozialem Frieden gefährdet.

Die christdemokratisch-konservativen Volksparteien wissen wie keine andere politische Kraft um die Bedeutung der Bürgergesellschaft. Nicht ohne Grund wurden wir immer als „die Bürgerlichen" bezeichnet. Heute erlangt dieser Begriff neue Aktualität. Im späten 20. Jahrhundert bedeutet der Begriff „Bürger" etwas völlig anderes als zu den Urzeiten der Entstehung von Parteien, als die Bürgerlichen lediglich als gesellschaftlicher Stand bezeichnet wurden. Heute ist die Bürgerin, ist der Bürger der „Citoyen" – also der handlungsbereite und handlungsberechtigte Mitgestalter der Heimat.

Wir müssen die aktive Bürgergesellschaft absichern

Im modernen Staat ist die freie Bürgergesellschaft aber auch regelmäßig bedroht – mit Vorsatz durch ihre Gegner gleichermaßen wie durch Geringschätzung oder Mißachtung der Bedeutung der Bürgergesellschaft im täglichen Leben. Diese Bedrohungen der aktiven Bürgergesellschaft sind:

- Die rechtliche Kandare einer unsensiblen Polizeimentalität, die durch neue Regelungen die Privatinitiativen im Keim erstickt; z. B. die wiederholten Vorstöße von sozialistischer Seite, das österreichische Vereinsrecht zu verschärfen.

- Das bürokratische Regelungsdickicht z. B. im Steuerwesen, wo Finanzämter gezielte Prüfaktionen gegen Vereine unternehmen und damit die ehrenamtliche Tätigkeit und das aktive Vereinsleben im sportlichen und kulturellen Bereich abwürgen.

- Der Macht- und Regelungsanspruch der Politik, die aktive Bürgergesellschaft „in den Griff" zu bekommen. Von sozialistischer Seite und von der Hochbürokratie wurden beispielsweise immer wieder Vorstöße unternommen, die bürgerschaftliche Arbeit, beispielsweise der Tagesmütter und Sanitäter, zu regeln und sie Berufsbildern, Ausbildungsschienen und schikanösen Qualifikationstests zu unterwerfen. Diese „Kontrolle durch Staatskommissare" erstickt das aktive Engagement der Bürgerinnen und Bürger für die Gesellschaft.

- Der Mißbrauch der parteipolitischen Macht durch Funktionäre im öffentlichen Bereich, die nur solche Vereine und Initiativen fördern, die ihnen politisch nahestehen – politisch unbeschriebene oder anderen Ideologien zuzuordnende Institutionen werden systematisch nicht gefördert. Der Förderungsbericht der Bundesregierung ist diesbezüglich eine wahre Fundgrube.

- Der bewußte Mißbrauch der Rechtsform eines privaten Vereins durch die öffentliche Hand, um der öffentlichen Kontrolle durch vorgetäuschte Auslagerung und „Privatisierung" zu entgehen – der Verein wird dann nur von Funktionären und Beamten der betreffenden Stelle in den Vorständen und anderen Organen des vorgetäuscht privaten Vereins gesteuert, von der öffentlichen Hand subventioniert und täuscht Bürgergesellschaft vor.

- Die vermeintliche Finanzknappheit: Immer wieder ist zu hören, daß für Aktivitäten der Bürgergesellschaft keine Mittel zur Verfügung stehen. Oft wird aber übersehen, daß es nicht um den Einsatz zusätzlicher Mittel, sondern um eine Verlagerung geht. Oftmals können die privaten Initiativen öffentliche Aufgaben viele kostengünstiger und besser übernehmen als staatliche Stellen. Unter dem Schlagwort der Finanzknappheit drückt man sich oft nur vor dem Mut, Verschiebungen vom Staat zum privaten Sektor durchzusetzen.

- Die Geringschätzung privater Vereine und Initiativen als „Vereinsmeierei“: Immer wieder werden Institutionen der Bürgergesellschaft lächerlich gemacht, vor allem von Leuten, die sich für Intellektuelle halten und die im Ehrenamt tätigen Vorstandsmitglieder als „Vereinsmeier“ abqualifizieren. Wahre Intellektuelle wissen natürlich um die wichtige Rolle dieser kleinen Netze und erkennen an, was hier im Ehrenamt und freiwillig geleistet wird.
  Die Gegner der Bürgergesellschaft zielen meist auf das Ansehen des Ehrenamtes ab. Solidarität und Engagement für die Mitmenschen ist in manchen Gesellschaftskreisen eben nicht „modern“. Die aktive Bürgergesellschaft hat mancherorts ein Imageproblem.

„Spießbürgergesellschaft“, „Orchideenthema“, „parfümierter Mist“ waren die markantesten Negativaussagen, als Buch „Mein politisches Credo“ das Konzept der aktiven Bürgergesellschaft samt Neugenerierung der Werte im menschlichen Umgang in der Gesellschaft in die politische Diskussion in Österreich eingebracht und damit einen längst fälligen Diskussionsprozeß eingeleitet wurde. Dabei war vor allem auffällig, daß sich die überwiegende Mehrheit der Journalisten positiv zum Themenkomplex „Bürgergesellschaft“ äußerte, diesem aber das notwendige Öffentlichkeitsinteresse absprach bzw. in seiner Vermarktung ein Ding der Unmöglichkeit sah. Die im angloamerikanischen Raum schon längst verbreitete Kommunitarismusdebatte schien zu weit weg zu sein, als daß man sich genötigt sah, sich eingehend mit diesem Thema zu beschäftigen. Der politische Gegner versuchte vor allem mit tatkräftiger Unterstützung einiger Zeitgeistmedien, das ehrenamtliche

Engagement, die Rückbesinnung auf Werte und deren Vermittlung sowie die Aktionen zur Aufwertung des Ehrenamtes und der Vereine als „Vereinsmeierei“ lächerlich zu machen.

Die Akzeptanz der Ziele einer „aktiven Bürgergesellschaft“ wurde ganz einfach in Abrede gestellt, oder die Ziele der Bürgergesellschaft wurden bewußt mißverstanden – ungeachtet zahlreicher Publikationen in allen Ländern des marktwirtschaftlich organisierten freien Westens (USA, Großbritannien, Finnland, Deutschland, Schweiz usw.). Interessant ist dabei, daß der Gedanke der Bürgergesellschaft in den Vereinigten Staaten von den Gegnern der liberalen Wirtschaftsreformen Ronald Reagans, also vor allem von den Demokraten, unterstützt wurde. In Großbritannien ist es heute der (katholische) Tony Blair von New Labour, der den am Gemeinwohl orientierten Gedanken der Bürgergesellschaft vertritt – nach den ebenfalls liberalen Reformen Margaret Thatchers. In Deutschland sind es moderne Sozialdemokraten, vor allem aber die CSU und die CDU, die für diese neue Bürger- und Dialogkultur eintreten. Nur in Österreich gehen die Uhren anders.

Die Bürgergesellschaft ist auch in Österreich mehrheitsfähig

Das Meinungsforschungsinstitut Fessel & GFK hat im Sommer 1998 im Auftrag des Parlamentsklubs der ÖVP 4.200 Personen über ihre Einstellungen zu Freizeitaktivitäten, Lifestyle, Bürgergesellschaft und Beteiligung an dieser befragt und kam zu folgendem Ergebnis:

- 85 Prozent der Befragten stimmten der Aussage zu, daß das Zusammenleben schwieriger und die Gesellschaft kälter wird, wenn jeder nur an sich denkt.

- 65 Prozent sind der Meinung, daß jeder die moralische Verpflichtung hat, irgendwann in seinem Leben unbezahlte Arbeit für Mitmenschen und Gesellschaft zu leisten.

- 63 Prozent befürworten, daß eine funktionierende Demokratie aktives Engagement der Bürger in einer Vielzahl von Vereinen und Initiativen braucht.

Die Zahlen belegen weiters, daß die Vereine und ihr ehrenamtliches Engagement hoch im Kurs der Bevölkerung stehen:

- 59 Prozent sind der Meinung, daß ehrenamtliche Aktivitäten etwas bieten, das Professionelle nicht leisten könnten.

- 56 Prozent meinen, daß bürgerschaftliches Engagement Menschen hilft, eine aktive Rolle in einer demokratischen Gesellschaft einzunehmen.

- Den oftmaligen Vorwurf, Menschen, die in Vereinen tätig sind, seien dies nur, um persönliche Befriedigung zu erlangen, bejahen nur 28 Prozent, 42 Prozent lehnen diese These ab. 67 Prozent der Befragten gestehen Organisationen mit ehrenamtlichen Mitarbeitern ein hohen Professionalisierungsgrad zu.

Die wissenschaftliche Studie bestätigte ferner, daß die ehrenamtlichen Aktivitäten beziehungsweise deren Aktivitätspotential einen wesentlichen Teil unseres heutigen Gesellschaftslebens darstellen und dieses auch entscheidend prägen:

- 36 Prozent der Befragten sind bereits jetzt aktiv in einer ehrenamtlichen Organisation tätig, 14 Prozent sind zwar nicht aktiv tätig, wären aber am Engagement interessiert.

- Die Motive für ehrenamtliches Engagement liegen vor allem in der Freude an der zu leistenden Tätigkeit (46 %), gefolgt von den zwischenmenschlichen Facetten des Helfens und der Gewinnung neuer Freunde (je 32 %).

Die Schwerpunkte bei der ehrenamtlichen Tätigkeit liegen

- zu 33 Prozent bei Vereinen in den Bereichen Sport (17 %), Freizeit, Garten, Sparen (9 %), Kunst, Musik, kulturelle Tätigkeit (7 %),

- zu 28 Prozent bei traditionellen Politik- und Interessensvertretungen,

- zu 25 Prozent bei religiösen Organisationen,

- zu 17 Prozent bei traditionellen sozialen Organisationen – Jugendarbeit (5 %), Soziales und Gesundheit (6 %), Rettungswesen und Katastrophenschutz (6 %) – und

- zu 17 Prozent bei Umweltorganisationen – Alpinvereine (7 %), Umweltschutz (4 %), Tierschutz (6 %).

- Als Begründung für das Nichtengagement im bürgerschaftlichen Bereich dominiert das Zeitproblem mit 34 Prozent. 50 Prozent geben an, nie gefragt beziehungsweise nicht von sich selbst aus tätig geworden zu sein.

Dieses schlummernde Potential gilt es zu wecken und gesellschaftspolitisch nutzbar zu machen. Anlaß für diese These ist das Faktum, daß 50 Prozent der bereits Aktiven deshalb tätig geworden sind, weil man sie persönlich angesprochen und um ihre Unterstützung gegeben hat.

Die Studie zeigt weiters auf, in welchen Bereichen die engagierten Bürger Verbesserungen durch die öffentliche Hand für nötig halten: 36 Prozent wünschen sich eine Erleichterung der Verwaltungsvorschriften, 27 Prozent Steuererleichterungen.

Zusammenfassend ist über den wissenschaftlichen Befund der Bürgergesellschaft folgendes festzuhalten:

- Es besteht ein hohes Ausmaß der Beteiligung der Bevölkerung an der Bürgergesellschaft.

- Es gibt ein beträchtliches Reservoir, das für künftige Leistungen im Rahmen der Bürgergesellschaft mobilisiert werden kann.

- In der Bevölkerung herrscht hohe allgemeine Sympathie für Vereine und Institutionen, die unentgeltlich für den Bürger da sind.

- Allgemeine soziale Verantwortung und Selbstverwirklichung wirken bei der Motivationsanalyse zusammen.

- Die Wünsche betreffen Bürokratieabbau (36 Prozent beklagen die dichten Verwaltungsvorschriften), Steuererleichterung (27 %), die Zurverfügungstellung von Zivildienern (23 %) oder Räumlichkeiten (26 %) und Subventionen durch die öffentliche Hand (18 %).

Die aktiven Bürgerinnen und Bürger

Das Ehrenamt: Freiheit des einzelnen und Gemeinsinn

Unsere Gesellschaft braucht die freie Entfaltung des einzelnen und den Gemeinsinn, denn ohne Gemeinsinn kann sich das Gemeinwohl nicht entfalten. Ideal ist es, wenn sich beides verbinden läßt, wenn der einzelne sich unter anderem dadurch entfalten kann und Bestätigung findet, daß er sich für die Gemeinschaft engagiert. Unsere Welt lebt von Menschen, die mehr tun als ihre Pflicht, die mehr tun, als sie müßten.

Der unentgeltliche Einsatz für den Nächsten wird leider allzu oft – völlig zu Unrecht – als „Vereinsmeierei" bespöttelt; dabei ist das Engagement aktiver Bürger, das „Ehrenamt", nichts anderes als Ausdruck gelebter Mitmenschlichkeit und damit wahrlich ein „Amt, das Ehre macht". Unsere Gesellschaft wäre ohne aktive Bürger und ihr ehrenamtliches Engagement jedenfalls viel unpersönlicher und gefühlsärmer – im Grunde ist ein funktionierendes Gemeinwesen ohne ein derartiges Engagement eigentlich gar nicht denkbar. Denn ehrenamtliche Arbeit wird in allen relevanten gesellschaftlichen Bereichen geleistet, wobei der Sozialbereich hier sicherlich an der Spitze steht: Unser „soziales Netz" ist schließlich bei weitem nicht nur eine staatliche Einrichtung, denn erst richtig dicht geknüpft wird es durch menschliches Miteinander bzw. praktizierte Nächstenliebe und Solidarität.

Wir verkennen nicht, daß zur Durchführung verschiedenster Aufgaben im Rettungs- und Sozialwesen ein hoher Grad an Professionalität nötig ist. Daher bedarf es bei vielen dieser Organisationen eines Anteils von hauptberuflich entlohnten Mitarbeitern. Aber auch Ehrenamtliche können professionell werden, indem sie durch interne Fortbildung (z. B. Sanitäter, Feuerwehrleute) hohe Professionalität erreichen. Bürgergesellschaft bedeutet nicht Entprofessionalisierung.

Ein wesentlicher Bereich des Ehrenamtes ist das „Freiwillig helfen". Hier sind insbesondere das Rote Kreuz, der Samariterbund, die Freiwilligen Feuerwehren, der Bergrettungsdienst, die Wasserrettung und der Zivilschutzverband zu nennen. Der Öffentlichkeit ist oft viel zu wenig bewußt, daß auch die Leistungen all dieser Organisationen nicht selbstverständlich sind, sondern erst durch den unentgeltlichen, freiwilligen Einsatz zahlreicher Menschen in unserem Land möglich werden. Diese Organisationen haben über den reinen Schutz- und Hilfscharakter hinaus gerade im ländlichen Raum auch eine wichtige soziale Funktion. Auch im städtischen Bereich entstehen dadurch sehr oft Sinnstiftung und politisches Engagement.

Vereine und freie Initiativen, die beiden Standbeine des Ehrenamtes

Kultur- und Freizeitvereine – von Musikkapellen bis hin zu Sportvereinen – stellen eine wichtige Bereicherung des Gemeinschaftslebens wie auch einen wesentlichen sozialen Faktor in unserem Land dar, weil sie gerade unserer Jugend sinnvolle Freizeitbeschäftigungen und Möglichkeiten zur Persönlichkeitsbildung bieten. Insgesamt gibt es in Österreich mehr als 100.000 Vereine, die sich in einer weitgefächerten Vielfalt Sozial-, Kultur-, Sicherheits- und Freizeitfragen widmen. Auf durchschnittlich einhundert Einwohner kommt so in Österreich ein lokaler Verein. All diese Vereine befassen sich mit nahezu sämtlichen Interessen und Lebensbereichen der Menschen in unserem Land und tragen in ihrer Gesamtheit wesentlich dazu bei, daß unsere Gesellschaft menschlich und damit lebenswert bleibt. Das Netz der Vereine ist Garant der Lebensqualität.

Die Vereine sind jedoch nur ein Standbein des „Ehrenamtes". Das Engagement aktiver Bürger findet auch vielfach in „freien Initiativen" – also in Gruppen ohne statutarisch festgelegte Organisation – und meist projektbezogen statt. Gerade freie Initiativen kommen dem Lebensgefühl jener Menschen besonders entgegen, die sich zwar engagieren möchten – aber ohne allzu fixe langfristige Bindungen und nur für konkrete Projekte und Anliegen. Vor allem im städtischen Bereich, in der Wohnanlage und im „virtuellen Dorf" sind freie Initiativen sehr wichtig.

Der allgemein festzustellende, immer stärker werdende Rückzug ins Private und die Reduzierung des öffentlichen Interesses auf die eigene Betroffenheit trifft naturgemäß auch das Ehrenamt in seinen vielen Facetten. Doch erfreulicherweise sind – bei allen Tendenzen zur Individualisierung, Anonymisierung und Entsolidarisierung in der Gesellschaft von heute – die Menschen in unserem Land nach wie vor bereit, sich für ihre Mitmenschen zu engagieren und am Schicksal anderer Anteil zu nehmen, wie verschiedenste Studien belegen.

Die große wirtschaftliche Bedeutung des Ehrenamtes

Zahlreiche Untersuchungen zeigen, daß man die Tätigkeiten, die im Ehrenamt ausgeführt werden, nicht nur ideell, sondern auch materiell gar nicht hoch genug veranschlagen kann. So hat beispielsweise eine wissenschaftliche Studie, die vom Land Oberösterreich in Auftrag gegeben wurde – wobei man in anderen Bundesländern zu durchaus ähnlichen Ergebnissen gekommen ist –, folgendes ergeben: 230.000 Frauen und Männer, also immerhin jeder fünfte Oberösterreicher, sind bereit, sich in ihrer Freizeit und ohne Bezahlung für die Allgemeinheit zu engagieren. Sie leisten zusammen insgesamt 41 Millionen freiwillige Arbeitsstunden, das bedeutet für den einzelnen mehr als 180 Stunden. Müßten diese ehrenamtlich Tätigen entlohnt werden, dann würde das mehr als 8,2 Milliarden Schilling kosten – eine Summe, die niemand aufwenden könnte, auch die öffentliche Hand nicht. Zur Illustration: Das gesamte Budget des Landes Oberösterreich beträgt 50 Milliarden Schilling – das bedeutet, daß die Leistung der Ehrenamtlichen in Oberösterreich immerhin ein Sechstel davon ausmacht. Kurz gesagt: Ehrenamtliche arbeiten ohne Geld, aber sicher nicht umsonst.

All diese Zahlen belegen zweierlei: Zum einen zeigt sich, daß in Österreich genügend Potential für ehrenamtliches Engagement vorhanden und damit eine gute Ausgangsbasis für unsere „neue Bürgergesellschaft" gegeben ist. Zum anderen wird klar, daß die Politik noch mehr auf die Vereine, die freien Initiativen und die vielen ehrenamtlich Engagierten eingehen muß: Sie sorgen – als unsichtbares Geflecht, das unsere Gesellschaft durchzieht und zusammenhält – für die nötige soziale Wärme in unserem Land.

Die Politik muß das Ehrenamt unterstützen

Aufgabe der Politik ist zweierlei: Sie muß entsprechende Rahmenbedingungen schaffen – Stichwort „Vereinsrecht". Sie muß ferner das Ehrenamt „ins richtige Licht" rücken. Leistung, die im Verborgenen blüht, wird nicht wahrgenommen. Engagement hingegen, das öffentlich gewürdigt wird, steigt auch im gesellschaftlichen Ansehen.

Wir wollen daher dafür Sorge tragen, daß das ehrenamtliche Engagement wieder mehr an Bedeutung gewinnt und einen noch höheren Stellenwert in der öffentlichen Meinung erhält. Damit kann auch verhindert werden, daß der notwendige Gemeinsinn als „innerer Kitt" unserer Gesellschaft noch mehr schwindet.

Praktische Hilfe

Gerade Ehrenamtliche sollten in ihre Tätigkeit nicht einfach „hineingeworfen" werden – sie brauchen eine ordentliche Einführung und dann auch eine Begleitung während ihrer Tätigkeit. Sie sollten mit Aufgaben nicht überhäuft und schon gar nicht überfordert werden. Und je weniger Menschen sich bereit erklären, kontinuierlich „abrufbar" zu sein, desto besser muß ehrenamtliche Tätigkeit organisiert und koordiniert werden. Gleichzeitig verlangen steigende Qualitätsanforderungen an die Arbeit der freiwillig Tätigen auch eine immer bessere Aus- und Weiterbildung.

Es gibt bereits sehr vielversprechende Initiativen in diese Richtung, beispielsweise in den Ländern Vorarlberg, Oberösterreich, Salzburg, Steiermark und Niederösterreich: Vereine und ehrenamtlich Engagierte erhalten etwa praktische Unterstützung und Hilfe durch

- „Vereinsakademien",
- „Ehrenamts-Hotlines",
- Vereinshandbücher,
- Computerprogramme,
- Referentenpools für Vereine,
- Internetangebote,
- spezielle Bildungsmöglichkeiten u. ä.

Anerkennung durch die Gesellschaft

Insbesondere auf Länderebene bemüht man sich auch um die nötige ideelle Anerkennung. Ehrenamtliche werden vor den Vorhang geholt und der Allgemeinheit wird so bewußt gemacht, daß unsere Welt um einiges kälter und ärmer wäre, wenn es das ehrenamtliche Engagement nicht mehr gäbe. Beispiele für diese öffentliche Würdigungen des Ehrenamtes sind etwa:

- Aktion „Ehrenamt – unverzichtbar, unbezahlbar“: Ehrung für Engagierte und Organisationen (Vorarlberg)

- „Tag des Ehrenamtes“, Initiative „Schutzengel“: In Not Geratene und Gerettete sollen ihren „Schutzengel“ namhaft machen (Salzburg)

- Initiative „Ja zum Ehrenamt“: z. B. Präsentation von Hilfsorganisationen wie Feuerwehr, Rotes Kreuz usw. (Oberösterreich)

- „Jahr der Freiwilligen“, „Top Gemeinde 99“: Ideen- und Aktions-Wettbewerb unter dem Motto „Bürgerbeteiligung“ (Niederösterreich)

- „Tag des Ehrenamtes“, „Humanitas-Medaille“: Auszeichnung für besonders Engagierte durch Landeshauptmann Klasnic (Steiermark)

Politische Freiräume

Doch Anerkennung durch die öffentliche Hand allein reicht natürlich nicht aus. Gerade das Ehrenamt ist nicht nur der Kernpunkt einer anzustrebenden neuen Aufgabenteilung zwischen Staat und Bürgern, sondern es ist auch unmittelbar auf eine solche Veränderung angewiesen. Denn das Ehrenamt ist auch eine Herzenssache, die sich nicht verordnen, verwalten und bevormunden läßt. Es muß deshalb entsprechende Freiräume für Initiativen und Möglichkeiten zu eigenverantwortlichem Handeln geben.

Wir treten dafür ein, daß der Staat seinen Bürgern wieder mehr (Eigen)Verantwortung übergibt und Aufgaben überläßt, die sie selbst erledigen können. Gleichzeitig muß der Staat den Bürgern aber mehr vertrauen und sie in ihrem Engagement möglichst wenig reglementieren und einschränken, sondern sie ermutigen und fördern. Schon Abraham Lincoln hat gesagt: „Die Regierung hat für die Bevölkerung das zu besorgen, wonach die Menschen ein Bedürfnis haben, was sie aber selbst nicht tun können oder doch, auf sich gestellt, nicht ebenso gut selber tun können. In all das, was die Menschen ebenso gut selber tun können, hat die Regierung sich nicht einzumischen."

Motivieren, nicht schikanieren

Den Regelungsbesessenen und bürokratischen Perfektionisten ist der nicht von oben gesteuerte und steuerbare „Wildwuchs" der freien Initiativen und Vereine unheimlich. Sie sehen darin eine Bedrohung ihres (im eigentlichen Sinne josephinischen) Wohlfahrtsdenkens: „Alles fürs Volk, nichts durch das Volk". Sie wollen diese freie Szene in den Griff bekommen.

Daher gibt es immer wieder Bemühungen, die Tätigkeit ehrenamtlich Engagierter zu behindern und mit unnötigen Hürden und Schikanen zu versehen. Man erinnere sich in diesem Zusammenhang an den Entwurf des Justiz- und Innenministeriums für ein neues Vereinsrecht, aber auch an die Pläne für ein neues Rettungsgesetz. Darin sollten auch für freiwillige Helfer 1.600 (statt bisher ca. 4.000) Ausbildungsstunden gesetzlich vorgeschrieben werden. Das hätte für viele zehntausende freiwillige Rotkreuzhelfer in Österreich, die derzeit ohne Bezahlung Tag und Nacht im Einsatz sind, sicherlich das „Aus" bedeutet. Damit hätte man der jahrzehntelang gewachsenen Kultur der Ehrenamtlichkeit in unserem Land in diesem Bereich den Todesstoß versetzt.

Wir wollen unsere freiwilligen Helfer motivieren, nicht frustrieren. Die Politik muß Lust am Ehrenamt erzeugen, nicht Frust – nur so kann eine gute Kultur des Helfens und Dienens erhalten werden.

Freie Initiativen fördern

Auch den freien Initiativen muß die öffentliche Hand größtmöglichen Freiraum für ihre Aktivitäten und ihre Entwicklung geben. Es steht dem Staat nicht zu, den Wert einer Form des bürgerschaftlichen Engagements zu bestimmen. Natürlich bleibt dem Staat die gesellschaftliche Gesamtverantwortung, denn das Recht auf Selbstorganisation und Selbstentfaltung endet selbstverständlich dort, wo Rechte anderer oder Gesetze verletzt werden.

Wir wollen, daß der Staat dort unterstützend tätig wird, wo es darum geht, Interessierte und Möglichkeiten zum Engagement „zusammenzubringen“. So hat sich Österreichs erstes „Bürgerbüro“ in Innsbruck – initiiert vom „Sozial- und Gesundheitssprengel Innsbruck-Stadt“, einer privaten Nonprofit Organisation – zu einer wichtigen Drehscheibe für Initiativen und insbesonderes für engagierte Senioren entwickelt. Dabei geht es nicht nur um das „Aufspüren“ von bereitwilligen ehrenamtlichen Mitarbeitern, sondern auch um ein Anbieten von Möglichkeiten für Menschen, die einen Beitrag zur Gestaltung ihres Lebensraumes und ihres Gemeinwesens leisten wollen. Einige Projektbeispiele: „Fliegende Bibliothek“, „Mittag Miteinander“ (offener gemeinsamer Mittagstisch), „Ideen-Frühstück“ (für Vertreter aller Generationen, um Wünsche und Ideen zur Gestaltung ihres Stadtteils zu diskutieren und umzusetzen), usw. „Bürgerbüros“ als Drehscheiben für die Vermittlung von ehrenamtlichen Tätigkeiten können sowohl für Vereine als auch für freie Initiativen von großem Nutzen sein, etwa wenn sie die Mitarbeitersuche übernehmen. Die von Minister Martin Bartenstein initiierten „Bürgerbüros für Jung & Alt“-Pilotprojekte in ganz Österreich eine wichtige Initialzündung in diese Richtung sind.

Das „Neue Ehrenamt“ als Herausforderung

Auch das Ehrenamt ist Veränderungen unterworfen. Daher dürfen wir uns nicht auf das Konservieren bestehender Strukturen beschränken. Gefragt ist das „neue Ehrenamt", bei dem das Leitmotiv „Selbstbestimmung" im Vordergrund steht. Früher waren Glaube, Hilfsbereitschaft oder moralische Verpflichtung die typischen Antriebe für ehrenamtliches Engagement, nunmehr gewinnen andere Motive an Gewicht.

Die Menschen von heute suchen nach einer Synthese von Werten, die sich scheinbar widersprechen: Sie suchen nach einem Gleichgewicht von Individualismus und Gemeinschaft, von Selbstverwirklichung und Rücksichtnahme. Sie sind „Ichlinge", aber nicht im Sinne eines herzlosen Egoismus, sondern im Bestreben, ihr soziales Engagement in allen Stücken frei, ohne Vormundschaft durch irgendeine Organisation, bestimmen zu können.

Wir wollen daher die traditionelle Form des Engagements aktiver Bürger, die Mitgliedschaft und Tätigkeit in Vereinen, durch neue Formen wie die freien Initiativen ergänzen.

Konkrete Vorschläge

Auf der Grundlage des bisher zum Thema Ehrenamt Gesagten haben wir uns folgende Maßnahmen zur Umsetzung – vor allem auf Landes- und Gemeindeebene – vorgenommen. Ihre Verwirklichung ist allen unseren Verantwortungsträgern aufgetragen:

- Die „neuen Ehrenamtlichen" müssen die Möglichkeit sehen, in einem zeitlich überschaubaren, befristeten Projekt mit erreichbaren Zielen zu arbeiten. Sie wollen als Person gefordert werden, Spaß haben und Anerkennung erfahren. Sie wollen sich nicht mehr 30 Jahre lang binden, sondern sich auf kürzere Zeit ehrenamtlich betätigen.

- Wie in allen Lebensbereichen ist auch im Bereich des ehren amtlichen Engagements Vielfalt, also Wahlmöglichkeit und Abwechslungsreichtum gewünscht. Daraus müssen wir entsprechende Konsequenzen ziehen.

- Kleinräumige Strukturen und dezentrale Organisationen, die nahe am Bürger sind, kennzeichnen unser Land, tragen zu seiner Vielfalt und Identität bei, schaffen Heimat. Wenn wir wollen, daß diese Strukturen quer durch das Land aufrecht bleiben, müssen wir das ehrenamtliche Engagement in dieser regionalisierten Form fördern. Dies ermöglicht, daß sich Menschen dezentral und bedarfsgerecht organisieren und Probleme dort lösen, wo sie auftreten.

- Wir dürfen das Ehrenamt aber auch nicht überschätzen oder mißbrauchen: Soziales Engagement ist keine Lösung für das Problem der Arbeitslosigkeit. „Bürgerarbeit" darf keine Lückenbüßer-Funktion erhalten und ist auch kein Patentrezept gegen Arbeitslosigkeit. Zudem würde die Entlohnung ehrenamtlicher Tätigkeit nicht nur die Grenzen der Finanzierbarkeit sprengen, sondern auch die bisherigen Strukturen unentgeltlichen Engagements unwiderbringlich zerstören.

- Ehrenamtliches Engagement kann aber sehr wohl eine Brückenfunktion haben – zur Überbrückung von Zeiten, in denen man keiner bezahlten Tätigkeit nachgehen kann und soziale Isolation droht. Es muß unserer Gesellschaft auch wieder bewußt werden, daß Anerkennung für Leistungen nicht nur in Geld ausgedrückt werden muß, sondern sich auch in Form gesellschaftlicher Wertschätzung äußern kann.

Daher wollen wir das Ehrenamt aufwerten: Jede Tätigkeit, mit der der Mensch zum Wohle anderer beiträgt, hat die gleiche Würde, ganz egal, ob es Familienarbeit ist, politische Arbeit oder die Arbeit zum Erwerb des Lebensunterhalts. Wenn alle Tätigkeiten als gleichberechtigt anerkannt werden, würde auch das Ehrenamt gesellschaftlich aufgewertet. Mögliche Schritte in diese Richtung wären: bezahlter Versicherungsschutz für ehrenamtlich Engagierte; Ansprüche auf Sozialleistungen aufgrund ehrenamtlicher Tätigkeit; Anerkennung von ehrenamtlichen Engagement in Zeugnissen und bei der Arbeitsplatzsuche; öffentliche Würdigung von Freiwilligen (etwa durch die Verleihung von besonderen Ehrenzeichen nach dem Vorbild der Humanitas-Medaille in der Steiermark).

Gerade Unternehmen sollte noch mehr bewußt werden, daß sie von ehrenamtlicher Tätigkeit ihrer Mitarbeiter ebenfalls profitieren, denn diese erweitern dadurch ihre soziale Kompetenz, Kontaktfreudigkeit und kreativen Fähigkeiten.

Das Ehrenamt ist auch eine Chance für den Generationenvertrag: Eine deutsche Studie hat ergeben, daß rund drei Viertel der 60- bis 75jährigen sich nach dem Berufsleben mit etwas beschäftigen möchten, das interessiert und Spaß macht. 25 Prozent der Befragten bedauern, ihre Fähigkeiten im Alter nicht mehr adäquat einsetzen zu können. Die Bereitschaft zum freiwilligen Engagement für die Allgemeinheit ist bei diesen Menschen besonders groß. Hier bietet sich die Chance, die Lebens- und Berufserfahrungen der älteren Menschen für das Ehrenamt zu nutzen und so den Generationenvertrag mit neuen Inhalten zu füllen. Die bereits gestarteten „Bürgerbüro"-Pilotprojekte können hier wichtige neue Impulse geben.

Das Ehrenamt muß schließlich überschaubar sein und bleiben: Nur wer weiß, was er mit seinem Handeln bewirken kann, kann konkrete Verantwortung erleben und sich aneignen.

Strukturen, die die Wechselwirkungen zwischen Handeln und Folgen verschleiern, behindern Verantwortungsbewußtsein. Wichtigster Ort für gelebte Freiheit und Verantwortung ist daher die überschaubare unmittelbare Lebenskreis.

Wer also das Ehrenamt fördern will, darf keinen Widerspruch zwischen Arbeit im Ehrenamt und dem Wunsch nach Selbstverwirklichung sehen oder gar konstruieren. Wir wollen dem Ehrenamt Zukunft geben. Ehrenamtliches Engagement bedeutet einen Beitrag zur Selbstverwirklichung des Bürgers, und zwar durch sinnvolle Beschäftigung in der Freizeit und Einsatz für andere, aber auch durch Fortentwicklung persönlicher Qualifikationen. Jeder freiwillige Helfer und Engagierte soll von seiner Tätigkeit profitieren – nach der Devise „Ohne Geld, aber nicht umsonst". Wer gibt, gewinnt auch – an Kompetenz, sozialen Kontakten und Anerkennung. Ganz nach dem

Wort von Pater Georg Sporschill SJ, der Straßenkinder in Rumänien mit hunderten von freiwilligen jungen Österreicherinnen und Österreicher betreut: „Ich gebe Brot und erhalte Lebenssinn zurück".

Bürgerarbeit: Der zweite Arbeitsmarkt

Bürgerarbeit als Weg zum Wiedereinstieg

Arbeit wird in unserer heutigen materialistisch orientierten Gesellschaft fast immer mit engeltlicher Erwerbstätigkeit gleichgesetzt. Unser Gemeinwesen könnte aber nicht funktionieren, wenn nicht schon heute in großem Umfang unentgeltliche, nicht bezahlte Arbeit geleistet würde. Diese Arbeit geschieht nicht nur in der Familie, sondern auch im Rahmen von Vereinen, Bürgerbeteiligung und sozialen Projekten. Arbeit darf daher nicht auf die reine Erwerbstätigkeit reduziert werden. Wer keine „Beschäftigung" hat, leidet ja nicht nur an den materiellen Einbußen, sondern auch daran, daß er in unserer heutigen Gesellschaft viel weniger anerkannt wird als diejenigen, die Arbeit haben. Bürgerarbeit hat daher auch etwas mit Sinnstiftung zu tun und soll jedem, der daran teilnimmt, nicht nur mehr Sinn in seinem Leben geben, sondern auch wieder verstärktes Selbstvertrauen und Selbstbewußtsein. Bei dem Projekt der Bürgerarbeit geht es um eine konzertierte und vernetzte Aktion, bei der Gemeinden, Vereine, Unternehmer und das Arbeitsmarktservice (AMS) im Verbund ein komplexes Problem zu lösen haben.

Mit der Diskussion um die „Bürgerarbeit" wird der Begriff der „Arbeit" erweitert. Die gemeinwohlorientierte „Bürgerarbeit" ist eine nicht-marktfähige und nicht auf dem Markt bewertete Arbeit. Sie hat daher einen anderen Inhalt als die herkömmliche Erwerbsarbeit. Ziel der „Bürgerarbeit" muß es jedoch langfristig sein, Betroffene wieder auf dem normalen Arbeitsmarkt in der marktfähigen Erwerbsarbeit unterzubringen. Die „Bürgerarbeit" soll daher für den einzelnen nicht auf

Dauer als Ersatz für Erwerbsarbeit konzipiert sein. Bürgerarbeit muß zusätzliche Arbeitsplätze schaffen und nicht bestehende durch subventionierte ersetzen. Selbstverständlich darf es bei den Modellen der Bürgerarbeit nicht zu Wettbewerbsverzerrungen zu Lasten der freien Wirtschaft kommen, indem Gewerbetreibende und Unternehmen durch staatlich geförderte Bürgerarbeit aus dem Markt gedrängt werden. Es bestünde dadurch die Gefahr, daß der beschäftigungspolitische Effekt der Bürgerarbeit entscheidend beeinträchtigt und die Arbeitslosigkeit durch Subventionen prolongiert wird. Eine Senkung der Steuer- und Lohnnebenkosten bildet das Hauptinstrument zur Erhöhung der Beschäftigung, die durch das Modell der Bürgerarbeit ergänzt wird. Wir unterstützen daher die verschiedenen Denkanstöße für die Bürgerarbeit.

Die Diskussion um die „Bürgerarbeit" ist von Maßnahmen der Unterstützung von gemeinwohlorientierten karitativen Vereinen zu trennen. Diese großen Vereine, die vornehmlich Sozialaufgaben wahrnehmen, beschäftigen in der Regel zahlreiche Vollerwerbstätige neben den vielen Freiwilligen, um die notwendige Professionalität und Kontinuität sicherzustellen und bewegen sich mit ihrer Tätigkeit auch in großen Teilen auf dem normalen Markt.

Frauen und ältere Arbeitslose sind benachteiligt

In den letzten Jahren ist festzustellen, daß die Anzahl der Notstandshilfebezieher viel stärker angewachsen ist als die Anzahl der Arbeitslosengeldbezieher. Dies zeigt folgende Tabelle:

	1990	1991	1992	1993	1994	1995	1996	1977
Arbeitslosengeldbezieher 1990 = 100	97.912 100	112.207 114,5	120.603 123,2	139.674 142,7	127.639 130,4	124.015 126,7	127.021 129,7	22.580 125,2 + 25,2 %

	1990	1991	1992	1993	1994	1995	1996	1997
Notstandshilfebezieher 1990 = 100	44.118 100	52.259 118,5	52.807 119,7	61.501 139,4	66.908 151,7	71.316 161,6	82.148 186,2	89.915 203,8 +103,8 %

Diese Tabelle beweist, daß die Langzeitarbeitslosigkeit – vor allem in den benachteiligten Gruppen der Frauen und der älteren Arbeitslosen – stärker ansteigt als die normale Arbeitslosigkeit. Diese Zahlen sind ein deutliches Indiz auch dafür, daß ältere Arbeitnehmer und Frauen verstärkt auf dem normalen Arbeitsmarkt nicht mehr unterkommen können. Aus diesem Grund ist es notwendig, eine Reihe von Maßnahmen zu setzen, um diesen Problemgruppen des Arbeitsmarktes zu helfen. Die Bürgerarbeit gehört dazu.

Große Chancen für die Bürgerarbeit im Gesundheits-, Pflege- und Gemeinnützigkeitsbereich

Da die Frauenarbeitslosigkeit besonders hoch ist, bietet sich der Gesundheits- und Pflegebereich für die Beschäftigung von Frauen, aber auch von älteren Arbeitslosen besonders an. Das Verhältnis von männlichen und weiblichen Beschäftigten beträgt normalerweise nämlich 100:70, im Gesundheitsbereich jedoch 100:362. Fast 80 Prozent der im Gesundheitswesen Tätigen sind Frauen; im Bereich der Pflege beträgt der Frauenanteil sogar 90 Prozent. Gerade die demographische Entwicklung in Österreich wird es mit sich bringen, daß das Beschäftigungspotential für Pflegeberufe überdurchschnittlich steigt. Das WIFO schätzt eine Zunahme der Beschäftigten im Gesundheitswesen von 2,3 Prozent bis zum Jahre 2001, während für die übrigen Dienstleistungen ein Zuwachs von nur 1,2 Prozent prognostiziert wird. Von 1986 bis 1994 wuchs die Beschäftigung im Gesundheitswesen mit durchschnittlich 4,4 Prozent mehr als doppelt so stark als im Dienstleistungssektor mit 1,87 Prozent. Gegenüber 1986 erhöhte sich in Österreich die Gesamtbeschäftigung um neun Prozent, im Dienstleistungssektor um 18 Prozent, im Gesundheits- und Pflegebereich um 48 Prozent.

Neben den Gesundheits- und Pflegeberufen bietet der Gemeinwesenbereich viele Tätigkeitsfelder für die Bürgerarbeit an:

- Umweltschutz – dieser ist oft unbezahlbar, beispielsweise bei der Pflege der Wanderwege im Bergland und der Aufforstung im hochalpinen Bereich.

- Kinderbetreuung, Lernhilfen und Lernaufsicht – auch dies ist ein Fall für die Bürgerarbeit.

- Denkmalschutz – hier können aus Mangel an öffentlichen Mitteln wertvolle Kulturgüter in Österreich oft nicht restauriert und der Nachwelt erhalten werden.

- Pflege von Grünanlagen – auch hier kann aufgrund fehlenden Budgets nicht die notwendige Betreuung durchgeführt werden.

Die Beschäftigungsmöglichkeiten im Bereich der Bürgerarbeit sind besonders vielfältig. Wir wollen dafür die entsprechenden Rahmenbedingungen schaffen.

Bürgerarbeit gibt es bereits: Konkrete Ansätze

Projekt „New Start“

Der Bundesgesetzgeber hat 150 Millionen Schilling für dieses Pilotprogramm mit drei Zielen zur Verfügung gestellt:

- Arbeitslosen Personen wird der berufliche Einstieg bzw. Wiedereinstieg ermöglicht.

- Unternehmen und sozialen Dienstleistungsunternehmen (Vereinen) wird die Möglichkeit geboten, durch die Förderung des Personalaufwandes für neue Arbeitsplätze für arbeitslose Personen Projekte zu realisieren, die bisher durch Markterlöse nicht oder nur zum Teil verwirklicht werden kann.

- Investitionen in die Innovation und Weiterentwicklung von gesellschaftlich relevanten Aufgabenstellungen werden ermöglicht.

Wiedereingliederungshilfe

Arbeitssuchende, die mindestens sechs bzw. zwölf Monate arbeitslos vorgemerkt sind, können die besondere Eingliederungshilfe erhalten. Der Arbeitgeber erhält dabei maximal den Betrag des Arbeitslosengeldes bzw. der Notstandshilfe (inkl. allfälliger Familienzuschläge und Kranken- sowie Pensionsversicherungsbeiträge bis zu 66,7 Prozent des laufenden Bruttoentgeltes samt einem Zuschlag von 50 Prozent Pauschale für Nebenkosten) vom Arbeitsmarktservice finaziert. Diese besondere Eingliederungsbeihilfe wird für die Dauer des Arbeitsverhältnisses bis zu einem Jahr gewährt. Dabei muß das Arbeitsverhältnis aber mindestens einen Monat gedauert haben.

Diese Beihilfe hat sich bisher als äußerst erfolgreiches Instrument zur Eingliederung erwiesen. Eine erste Zwischenbewertung im Dezember 1998 hat gezeigt, daß rund 48 Prozent der geförderten Personen nach Ablauf des Förderungszeitraums in ein reguläres Dienstverhältnis übernommen wurden. Das bisherige Manko dieser Maßnahme bestand darin, daß die dafür im Budget 1998 des AMS vorgesehenen Mittel von 1,8 Milliarden Schilling nach kürzester Zeit vergeben waren. So werden diese Mittel im Jahre 1999 auf 2,3 Milliarden und im Jahr 2000 auf 2,8 Milliarden Schilling aufgestockt werden.

Wir fordern daher, daß dieses erfolgreiche Instrument langfristig verstärkt im Rahmen der Bürgerarbeit eingesetzt und dotiert wird.

Bildungskarenz;

Mit der Pensionsreform 1997 wurde das Projekt einer Bildungskarenz gegen Entfall des Arbeitsentgeltes für Weiterbildungsmaßnahmen eingeführt, das sich über einen längeren Zeitraum – mindestens sechs Monate bis zu einem Jahr – erstrecken kann. Dabei wird das Arbeitsverhältnis aufrechterhalten. Bei Teilnahme an Weiterbildungsmaßnahmen steht als Leistung aus dem AMS das sogenannte „Weiterbildungsgeld" zur Verfügung.

Diese Maßnahme kann ebenfalls als Teil der Bürgerarbeit gesehen werden, da auf der einen Seite der karenzierte Arbeitnehmer sich nach seinem Wunsch fortbilden kann und sein Arbeitsplatz für eine gewisse Zeit für einen Arbeitslosen zur Verfügung steht.

Freistellung gegen Entfall des Arbeitsentgeltes

Ebenfalls mit der Pensionsreform 1997 wurde eine Freistellung gegen Entfall des Arbeitsentgeltes ermöglicht, wobei Förderungen aus Mitteln der Arbeitslosenversicherung dann gewährt werden können, wenn eine Ersatzkraft eingestellt wird.

Solidaritätsprämienmodell

Beim Solidaritätsprämienmodell wird die Normalarbeitszeit von Arbeitnehmern so reduziert, daß durch diese reduzierte Arbeitszeit ein Zeitrahmen für die Einstellung einer Ersatzkraft frei wird. An die Arbeitnehmer, die befristet auf einen Teil ihrer Vollarbeitszeit verzichten, sowie an die zusätzlich eingestellte arbeitslose Person wird befristet eine Solidaritätsprämie ausbezahlt. Diese Prämie berechnet sich nach der – gegenüber der kollektivvertraglich vereinbarten wöchentlichen Normalarbeitszeit reduzierten – Arbeitszeit.

Herabsetzung der Normalarbeitszeit

Ebenfalls mit der Pensionsreform 1997 wurde das Recht der Arbeitnehmer eröffnet, aus bestimmten Gründen vom Arbeitgeber eine Herabsetzung der Arbeitszeit zu verlangen. Der Arbeitnehmer hat auch unter bestimmten Voraussetzungen einen Rechtsanspruch auf eine Gleitpension. Bei einer Arbeitszeitverkürzung ab Vollendung des 50. Lebensjahres oder zur Betreuung naher Angehöriger ist zwar ebenso eine grundsätzliche Vereinbarung zwischen Arbeitnehmer und Arbeitgeber notwendig, bei Nichtzustandekommen einer derartigen Vereinbarung kann der Arbeitnehmer aber – wie bei der Bildungskarenz – auf Einwilligung klagen.

Recht auf Arbeit für ältere Arbeitnehmer

Ab dem Jahr 2000 haben Frauen ab Vollendung des 55. Lebensjahres und Männer ab Vollendung des 60. Lebensjahres das Recht auf einen geeigneten Arbeitsplatz. Diesen hat das AMS für arbeitslos Gewordene zur Verfügung zu stellen. Das AMS könnte dazu unter anderem ein Netz von Sozialvereinen schaffen, in dem solche Arbeitnehmer Arbeit finden, für die aus öffentlichen Mitteln Teile der Lohnsumme erstattet werden – allerdings muß dieses Modell aus Gründen der Gleichberechtigung auch für die Wirtschaft und die Gebietskörperschaften offen sein. Gerade in Kombination mit Organisationen der Bürgergesellschaft könnte dieses Modell ein ganz besonders wichtiger Anstoß werden, da mit ihm mehrere Ziele erreicht werden könnten: Die Bürgerorganisationen erhielten erfahrene, professionelle Arbeitskräfte für ihre gemeinnützige Tätigkeit; ältere Arbeitnehmer würden beschäftigt und könnten der Arbeitslosigkeit entrinnen.

Gerade diese Bestimmung, die derzeit noch kaum bekannt ist und die sicherlich Schwierigkeiten bei der Umsetzung bereiten wird, macht es notwendig, „Bürgerarbeit“ zu schaffen und zu forcieren.

Modelle für eine Bürgerarbeit

Kombi-Lohn/Bürgergeld für gemeinnützige Arbeit

Ein Kombi-Lohn/Bürgergeld (Kombi-Lohn: Teile des Lohns werden vom Arbeitgeber, Teile von der öffentlichen Hand bezahlt) neben der derzeit existierenden Wiedereingliederungsbeihilfe muß sich auf Arbeit konzentrieren, die ohne Kombi-Lohn/Bürgergeld nicht voll marktfähig wäre und soll genauso wie die Wiedereingeliederungsbeihilfe finanziert, jedoch nicht auf ein Jahr beschränkt werden. Die Vergabe dieses Bürgergelds im Kombi-Lohn-Modell muß durch öffentliche Stellen erfolgen; vorzugsweise durch Gemeinden oder Gemeindeverbände, die dann auch die Kontrolle der zweckbestimmten Verwendung übernehmen, wobei aber auch Institutionen der Bürgergesellschaft zum Zuge kommen können. In den Gemeinden und Gemeindeverbänden könnten Aufgaben- und Tätigkeitspools eingerichtet werden, aus denen Arbeitslose bzw. Notstandshilfeempfänger auch aktiv ihre Tätigkeit auswählen können.

Sozialversicherung für gemeinnützige Arbeit

Geringfügig Beschäftigte, also Personen, die (derzeit) nicht mehr als öS 3.899,– monatlich verdienen, können erklären, daß sie sozialversichert sein wollen. Sie müssen dann monatlich (derzeit) öS 550,– bezahlen und sind damit voll kranken- und pensionsversichert. Man nennt dieses System „Opting-in". Die derzeitige Regelung des Opting-in bei geringfügig Beschäftigten ergibt für gemeinnützige Vereine die ideale Möglichkeit, einem Mitarbeiter bei nur geringer Bezahlung einen vollen Versicherungsschutz angedeihen zu lassen. Die Abgeltung dieser Versicherungskosten aus öffentlichen Mitteln erscheint nicht notwendig. Es handelt sich also nicht um beitragsfreie Sozialversicherung, sondern um einen ganz normalen, vom Gesetz vorgesehenen Vorgang. Für die vielen im Sinne des Gemeinwesens aufopfernd tätigen Mitarbeiter und Mitarbeiterinnen (meist sind es Frauen) wäre die geringfügige Beschäftigung die ideale Möglichkeit, zu einem sehr preiswerten Sozialschutz zu kommen.

Gemeinwesenarbeit

Notstands- und Sozialhilfeempfängern sollte angeboten werden, mit der Verrichtung von Gemeinwesenarbeit (Gesundheits- und Pflegebereich, Denkmalschutz, Umweltschutz, Pflege von Grünanlagen, Wanderwegebau im Bergland, Waldpflege, Almenpflege etc.) einen Zuschlag zu ihrer Notstands- bzw. Sozialhilfe von bis zu 20 Prozent als „Bürgergeld" zu erhalten. Damit verbunden soll die Pflicht sein, solche Arbeitsangebote anzunehmen. Die auch heute schon gegebenen Sanktionen bei Nichtannahme von angebotener Arbeit sollen aufrecht erhalten und auf die Gemeinwesenarbeit ausgedehnt werden. Auftraggeber dieser Gemeinwesenarbeit sollen ausschließlich öffentliche Körperschaften sein. Hier folgen wir erfolgreichen Modellen aus dem Ausland: In Dänemark und in Deutschland haben sich solche Modelle bewährt.

Der Unterschied zwischen „Bürgergeld" im Bereich des Kombi-Lohnes und der Gemeinwesenarbeit ist vor allem darin zu sehen, daß der Kombi-Lohn marktfähige bezahlte Arbeit betrifft, die jedoch aufgrund der Arbeitsmarktlage und der gegebenen Lohnnebenkosten ohne staatliche Stützung nicht nachgefragt würde, während die Gemeinwesenarbeit dadurch charakterisiert wird, daß für sie nicht extra bezahlt wird, sondern bloß die bis dahin geleisteten Sozialleistungen weiter gewährt werden und zusätzlich ein „Bürgergeld" ausbezahlt wird, wenn die Betreffenden im Rahmen des Gemeinwesens dafür arbeiten.

Bildung und Ausbildung zur „aktiven Bürgerin" und zum „aktiven Bürger"

Die Einrichtungen der Bürgergesellschaft können nur dann bestehen und ihre Tätigkeit entfalten, wenn sich aktive Bürgerinnen und Bürger dafür finden – Freiwillige. Die Bereitschaft zum Engagement, zur Solidarität, zum freiwilligen Tun fällt nicht vom Himmel. Nur wenn sich genügend Menschen bereit erklären, mehr zu tun als ihre Pflicht – also bereit sind, Freizeit zu opfern –, kann die Bürgergesellschaft funktionieren. Die Erziehung dazu ist äußerst wichtig.

Familie, Kindergarten, Schule, Jugendorganisationen und Medien

Abhängigkeit und Angewiesensein sind angeboren, Selbständigkeit und Solidarität müssen gelernt werden: in der Familie, im Kindergarten, in der Schule, in Jugendorganisationen und Vereinen, über Medien – in früher Teilhabe an gesellschaftlichen und politischen Entscheidungsprozessen, besonders in der Gemeinde. Der Erziehung kommt daher für den aktiven Bürger der Bürgergesellschaft entscheidende Bedeutung zu.

Familie

Freiheit und Verwurzelung in der kleinen überschaubaren Gruppe nennt Paul Michael Zulehner die „Lebensheiligtümer" der Österreicher. Tatsächlich schneidet in der Bewertung der Institutionen die Familie mit dem Spitzenrang ab. Diese Einstellung sollte den Widerstand gegen die Neigung zur Auslagerung der Sozialerziehung aus der Familie in die Schule verstärken.

Im Schoß familiärer Geborgenheit besteht bei den Kindern hohe Bereitschaft, über Nachahmungslernen das Sozialverhalten der Eltern zu übernehmen. Deren Vorbild spielt eine entscheidende Rolle, etwa wenn menschenwürdiger Respekt, Eigeninitiative, Fürsorge, uneigennützige Hilfe, umkehrbares Gesprächsverhalten gelebt und Freiräume für die Familienmitglieder, Mitbestimmungsmöglichkeiten für die Kinder eingeräumt werden. In ihrer Gegenseitigkeit müssen diese Fähigkeiten an den Eltern bzw. an den erwachsenen Familienmitgliedern ablesbar sein.

Einige Schlußfolgerungen für die elterliche Erziehung:

- Kinder werden von Anfang an in die familiäre Lebensszene eingebunden.

- Alle Lebensregungen des Kindes werden angenommen und angemessen beantwortet, nicht aber ignoriert oder sanktioniert.

- Im offenen innerfamiliären Dialog oder Gespräch wird die wechselseitige Wirkung von Gemeinschaft erlebt.

- Die Eltern führen ihre Kinder durch Besuch von Veranstaltungen und frühe Mitwirkung an Projekten oder in Vereinen in das außerfamiliäre Leben ein.

Kindergarten

Im Kindergarten wird erstmals in einer Gruppe von Gleichaltrigen Bildung angestrebt. Dabei kommt der Erziehung zum Sozialverhalten seit den Anfängen der Kindergartenpädagogik vor etwa 150 Jahren besondere Bedeutung zu.

Als Grobziele gelten dabei:

- Die Entfaltung der Kontaktfähigkeit,
- das richtige Verhältnis zu Autoritäten,
- die Fähigkeit zur Zusammenarbeit in der Gruppe,
- die Konflikt- und Friedensfähigkeit,
- die Mitverantwortung für die Gruppe,
- die Einbindung in demokratisches Verhalten und
- das Interesse und Verständnis für die Verschiedenartigkeit der Menschen.

„Vorbereitete Umgebungen" und aktuelle Situationen bieten den Kindergartenpädagogen die Möglichkeit, Kinder zur Initiative, zum Rollenspiel, zur Verhaltensreflexion hinzuführen. Sie selbst bieten das Vorbild des umkehrbaren Verhaltens.

Folgende Erziehungsziele sollten die Kinder im Kindergarten erreichen:

- Vorgegebene oder von der Gruppe vereinbarte Regeln anerkennend einhalten und mit Folgen aus Regelverstößen leben lernen.

- Begründete und notwendige erzieherische Forderungen einsehen und befolgen, aber gegen unberechtigte Ansprüche Erwachsener Widerstand leisten.

- Aufgaben für die Gruppe übernehmen und weitgehend selbständig durchführen.

- Bei Gruppenentscheidungen nach Abwägen von Vor- und Nachteilen verschiedener Vorschläge mitwirken.

- An Projekten für andere Gruppen außerhalb des Kindergarens mitwirken können.

Schule: Erziehung zur Verantwortung

Das Zauberwort für die Erziehung zur Bürgergesellschaft könnte Verantwortung heißen – Verantwortung des einzelnen für sich selbst und für andere. Mit Selbständigkeit und Solidarität wären die entsprechenden Leitziele für die Schule bestimmt. Verantwortliches Handeln wächst im Klima der Teilhabe und des Zutrauens sowie durch Übernahme von Verantwortung. Schule muß daher „die individuelle und kooperative Autonomie von Lehrern und Schülern“ fördern.

Eine neue Beziehungs- und Lernkultur löst die militärisch-hierarchischen Gehorsamsstrukturen ab. Schule soll sich zu einem Szenario der Begegnung mit teilendem Dialog entwickeln, der „Hilfe zur Selbsthilfe“ vermittelt. Die selbstverantwortliche Lebensführung verpflichtet zur Erhaltung jener sozialen Lebensbedingungen, welche diese persönliche Lebensführung erst ermöglichen.

Zwei Zugänge führen zu jener moralischen Reflexion, die zur unveräußerlichen sozialen Wechselseitigkeit und Umkehrbarkeit hinführt. Sie umschreiben, was im Matthäus-Evangelium (7,12) christlich-archetypisch als „Goldene Regel“ steht: „Alles, was ihr also von anderen erwartet, das tut auch ihnen!“

- Überlegen, wie der andere in meiner Situation denken, fühlen oder entscheiden würde.

- Überlegen, wie es wäre, wenn jedermann in einer Gruppe oder Gesellschaft in dieser Weise entschiede oder handelte.

Bürgersolidarität braucht Initiative. Sie gedeiht unter den beschriebenen Voraussetzungen. Sie wächst unter jenen Bedingungen, die als Schlußfolgerungen für den Bereich Kindergarten angeführt wurden. Die Schule übernimmt sie auf der nächsten Ebene und ergänzt sie auf angemessene Art und Weise.

Einige Schlußfolgerungen für die Lernziele zur Solidarität:

- Neue Lernkultur verstärkt selbstgesteuertes Lernen und gruppenbezogenen Projektunterricht mit begleitender Selbstkontrolle.

- Die Klassengemeinschaft wird als gerechte Gemeinschaft errichtet, die für sich verantwortlich besorgt, was sie selbst leisten kann. Diese subsidiäre Vorstellung belebt das innerschulische Ehrenamt.

- Die Kompetenz der Schulgemeinschaftsausschüsse sollte als Einübung in verantwortliche Mitbestimmung in allen Schularten erweitert werden.

- Zunehmend beklagte grobe Verhaltensabweichungen werden in klassen- und schulbezogenen Kommissionen als Verstöße zu verhandeln sein, so daß Schüler über Schüler urteilen können

- Verpflichtende Qualitätsbeurteilung ergänzt die gemeinsame Verantwortung und die Mitbestimmungskultur der Schule.

- An allen Schulen ab der neunten Schulstufe wird der Unterrichtsgegenstand „Politische Bildung“ eingeführt, der Projekte der Zusammenarbeit mit außerschulischen gemeinschaftlichen Einrichtungen umfaßt.

- Analog zum Lernanspruch für Schüler und Lehrer entwickelt sich die Schulverwaltung für die Einzelschule zur lernenden subsidiären Dienstleistungsorganisation.

- Zusammenarbeit zwischen Schule und Vereinen (zum Beispiel bei Sozial-, Umwelt-, Freizeit- oder Sportprojekten) könnte eine Vermittlung von Bürgerengagement bewirken.

Außerschulische Jugendarbeit

Die Kraft des Emanzipations- und Gestaltungswillens lebt in jeder Jugendgeneration. Sie anzusprechen, ihr in „vorbereiteter Umgebung“ Anreiz zu geben, bleibt die Kunst der außerschulischen Jugendarbeit und der Jugendpolitik.

Ihre epochalen Dimensionen bleiben die lebensbegleitende, die korrigierende, die aktuelle und die solidarische: miteinander, voneinander und begleitet von Jugendpädagogen Lebensvollzüge zu lernen.

Zu den Inhalten der Jugendarbeit werden die Erfahrungen der Jugendlichen selbst gemacht; auch die entstehenden Gruppenprozesse mit ihren Regeln und Konflikten.

Die Jugendgruppe reguliert sich weitgehend selbst, der Jugendpädagoge ist Vorbild und Begleiter.

Damit diese Selbstorganisation gelingt, muß das Feld arm an Fremdbestimmung und frei von autoritären Sanktionen sein. Dieser gruppendynamische Weg führt zur Solidarität und zu weiterreichenden ethischen Zielsetzungen, wenn es sich um einen Lernprozeß handelt. Auf diese Weise bietet organisierte oder offene Jugendarbeit ein Übungsfeld für personale Begegnung, für Eigen- und Mitverantwortung, für das Ehrenamt und letztlich auch für das politische Engagement zugunsten der Erneuerung der Gesellschaft.

Einige Schlußfolgerungen für die Unterstützung der Jugendarbeit:

- Die außerschulische Jugendarbeit muß finanziell angemessen gefördert werden.

- Soziale und politische Projekte der Jugendarbeit verdienen öffentliche Anerkennung und Präsentation.

- Die Jugendorganisationen müssen in die kommunale Gestaltungspolitik eingebunden werden, zum Beispiel durch einen Jugendbeirat mit Antragsrecht an den Gemeinderat.

- Die Landesjugendbeiräte sind mit der Jugendpolitik der Länder zu verknüpfen, zum Beispiel durch Jugendlandtage oder durch Antragsrecht an den Jugendausschuß.

- Jugendvertreter sollten als Gastredner zu Jugendthemen in Gemeinderäte und Landtage eingeladen werden.

- Einem reformierten Bundesjugendring muß die Möglichkeit gegeben werden, Vorschläge zur erweiterten Mitgestaltung der Jugendpolitik auf Bundesebene zu erarbeiten.

Medien

Die medialen Miterzieher agieren nicht mehr im Geheimen, sondern streben mit Hilfe des Marktes offen Einfluß und Macht an. Meinung wird im strategischen Planquadrat erzeugt: Oft genug in farbigen Laufbildern suggeriert, nistet sich ein, was gewollt wird und überlebt das, was Lust macht. Gedruckt wird das Gegenmittel zur Langeweile, die Sensation – die Show zählt mehr als der Inhalt. Diskursiv-reflexive Presse und Kulturprogramme in Funk und Fernsehen behaupten sich mit Mühe als geschützte Reservate. Je nach Lust und Geschmack kann sich der Zeitgenosse über Wohltätigkeits-Events loskaufen vom Kontinuum der Nächstenliebe – mit exhibitionistischer Draufgabe der Namensnennung. Dann muß wieder Ruhe sein vor den Ansprüchen von Caritas und Entwicklungshilfe.

Es ist kaum ein Zufall, daß Neil Postman seinem Buch „Wir amüsieren uns zu Tode" den Titel „Keine Götter mehr" folgen ließ. Einer vom Unterhaltungsfernsehen und vom Komsumzauber dominierten Gesellschaft geht die Erziehung ebenso verloren wie einer informationstechnologisch ziellosen Schule, in der rascher Zugang zur Information wichtiger wird als deren Wert.

Als Hoffnung bleibt nur, daß auf die Flüchtigkeit unterhaltender Events und das rasende Nacheinander von Informations-Bits die Suchbewegung nach Sinn, nach dem Miteinander im „Wir" folgen wird. Der Drang nach Veränderung braucht die Förderung durch Schule und Erwachsenenbildung – „Erziehung heißt eingreifen!"

Einige Schlußfolgerungen für die Medienerziehung in der Schule:

- Politische Bildung heißt Medienerziehung; oder: Medienpädagogik bewirkt politische Bildung.

- Ab der fünften Schulstufe können Schülerinnen und Schüler in einer Zeitungsecke Medienberichte vergleichen. Über den Verein „Zeitung in der Schule" können günstige Abonnements eingekauft werden.

- Fächerverbindend werden im Deutsch- und Geschichteunterricht Berichte von der Ur-Meldung bis zum konkreten Artikel, zur Sendung verfolgt.

- Schülerinnen und Schüler gestalten angeleitet Zeitungsseiten, Reportagen, Features oder interaktive Medien.

- Schülerinnen und Schüler üben Zivilcourage durch Leserbriefe, E-mails, Anrufe, Gastkommentare, Unterschriftenaktionen oder öffentliche Performance-Aktionen.

- Schülerinnen und Schüler gestalten frei Klassen- und Schülerzeitungen, „Homepages“ oder Wandzeitungen.

- Kritische Medienanalyse wird zuerst in der Familie, in der Schule und in der außerschulischen Jugendarbeit gelebt, dann in Vereinen, in politischen Veranstaltungen und schließlich anlaßbezogen in der freien und beruflichen Erwachsenenbildung.

Schulpartnerschaft: Erziehung zur Bürgersolidarität

Schulpartnerschaft als optimaler sozialer Ansatz

Schulpartnerschaften, bestehend aus Eltern, Lehrern und Schülern mit zugeteilten oder verhandelten Verantwortungen, funktionieren in vielen Schulen vorbildhaft und sind ein idealer Ansatz für weitere Bürgersolidarität.

Garantiert ist damit ein reichhaltiges Schulleben und vielfältige Entfaltungsmöglichkeiten für Lehrer und Schüler.

Auseinandersetzung mit gesellschaftlichen Vorhaben und Herausforderungen und die Entwicklung gemeinsamer Wertvorstellungen können besser durch das Einbeziehen der Schulpartnerschaft geschehen.

Ziele sind Qualitätsbewertung, Weiterbildung und modernes autonomes Schulmanagement. (Modellschulen in Niederösterreich sind z. B. die Höhere Bundeslehranstalt für Tourismus in Krems, die Höhere Bundeslehranstalt für wirtschaftliche Berufe in Baden und das Bundesgymnasium und Bundesrealgymnasium in Schwechat.)

Eine gute Voraussetzung zur Stärkung von Ehrenamtlichkeit und Freiwilligkeit ist die Mitarbeit im Kindergartenbereich und in der Folge im Schulwesen (Volksschule, Hauptschule, Allgemeine Höhere Schulen und berufsbildende Schulen).

Hier hat der Gesetzgeber die Voraussetzungen geschaffen, eine Schulpartnerschaft gedeihlich durchführen zu können.

Konkrete Beispiele für die Erziehung zur Bürgersolidarität

Beispiel 1: Elternbeirat im Kindergarten in Niederösterreich

Jeder Kindergarten hat einen Elternbeirat. Die Eltern üben Beratungstätigkeit über durchzuführende Maßnahmen aus. Sie können mit freiwilligen Aktionen den Kindergartenstandort verbessern und entlasten so nicht unwesentlich das Stadtbudget. (z. B. bringen einzelne Kindergärten in Krems durch diverse Aktionen bis zu 100.000,– Schilling auf. Gemeinsame Aktionen, wie etwa die Gartengestaltung, werden damit finanziert).

Der soziale Zusammenhalt der einzelnen Kindergartengruppen wird durch den Einsatz der Eltern wesentlich gestärkt und führt zu einem besseren Verständnis für die Arbeit der Kindergartenpädagogin. Integration im Kindergarten und heilpädagogische Gruppen sind von den Eltern erwünscht.

Beispiel 2: Elternvereinstätigkeit in der Volksschule

Eine gut funktionierende Elterntätigkeit im Kindergarten macht den Einstieg in die Elternarbeit der Volksschule um vieles leichter.

Erfahrungsgemäß sind Volksschulen mit breiter Mitarbeit der Eltern weitaus besser in der Lage, Probleme des täglichen Schulleben zu meistern. Eine gut funktionierende Schulgemeinschaft kann z. B. positiv bei Verkehrsproblemen handeln (Lotsendienst am Schulbeginn), entlastet die öffentliche Hand, berät bei baulichen Veränderungen der Schule, veranstaltet Schulfeste und fördert die zwischenmenschlichen Beziehungen. Eltern schätzen die Chance, sich positiv für die Gesellschaft einbringen zu können. So mancher Schulneubau oder Schulumbau geht auf die Initiative von Elternverbänden zurück.

Beispiel 3: Elternverein in der Hauptschule sowie Schulforum

Hier gilt dieselbe Argumentation zur Elternarbeit wie in der Volksschule.

Eltern, die schon in der Volksschule Elternarbeit geleistet haben, werden auch zur Mitarbeit in der Hauptschule zu gewinnen sein.

Die jeweiligen Landesverbände der Elternvereine bieten immer wieder Schulungen an, um eine optimale Elternarbeit zu ermöglichen. Hier ist man auf die Zusammenarbeit und Informationsbereitschaft der Schulleitung angewiesen. (Information zur Schulpartnerschaft wird vom Pädagogischen Institut des Bundes für Niederösterreich in Hollabrunn angeboten.)

Wie wichtig diese Schulpartnerschaft gerade im Hauptschulbereich ist, zeigen einige Schulmodelle am Beispiel der Berufsfindung: Gemeinsam mit AMS, Eltern, Lehrern und Schülern wird über den zukünftigen Berufswunsch und die zu treffenden Maßnahmen diskutiert und beraten.

In der Freiwilligenarbeit zeigt sich leider oft ein Stadt-Land-Gefälle. Gerade hier muß noch viel an Verständnisarbeit geleistet werden.

Zielmotivation wäre die Berechtigung der Bezirksschulinspektoren, für besondere schulpartnerschaftliche Projekte Belobigungen auszusprechen.

Beispiel 4: Elternvereine und Schulgemeinschaftsausschüsse (SGA) der AHS und BHS

Durch das SchUG und das SchOG (Schulunterrichts- bzw. Schulorganisationsgesetz) sind die Eltern in das Schulgeschehen mit eingebunden. Doch zum Leidwesen vieler engagierter Eltern handelt es sich dabei um eine „Kann“-Bestimmung, die vom guten Willen des Schulsystems abhängt.

Die Erfahrung zeigt, daß bei Bewertungen des jeweiligen Schulstandortes Schulen mit funktionierenden Schulpartnerschaften einen wesentlich höheren Stellenwert haben.

Beispiel 5: Finanzielle Beiträge der Eltern

Die Elternbeiträge (Mitgliedsbeitrag im Elternverein und sonstige Aktivitäten wie Feste, Bälle usw.) sind ein nicht unerheblicher Bestandteil der Budgetplanung eines Schulleiters.

Die HTL Mödling hat z. B. in den letzten beiden Jahren vom Elternverein eine Subvention von öS 600.000,– bekommen und kann dadurch mithelfen, den modernen Unterrichtsbedarf für die Ausbildung der Schülerinnen und Schüler zu finanzieren.

Voraussetzungen für die Schulpartnerschaft

Die idealen Voraussetzungen für eine gedeihliche Schulpartnerschaft sind

- ein unbürokratischer, flexibler und aufgeschlossener Schulleiter,
- ein engagierter Elternvereinsvorstand,
- eine durch Jahre hindurch aufgebaute Vertrauensbasis und
- die Anerkennung der Schulpartnerschaft bis hin zum Landesschulrat bzw. das Unterrichtsministerium.

Motivation für die Eltern

- Sich für andere einzusetzen steigert das Selbstwertgefühl.
- Eltern lernen, Probleme anzusprechen, sich zu orientieren und zu organisieren.
- Eltern wissen, daß diese Tätigkeit maximal so lange dauert, wie ihre Kinder in die Schule gehen und sind nach erfolgreicher Elterntätigkeit oft sehr traurig, von „ihrer Schule „ scheiden zu müssen.

- Den Eltern wird in den diversen Landesverbänden die Mitarbeit angeboten und sie können Schulungen, Seminare, Symposien besuchen.

- Sie haben die Möglichkeit, mit den Verantwortungsträgern des Schulsystem zu diskutieren und Lösungsansätze zu finden.

Konkrete Vorteile der Elterntätigkeit

Wenn sich Eltern in der Schulpartnerschaft engagieren, bringt dies erhebliche Vorteile für die Gesellschaft und für das ganze Schulsystem. Schlagworte wären etwa: Ideenbörse, Interessensvereinigung, Informationsvielfalt, finanzielle Leistungen, Entlastung der öffentlichen Hand, Verständnisaufbereitung für alle Bevölkerungsschichten und schließlich Mehrwert für das Bürgertum, da Bildung besonders in Zukunft erste Priorität hat.

Das Schulgemeinschaftssytem (Beteiligungsprojekt von Eltern, Schülern und Lehrern) definiert sich durch seine einzelnen Elemente und deren Struktur, also durch ihre Organisation untereinander. Es handelt sich dabei also um die Vernetzung (und nicht bloß die Summierung) von ökologischen, ökonomischen und sozialen Elementen. Zudem ist dieses Schulsystem nicht abgeschlossen. Es steht in einem Austausch mit der weiteren Umwelt, beeinflußt diese und wird davon beeinflußt (Kultur, Kunst usw.).

Weiters bereichern die Prinzipien der Mehrfachnutzung und der Symbiose (Verschiedenartigkeit kann durch Austausch und Kopplung im kleinräumigen Verbund gegenseitig genutzt werden) das Schulleben.

Deshalb sollten Elternfunktionäre nach dem Ausscheiden der Kinder aus der Schule unbedingt um freiwillige Mitarbeit in anderen Institutionen gebeten werden.

Umgelegt auf kommunale Strukturen bedeutet all dies, daß Bürger, Politik und Verwaltung in einem System der Selbststeuerung mit funktionierendem Informationsaustausch eingebunden werden müssen, damit Rückkoppelung entstehen kann.

Dabei muß selbstverständlich – entspringend aus der Schulpartnerschaft und in Hinblick auf eine „Aktive Bürgergesellschaft" – die Individualität des einzelnen erhalten bleiben.

Bürgerschaftliches Engagement in der Jugend- und Familienpolitik

Die kommunale Familienpolitik soll in besonderer Weise Partizipation, Selbsthilfe, Eigenleistung und Ehrenamtlichkeit verbinden (Jugendlobbies, Plattformen).

Jene Gemeinde soll vor den Vorhang gebeten werden, die es Familien und Kindern ermöglicht, ihren Ansprüchen und Vorstellungen in Planungs- und Entscheidungsphasen Geltung zu verschaffen. Schwerpunkte sind zu setzten, wie etwa die Förderund von Eigenleistungen und Projekte der Selbsthilfe, in denen Familien mit Verwaltungen und Dienstleistungseinrichtungen kooperieren, um deren Leistungen familiengerecht zu gestalten, zu verbessern und zu ergänzen. Ergänzt werden sollen diese Formen des bürgerlichen Engagements durch Sponsoren- und Mäzenatentum, das familien- und kinderfreundliche Projekte unterstützt.

Die Schülerinnen und Schüler in der Schulpartnerschaft

Das Hinführen der Schülerinnen und Schüler zu gemeinsamen Aktionen mit Lehrern und Eltern, z. B. durch Besuch in Altenheimen und Behindertenheimen, sind ein erster Ansatz, um Verantwortung zu vermitteln. Aktionen der Gemeinde mit Schülern (z. B. Stadtreinigungstage) und Projekte einzelner Schulen mit der Gemeinde (Verkehrskonzepterstellung, Raumplanungen, Gebäudesanierungen etc.) wären ebenfalls aktive Denkanstöße. Jugendplattformen sind ein ideales Mittel, um kurzfristig auf die Probleme der Jugendkultur eingehen zu können und diese auch zu vermitteln.

Eine weitere Möglichkeit wären Seminare, die von den Vertretern der Schulpartnerschaft veranstaltet werden und längerfristige Projekte nach sich ziehen.

Der Landesschulrat für Niederösterreich veranstaltet beispielsweise mit den Schulen und Vereinen vor Ort gemeinsame Turnstunden; d. h. eine Trainerin eines Sportvereines hält die Turnstunde im Beisein der Lehrkraft ab und kann so den Schülern den Verein in der Schule praktisch näherbringen. Das könnte auf ähnliche Weise mit Musik oder anderen Initiativen geschehen.

Wichtig sind nach wie vor außerschulische Verbindungen, die Orientierungsmöglichkeiten bieten. So veranstalten die Junior-Kiwanis seit Jahren Musikwettbewerbe, um mit den Einnahmen kranken Kindern zu helfen.

Verwaltung im Dienste der Bürger

Bürgerrecht gegenüber der Verwaltung

Im Laufe der letzten Jahrzehnte wurden mehr und mehr Aufgaben des gesellschaftlichen Lebens dem Staat übertragen. Bildung, Gesundheit und Sozialdienste sind neben die Aufgaben des Staates wie Recht, Ordnung und Sicherheit getreten.

Es ist ein Grundprinzip unseres Staates, daß diese öffentlichen Leistungen von allen Staatsbürgern gleichermaßen beansprucht werden können. Zweifellos ist es Ausdruck des Wohlstandes einer Gesellschaft, wenn immer mehr menschliche Bedürfnisse in organisierter Form und für alle Bürger erfüllt werden. Wir können stolz darauf sein, daß wir uns diese Solidarität leisten können.

Andererseits wird im Gegenzug der Freiraum des einzelnen Bürgers eingeschränkt, wenn immer mehr Bereiche unter staatlicher Kontrolle stehen und immer mehr Angelegenheiten von der öffentlichen Hand übernommen werden. Der Reichtum unserer Gesellschaft und unserer Wirtschaft liegt in der Vielfalt, die der Markt bietet. Vielfalt schafft Wahlmöglichkeiten, und Wahlmöglichkeiten sind die Grundvoraussetzungen für den einzelnen, um das Leben nach seinen Vorstellungen zu gestalten. Wo aber der Staat Aufgaben übernimmt, kann der Markt nicht oder nur eingeschränkt funktionieren.

Um den Freiraum des Bürgers – und das Bürgerrecht der Freiheit gegenüber der Verwaltung – zu sichern, müssen wir stets versuchen, den Umfang des Staates und der Verwaltung zu reduzieren und damit mehr Raum für die private Initiative, für den Markt, die Vereine und die freien Initiativen zu schaffen. Dementsprechend muß laufend analysiert werden, welche Funktionen, die heute von der öffentlichen Hand erfüllt werden, in den privaten Bereich zurückgeführt werden können. Damit würde sich nicht nur der direkte Einfluß des Staates auf das tägliche Leben der Bürger reduzieren lassen – zusätzlich könnte auch die Steuerlast gesenkt werden, wodurch den Bürgern mehr Geld bliebe und sie mehr Freiheit hätten, ihr Leben selbst zu gestalten.

Privatisierungs- und Entstaatlichungsgruppe

Zum Zwecke der laufenden Durchforstung der Staatsfunktionen soll eine Privatisierungs- und Entstaatlichungsgruppe geschaffen werden, die aus Experten der Privatwirtschaft, der Wissenschaft und der Verwaltung zusammengesetzt wird und für alle Verwaltungsebenen (Bund, Länder, Gemeinden) entsprechende Empfehlungen ausspricht.

Auch bei einer laufenden Durchforstung des Staatsumfanges werden viele Aufgaben dennoch bei der öffentlichen Hand bleiben, entweder weil diese Aufgaben hoheitliche Aufgaben im engeren Sinne sind oder weil sich für ihre Erfüllung der private Bereich (Markt oder Nonprofit Bereich) nicht eignet.

Bei der Zuordnung der Aufgabenerfüllung selbst soll vom Subsidiaritätsprinzip ausgegangen werden. Die vom einzelnen Bürger, von der Familie, der privaten Initiative, dem Verein oder anderen nichtstaatlichen Einrichtungen nicht auf sinnvolle Weise wahrzunehmenden Aufgaben sind auf staatlicher Ebene auf vier Stufen – die Gemeinden, die Länder, den Staat und die Europäische Union – aufzuteilen.

Bei Beachtung des Subsidiositätsprinzip ist dann rasch zu klären, auf welcher Stufe der staatlichen Einrichtungen welche staatlichen Aufgaben wahrzunehmen sind.

Qualitätskatalog für die Verwaltung

Für den staatlichen Bereich soll es verbindliche Standards geben, die die Rechte des Bürgers gegenüber der Verwaltung sichern.

Der „Qualitätskatalog" für die Verwaltung soll die Mindeststandards beschreiben, die jeder Bürger von seiner Verwaltung erwarten kann. Dabei ist immer zu berücksichtigen, daß in vielen Verwaltungsdienststellen diese Standards bei weitem übertroffen werden. Insgesamt muß festgehalten werden, daß Österreich eine hervorragende Verwaltung hat, die für das Gemeinwohl in korrekter, unbestechlicher Weise arbeitet. Hinsichtlich des Umgangs mit den Bürgern gibt es allerdings noch große Unterschiede zwischen den einzelnen Dienststellen – vor allem zwischen Behörden in der Stadt und auf dem Land.

Charta der Bürgerrechte

Die „Charta der Bürgerrechte gegenüber der Verwaltung" soll anhand von folgenden Kriterien für jede Behörde ausgearbeitet werden:

- Recht auf korrekten Umgang: Der Bürger hat einen verbindlichen Anspruch auf höfliche, hilfsbereite Behandlung durch die Behörden.

- Recht auf Information über die Abläufe: Der Bürger hat ein Recht auf verständliche und laufende Information über den Stand seiner Angelegenheiten.

- Recht auf rasche und pünktliche Erledigung: Für die Erledigung von Standardangelegenheiten (wie z. B. Pässe, Führerscheine, Autoanmeldungen, Baugenehmigungen, Grundbuchsangelegenheiten) sollen bei den jeweiligen Dienstbehörden klare Zeitvorgaben ersichtlich sein.

- Recht auf Transparenz: Der Bürger hat ein Recht zu wissen, wer die Entscheidungen, die ihn betreffen, vorbereitet hat und wer sie zu verantworten hat.

- Recht auf Bewertung: Im Sinne einer standardisierten „Qualitätssicherung" sollen Bürger regelmäßig befragt werden, wie sie die Leistungen der jeweiligen Behörde beurteilen. Darüber hinaus soll auch ein System der „unabhängigen Behördentestes" ausgebaut werden, um für die Verwaltung auch interne Kontrollmechanismen zur Verfügung zu haben.

Anhand dieses Kriterienkatalogs soll jede Behörde für die Abfassung der „Bürgerrechtscharta" in ihrem Bereich verantwortlich sein.

Neue Verwaltungskultur

Die Erfüllung der „Charta der Bürgerrechte gegenüber der Verwaltung" erfordert eine neue Struktur und Kultur der Verwaltung.

Ein modernes, bürgerfreundliches Verwaltungsmanagement erfordert ein universales Umdenken in der politischen und administrativen Führung der jeweiligen Verwaltungseinheiten. Die Verwaltung dient nicht einem Selbstzweck, sondern hat eine klare Dienstleistungsfunktion für die Bürger in unserem Land. In diesem Sinne ist primär das Verhältnis zwischen der Verwaltung und ihren Kunden angesprochen.

Dienstleistungs- und Kundenorientierung

Die Unzufriedenheit mit der „Bürokratie", ihrer (oft vermeintlichen) Ineffizienz und mangelnden Leistungsorientierung sowie mit ihren Erscheinungsformen, denen manchmal Feindbildcharakter anhaftet, ist groß. Strukturelle und funktionelle Unterschiede zwischen öffentlicher und privater Aufgabenerfüllung können immer weniger überzeugen.

Die Verantwortlichen in der Verwaltung sind daher gefordert, diesem Mißstand entgegenzuwirken und Maßnahmen zur Steigerung der Akzeptanz von Seiten der Bürgerinnen und Bürger, aber auch zur Stärkung von Motivation und Selbstwertgefühl der Mitarbeiterinnen und Mitarbeiter in der Verwaltung zu setzen.

Von der „Dienstgesinnung" zur „Dienstleistungsgesinnung"

Die Verwaltung muß sich als modernes Dienstleistungsunternehmen darstellen. „Verwaltung als Dienstleistung" kennzeichnet ein funktionales Verständnis der Verwaltungsaufgaben im Verhältnis zu Bürgerinnen und Bürgern und zur Gesellschaft. Auch die rein hoheitliche Verwaltung ist nicht um ihrer selbst willen oder aus einem abstrakten Staats- oder Verwaltungsverständnis heraus tätig, sondern übt Funktionen für die Gesellschaft und ihre Bürgerinnen und Bürger (z. B. Gewährleistung der Sicherheit) aus.

Der Begriff des Dienstleisters sollte daher zentrale Bedeutung im Selbstverständnis der Verwaltung, für ihr Handeln und für ihre Darstellung nach außen einnehmen. Die Verwaltung muß in den Kategorien moderner Dienstleistung denken und dabei u. a. von den zentralen Begriffen „Kunde" (der Verwaltung) und „Produkt" (als Leistungsergebnis der Verwaltung) ausgehen.

Konkrete Maßnahmen

Zur Neuorientierung der Verwaltung hin zu einem ziel- und ergebnisorientierten Dienstleistungsunternehmen sind primär folgende Maßnahmen notwendig

Erhebung der Kundenwünsche – Neudefinition des Produkts Verwaltung

Zur Feststellung der von der Verwaltung als Ganzes sowie von den einzelnen Mitarbeiterinnen und Mitarbeiter erwarteten Leistungen sind Befragungsverfahren einzuführen bzw. auszubauen.

Ein geeignetes Beschwerdemanagement hat sich mit der Kritik der Bürgerinnen und Bürger zu befassen.

Das Eingehen auf die Bedürfnisse der Bürgerinnen und Bürger führt zu einem neuen Gesamtprodukt Verwaltung, das sicherlich durch Zusatzservices, wie z. B. Informations- und Beratungsangebote, zu erweitern ist. Entscheidende Bedeutung kommt dabei der Offenheit für Innovationen zu. Zur ständigen Weiterentwicklung der Verwaltung sind Qualitätszirkel außerhalb der beruflichen Hierachien einzurichten, in die auch die Kunden einzubinden sind.

Kundenorientierte Verwaltungsorganisation

Im Bereich der Aufbauorganisation ist von überschaubaren, funktionsfähigen Organisationseinheiten auszugehen, die auf Kundenwünsche rasch reagieren können. Dezentralen Strukturen ist daher grundsätzlich der Vorzug zu geben.

Die Ablauforganisation ist so zu gestalten, daß einfache, transparente Verfahrensabläufe sowie eine möglichst konzentrierte Behandlung der Anliegen der Kunden gewährleistet sind.

Die Verfahrensabläufe sind aufzuzeigen und den Kunden gegenüber zu erläutern. Angelegenheiten, die in die Zuständigkeit verschiedener Behörden (Fachbereiche) fallen, sind möglichst konzentriert bzw. koordiniert – nach Möglichkeit teamorientiert – abzuwickeln. Den Kunden soll möglichst ein einziger Ansprechpartner zur Verfügung stehen. Dazu gehört selbstverständlich die rascheste – allenfalls auf Termin zugesagte – Erledigung der Anliegen. Durch die datenmäßige Vernetzbarkeit zwischen den einzelnen Verwaltungsbereichen (z. B. Gemeinde, Länder) sollte eine Erleichterung der Erledigungsabläufe erreicht werden.

Ausführliche, kompetente und verständliche Information

- Die Einrichtung zentraler sowie dezentraler, allenfalls auch mobiler Infostellen hat sich an den Bedürfnissen der Kunden zu orientieren (leichte, auch behindertengerechte Erreichbarkeit).

- Die Kunden sollen zielgruppenorientiert durch Medien, Broschüren und Zielgruppenveranstaltungen (evtl. gemeinsam mit den jeweiligen Interessenvertretungen) über ihre Rechte und Pflichten informiert werden – insbesondere bei Veränderung der (rechtlichen, technischen) Rahmenbedingungen.

- Einzelinformationen bei spezifischen Kundenanliegen (über rechtliche Voraussetzungen, Verfahrenslauf, Zeithorizont der Erledigung, Kosten etc.) sollen durch die Mitarbeiterinnen und Mitarbeiter der Verwaltung direkt im Rahmen von Merkblättern (z. B. über Antragserfordernisse) oder – bei wichtigen und umfangreichen Leistungen – auch durch eigene Verfahrens- und Prozeßbegleiter (aus dem Kreis der Mitarbeiterinnen und Mitarbeiter der Verwaltung) erfolgen.

Verwaltungsmarketing

Begleitend zu allen Reformmaßnahmen und Informationsmaßnahmen der Verwaltung ist zusätzlich externes und internes Marketing als selbstverständlich zu betrachten.

Die einzelnen Fachbereiche der Verwaltung sollten ihre Produkte der Öffentlichkei präsentieren (z. B. auf Messen, aber auch in eigenen Marketingveranstaltungen, Zielgruppenveranstaltungen). Als wichtigstes Marketinginstrument ist jedoch die einzelne Mitarbeiterin und der einzelne Mitarbeiter der Verwaltung an der Basis im direkten Kontakt mit den Bürgern anzusehen.

Die Qualität in der Verwaltung muß „gelebt“ werden. Eine ganzheitliche Qualitätsorientierung geht von selbstverantwortlichen, kompetenten, informierten, entscheidungsfähigen und motivierten Mitarbeiterinnen und Mitarbeitern aus. Diese müssen in der Lage sein, ihre Leistungspotentiale voll einzubringen. Der Personalentwicklung kommt daher zentrale Bedeutung zu.

Eine dienstleistungsorientierte öffentliche Verwaltung hat insbesondere auch ihr äußeres Erscheinungsbild zu verbessern.

Schon die Bezeichnung „Amt" wird teilweise als antiquiert betrachtet und ist negativ besetzt. Dieser Begriff soll daher vor allem für die Leistungsfelder der Privatwirtschaftsverwaltung hinterfragt werden.

Um den Bürgerinnen und Bürgern die Inanspruchnahme des Produktes Verwaltung in einem ordentlichen Umfeld anzubieten, ist notwendig:

- Die räumliche Zusammenführung von Dienststellen im städtischen Bereich,

- flexible Öffnungszeiten von Verwaltungsstellen mit starkem Parteienverkehr,

- die Schaffung von Parkraum, soweit die Amtsstellen mit öffentlichen Verkehrsmitteln nicht oder nur schwer erreichbar sind,

- die Errichtung von Leitsystemen innerhalb der Verwaltungsgebäude,

- ein freundliches Äußeres der Dienststellen durch ansprechende Büros und beste EDV-Ausstattung,

- eine Ausrichtung des Telefonservice in allen Dienststellen der Verwaltung unter den Aspekten Dienstleistung und Kundenorientierung und

- der Einsatz von besonders geeigneten und geschulten Mitarbeiterinnen und Mitarbeitern an der „Kundenfront".

„Demokratie Online"

Die Demokratie-Kluft zwischen den Bürgern und der Verwaltung einerseits sowie zwischen Bürgern und Politik andererseits soll mit Hilfe und unter Einsatz der Informations- und Kommunikationstechnologien verkleinert werden. Der Zugang sowohl zur Verwaltung als auch zur Politik soll dadurch flexibler und unbürokratischer möglich sein, und zwar unabhängig von örtlichen Gegebenheiten und zeitlichen Dispositionen.

Der Einsatz dieser Technologien birgt für den Bürger natürlich nicht nur Chancen, sondern auch Gefahren. Im Mittelpunkt steht dabei auch die Frage nach den demokratiepolitischen Auswirkungen dieser modernen Technologien. Unzweifelhaft können damit aber völlig neue Demokratiemodelle, die auch zu einer neuen Form des politischen Dialoges mit dem Bürger führen, geschaffen werden.

Schwellenängste werden abgebaut und die Bürger zu diesen Technologien hingeführt. Ein ganz neues Demokratieverständnis kann dadurch hervorgerufen werden, das letztlich in alle Belange des täglichen Lebens Eingang finden wird. Per Mausklick kann der einzelne mit anderen Interessierten diskutieren, seine Anliegen an den Politiker herantragen, bei Wahlen abstimmen oder nur Zeitung lesen. Er wird sich an politischen Entscheidungsprozessen beteiligen können, auf die er ohne diese Technologien keinen Zugriff hätte.

Rechtliche Rahmenbedingungen

Mehr bürgernahe Information zum Vereinsrecht

Das gültige Vereinsgesetz hat sich in der Praxis durchaus bewährt. Es ist für die Funktionäre und Mitglieder einfach zu handhaben. Änderungen im Vereinsrecht sind nicht notwendig. Es darf auch zu keiner weiteren Bürokratisierung und Verschärfung des Bewilligungs- bzw. Anmeldeverfahrens oder anderen Interventionen der Vereinsbehörde kommen.

Vereinsmitglieder, insbesondere Vorstandsmitglieder, Obmänner und Kassiere übernehmen mit ihrem Amt aber oftmals auch große persönliche Verantwortung. Anderseits betreiben Vereine manchmal mittlere oder größere Unternehmungen, z. B. im Kulturbereich, im Sozialbereich oder im Sport, die einen regelmäßigen und zahlenmäßig bedeutenden Umsatz aufweisen. Sowohl zum rechtlichen Schutz der Vereinsmitglieder und der Vereinsfunktionäre sowie zur klaren Darstellung von Vertretung, Haftung und Abwicklung im Geschäftsverkehr großer Vereine soll es zu einer Verbesserung der Publizität nach außen kommen. Es bedarf also nicht eines neuen Vereinsgesetzes, sondern vielmehr einer klaren Darstellung, besseren Informationstätigkeit und umfassenden Aufklärung über die bestehenden Regelungen sowie einer für den Geschäftsverkehr leicht verfügbaren Datenbank.

Steuerliche Förderung der Bürgergesellschaft

Die Tätigkeit und der Handlungsspielraum von gemeinwohlorientierten Vereinen bzw. Nonprofit Organisationen im allgemeinen wird wesentlich von steuerlichen Rahmenbedingungen bestimmt. Rechtspolitisches Leitbild sollte in diesem Zusammenhang sein, daß jene Organisationen, die rechtlich wie tatsächlich in uneigennütziger Weise Aufgaben im Dienste der Gemeinschaft übernehmen und erfüllen, nicht nur keinen steuerlichen Hemmnissen ausgesetzt sind, sondern eine ihrer Funktion und Bedeutung angemessene steuerliche Förderung erfahren.

Schaffung einer Gemeinnützigkeits-Verordnung

Das österreichische Steuerrecht erfaßt die Tätigkeit gemeinnütziger Organisationen über den Regelungskomplex der Gemeinnützigkeitsvorschriften. Die Voraussetzungen der Gemeinnützigkeit sind in den §§ 34ff der BAO zwar detailliert, aber doch auf hohem Abstraktionsniveau geregelt. Das heißt, daß die tatsächliche Behördenpraxis die Wirklichkeit gestaltet.

Das materielle Steuerrecht knüpft an den Gemeinnützigkeitsstatus verschiedene Begünstigungen und Befreiungen. Das steuerliche Gemeinnützigkeitsrecht wäre ohne die gefestigte Verwaltungspraxis, wie sie vor allem in den Vereins-Richtlinien des Finanzministeriums niedergelegt ist, in der Praxis unanwendbar. Freilich stehen die Vereins-Richtlinien lediglich auf dem rechtlichen Niveau eines Erlasses, so daß subjektive Rechte daraus weder vor den Behörden noch vor den Gerichtshöfen des öffentlichen Rechtes abgeleitet werden können. Das entspricht nicht der Bedeutung der Materie. Viele Aussagen der Richtlinien sind von entscheidender Bedeutung für die steuerliche Behandlung der genannten Organisationen. Es wäre daher anzustreben, die wesentlichen Teile der Vereins-Richtlinien auf die Ebene einer Verordnung zu heben.

Differenzierung erhöht die Treffsicherheit

Die Gemeinnützigkeitsvorschriften sind zu undifferenziert. Gemeinnützigkeitsstatus können Organisationen erlangen, deren Tätigkeit unter dem Aspekt der Gemeinwohlorientierung gesellschaftlich ganz unterschiedlich zu bewerten ist. Der ausschließlich auf die Förderung von Interessen der Mitglieder (etwa im Sport- oder Freizeitbereich) konzentrierte Verein erhält den Gemeinnützigkeitsstatus ebenso wie der Verein, dessen Tätigkeit etwa im Bereich der Sozialfürsorge aus gesamtstaatlicher Sicht geradezu unverzichtbar erscheint. Demgemäß sind auch die steuerlichen Begünstigungen in diesem Bereich letztlich undifferenziert und werden der abgestuften Bedeutung der einzelnen Organisationen nicht gerecht. Zur Verbesserung der Treffsicherheit steuerlicher Begünstigungen erscheint daher eine Differenzierung zwischen verschiedenen Typen gemeinnütziger Organisationen unerläßlich. Einzuführen wäre eine Einstufung der Organisationen in verschiedene Begünstigungsstufen – zu denken wäre zweckmäßigerweise an drei Stufen –, die die unterschiedliche Gemeinwohlorientierung zum Ausdruck bringen und Anknüpfungspunkt für steuerliche Begünstigungen, aber auch für sonstige (außersteuerliche) Rechtsfolgen sein könnten.

Der Einstufungsprozeß selbst müßte dabei mit einem Minimum an Verwaltungsaufwand verbunden sein. Die Festlegung der Kriterien wäre dem Verordnungsweg vorzubehalten. Für die konkrete Einstufung käme am ehesten eine gemischte Expertenkommission in Betracht.

Steuerbegünstigungen nach Begünstigungsstufen

Die mit dem Gemeinnützigkeitsstatus verbundenen materiellrechtlichen Steuerbegünstigungen sind in der Folge an die Begünstigungsstufe der Organisation anzuknüpfen. Zu überprüfen wäre hier der gesamte Bereich des materiellen Steuerrechts. Denkbar wäre dabei sowohl eine Einschränkung der bisher undifferenziert gewährten Begünstigungen auf Organisationen einer bestimmten Begünstigungsstufe, als auch die Einführung von Befreiungen oder Begünstigungen für dieselben. So ist beispielsweise nach wie vor nicht nachvollziehbar, warum die vor einigen Jahren erfolgte Änderung der Rechtstechnik bei der Erhebung der Ertragsteuern auf Kapitalerträge (Ausdehnung des Kapitalertragsteuerabzuges auf Sparbuchzinsen und Wertpapiererträge) automatisch eine Besteuerung der einschlägigen Erträge sämtlicher gemeinnütziger Organisationen rechtfertigen konnte. Hier wäre eine behutsame Differenzierung am Platze. Der gegenwärtige Zustand, der je nach Sachverhalt de facto eine Befreiung zuläßt, wenn die gemeinnützige Organisation betriebliche Aktivitäten aufweist, ist weder rechtlich noch vom Ergebnis her überzeugend und muß verändert werden.

Steuerliche Absetzbarkeit von Spenden: konkrete Vorschläge

Ein Teil der Organisationen der Bürgergesellschaft ist heute auf staatliche Unterstützungen angewiesen. Vor allem im Bereich der sozialen Dienste durch private Rechtsträger sind große Geldmittel erforderlich. In anderen Ländern sind Spenden an gemeinnützige Vereinigungen steuerbegünstigt, können also abgesetzt werden. In diesen Ländern finanzieren sich daher private Wohlfahrtseinrichtungen zum Großteil über Spenden und müssen nicht, wie in Österreich, um staatliche Förderungen buhlen. In diesen Ländern entscheidet der Steuerzahler durch seine Spende (die durch die Steuerbegünstigung de facto vom Finanzminister mitfinanziert wird), wer für welchen Zweck mit seinen Mitteln gefördert wird – in Österreich besteht die Steuerbegünstigung nur für wenige anerkannte Forschungszwecke, nicht für alle gemeinnützigen Vereine. Dies bedeutet, daß letztlich der zuständige Politiker (Bundeskanzler, Finanzminister als Hauptförderer) entscheidet, wer und was gefördert wird. Eine steuerliche Absetzbarkeit wäre daher, Hand in Hand mit einer Kürzung der staatlichen Fördermittel, ein Schritt zur Demokratisierung des Förderwesens. Zu Recht verlangen die Wohlfahrtsorganisationen die steuerliche Absetzbarkeit von Spenden – damit würden sie wahrscheinlich weniger vom politischen Fördertopf abhängen.

Als Förderungsmaßnahme für Organisationen mit spezifisch gemeinwohlorientiertem Tätigkeitsbereich ist also eine steuerliche Förderung der Spenden für diese Zwecke geboten. Wir wollen die qualitativ und quantitativ begrenzte Abzugsfähigkeit von Spenden im Bereich der Ertragsteuern einführen.

Für eine solche Abzugsfähigkeit von Spenden bei der Einkommensbesteuerung können gute Gründe ins Treffen geführt werden: Handelt es sich bei den begünstigten Aktivitäten um solche, die nicht in adäquater Weise am Markt angeboten werden (können), sondern – bei Fehlen privater Initiative – als Staatsleistungen erbracht werden müßten, ist die Finanzierung dieser Aufgaben teilweise zu Lasten des Steueraufkommens eine durchaus legitime Vorgangsweise, weil die steuerliche Förderung der Spendentätigkeit noch immer „billiger“ kommt als die Erfüllung der Aufgaben in eigener Verantwortung. Aber selbst wenn mit einer Abzugsfähigkeit von Spenden auch Zwecke gefördert werden, die im Einzelfall aus Budgetmitteln keine Unterstützung erhielten, spricht das nicht gegen den Grundgedanken: Die steuerliche Spendenbegünstigung überläßt die Verfolgung gemeinwohlorientierter Zwecke der Privatinitiative, setzt diese somit an die Stelle politischer Entscheidung und reduziert die Aufgabe des Staates auf die abstrakte

Definition der begünstigten Zwecke und die Kontrolle der zweckentsprechenden Mittelverwendung. Die finanzwissenschaftliche und finanzpolitische Diskussion befürwortet in der Tat eine kontrollierte Spendenbegünstigung auch in einem Ertragsteuerrecht, das grundsätzlich auf dem Prinzip der Besteuerung nach der persönlichen Leistungsfähigkeit aufgebaut wird.

Sowohl aus praktischen als auch aus budgetären Erwägungen sind dabei allerdings Regelungen zu treffen, die den fiskalischen Effekt in Grenzen halten (Mindestbeträge und/oder Maximalbeträge in Abhängigkeit vom Einkommen oder von der Steuerleistung).

Österrreich würde mit einer solchen Vorgangsweise im übrigen keinen Alleingang wagen, sondern im Gegenteil den Anschluß an die internationale Entwicklung finden: Derzeit kennt der überwiegende Teil der Staaten im Einkommensteuerrecht (und Körperschaftsteuerrecht) eine Abzugsfähigkeit von Spenden für karitative, gemeinnützige oder ähnliche Zwecke. Eine rechtsvergleichende Betrachtung des Einkommensteuerrechts wichtiger westlicher Staaten – Australien, Belgien, Frankreich, Deutschland, Italien, Irland, Japan, Kanada, Niederlande, Schweden, Großbritannien und Vereinigte Staaten – zeigt folgenden Befund:

- Eine einkommensteuerliche Begünstigung für Spenden an gemeinnützige, religiöse, kulturelle oder wissenschaftliche Vereinigungen kennen alle genannten Staaten außer Schweden.

- Der Adressatenkreis ist unterschiedlich umschrieben. Teil weise werden Spenden an alle gemeinnützigen Organisationen begünstigt, die bestimmte Kriterien erfüllen (Deutschland, Dänemark, Frankreich, Niederlande, wohl auch Großbritannien, USA und Kanada); zum Teil bestehen Einschränkungen (Australien, Japan, Irland) bzw. werden nur ausgewählte Spenden begünstigt (z. B. in Italien nur Spenden für kirchliche Zwecke).

- Die Begünstigungstechniken sind verschieden. Zum überwiegenden Teil handelt es sich um Abzüge von der Bemessungsgrundlage, zum Teil aber auch um „tax credits", d. h. ein bestimmter Prozentsatz der Spende wird auf die Einkommensteuer angerechnet (Kanada, Frankreich).

- Praktisch überall werden Grenzen der Abzugsfähigkeit gezogen. Am großzügigsten sind jene Regelungen, die lediglich eine Obergrenze mit einem Prozentsatz des Einkommens ziehen (z. B. USA, Kanada, Deutschland); andernorts werden zusätzlich oder ausschließlich betragsmäßige bzw. prozentmäßige Untergrenzen (Minimalbeträge) vorgesehen (Japan, Niederlande, Großbritannien); zum Teil wird auch mit betragsmäßigen Obergrenzen gearbeitet (z. B. Italien, Irland, Belgien, Dänemark).

Die Verwirklichung dieser Forderung ist wichtig und legitim. Es ist unverständlich, daß nach dem gegenwärtigen Rechtsstand neben den – zweifellos wichtigen – Spenden für Forschung zwar die Sponsortätigkeit für Sport und Kunst (zum Teil auf einer problematischen Verwaltungspraxis basierend) steuerlich entlastet wird, die materielle private Unterstützung von Organisationen mit hohem Gemeinwohlgrad im Bereich des Sozialen hingegen keinerlei Berücksichtigung findet.

Wir sehen unsere politische Aufgabe darin, Österreich auch auf diesem Feld an den internationalen Standard heranzuführen.

Die bürgernahe Gemeinde und das bürgernahe Land

Zwei Ebenen der Interaktion: Information und Bürgerbeteiligung

Bürgerinformation

Die Bürgernähe einer Gemeinde leitet sich von den Mechanismen der Interaktion zwischen Bürgern und Behörden sowie politischen Vertretern ab – Bezirkshauptmannschaften, Gemeinderäte, Gemeindevorstand, Bürgermeister usw. Die Art und Weise, wie diese wechselseitige Kommunikation organisiert ist, bestimmt die Identifikationsmöglichkeiten des Bürgers mit seiner Gemeinde bzw. seinem Staat. Eine solche Identifikation, ein Mitdenken, ein Kontrollieren, ein Mitgestalten von öffentlichen Angelegenheiten durch den Bürger, wie es die Demokratie erfordert, ist nur möglich, wenn er Bescheid weiß. Die Auskunftserteilung liefert ein anschauliches Beispiel dafür, wie die Qualität dieses Verhältnisses entscheidend beeinflußt werden kann.

Die Auskunftserteilung als Serviceleistung der Verwaltung für den Bürger ist durch einen Verfassungsauftrag geregelt. Es kommt jedoch nicht nur auf die Vermittlung von Informationen an sich an, sondern auch darauf, Vorschriften und Entscheidungen verständlich und plausibel zu machen. Seit einigen Jahren gibt es erfreulicherweise im Sinne des New Public Management vermehrt Bestrebungen, Behörden zu modernen, kundenorientierten Dienstleistungseinrichtungen zu machen. Das „Offene Rathaus“, Bürgerservicestellen in Bezirkshauptmannschaften oder die Nutzung der neuen Informations- und Kommunikationstechnologien zur Bereitstellung umfassender Auskünfte und zur direkten Online-Erledigung von „Behördenwegen“ zählen zu den Maßnahmen, die größere Bürgernähe herbeiführen können.

Eine zweite Ebene der Interaktion liegt in der direkten Einbindung und Beteiligung der betroffenen Bürger an politischen und Verwaltungsentscheidungen. Dabei geht es nicht um gesellschaftliche Utopien, sondern vielmehr um realisierbare, im Alltag umsetzbare Konzepte, in denen aktive Bürger durch Eigeninitiative, soziales Engagement und Selbstorganisation die Existenzbedingungen in ihrem unmittelbaren Lebensbereich für sich und andere positiv verändern – in konstruktiver, teilweise kritischer Zusammenarbeit mit den etablierten Verwaltungen.

Gerade bei behördlichen Entscheidungen in kommunalen Planungsangelegenheiten zeigt sich immer wieder, daß eine mangelhafte Aufbereitung für die Öffentlichkeit zu Protest führen kann. Anstatt dem betroffenen Bürger erst in dieser Veto-Phase gezwungenermaßen Gehör zu schenken, können Interessierte und Betroffene durch Bürgerbesprechungen, kommunalpolitische Arbeitskreise oder ähnliche Foren bereits in der Willensbildung und Planungsphase aktiv eingebunden und beteiligt werden. Denn wenn es für den Bürger gilt, daß die Komplexität unserer Gesellschaft und die inhaltliche Breite der anstehenden Probleme und Aufgaben stetig wächst, gilt dies auch für den Entscheidungsträger in der Kommunalpolitik. Statt Konfrontation kann Kooperation zu Lösungen führen, die einerseits von einer breiten Öffentlichkeit mitgetragen werden und letztendlich auch zu mehr Zeit- und Kosteneffizienz führen.

So hat zum Beispiel die Stadtverwaltung in Graz, die bereits 1974 ein Büro für Bürgerinitiativen installierte, erkannt, „daß es von Vorteil ist, kommunalpolitisch relevante Probleme hinauszutragen und mit den Bürgern zu diskutieren, unter anderem auch deshalb, um sich unnötige Planungskosten zu ersparen und langwierige Verfahren hintanzuhalten." Nach 15jähriger Tätigkeit des Büros für Bürgerinitiativen zieht dessen Leiter folgende Bilanz: „In allen Modellen der Partizipation haben Bürger zwar nur eine beratende Funktion und keine Entscheidungsfunktion. Die Modelle werden von den Politikern jedoch angenommen, weil man erkannte, daß die Erfahrungen, die man mit Bürgerinitiativen gemacht hat, insgesamt positiv sind [...] und daß durch das permanente Gespräch zwischen politischen Entscheidungsträgern, Experten und betroffenen Bürgern den beschließenden Organen der Stadt Graz wertvolle Entscheidungshilfen angeboten werden."

Partizipation hat als Grundvoraussetzung, daß der einzelne gesellschaftliche Vorgänge in ihrer Bedeutung für sich selbst erfaßt und in der Lage ist, seine Interessen und daraus resultierenden Wünsche zu artikulieren.

Dies bedeutet jedoch nicht, daß die zuständigen Politiker von ihrer Entscheidungspflicht enthoben werden oder daß Bürgerbeteiligung Projekte verzögert oder verhindert. Ein Beteiligungsmodell der Kommunalverwaltung der Stadt Salzburg, das bei der Erweiterung der Fußgängerzone getestet wurde, resümiert diesbezüglich eindeutig positiv. Interessierte Bürger wurden eingeladen, bereits in der ersten Phase der Bestandsanalyse in der Form einer „Ideenbank" mitzuwirken; sie waren auch bei der Projekterstellung in Arbeitskreisen beteiligt und konnten die Projektrealisierung beobachten bzw. die Arbeitsabläufe kontrollieren. Der gesamte Prozeß war von einer Öffentlichkeitsarbeit begleitet, die intensiv von den Medien unterstützt wurde.

Möglichkeiten und Grenzen der Bürgerbeteiligung auf kommunaler Ebene

Angesichts der zunehmenden Komplexität unserer Gesellschaft wird jedoch oft bezweifelt, daß der einzelne Bürger tatsächlich in Entscheidungen eingebunden werden kann, die die Entwicklung seines Lebensraumes nachhaltig beeinflussen. Vielfach fehlt es dem einzelnen an den erforderlichen Informationen und auch an Motivation. Um einen Weg von der „Zuschauerdemokratie" zur „Teilnehmerdemokratie" zu eröffnen, hat die Forschungsstelle Bürgerbeteiligung & Planungsverfahren der Universität GH Wuppertal ein Modell der bürgerschaftlichen Politikberatung entwickelt – die „Planungszelle".

Das Modell beruht auf dem Prinzip der Bürgergutachter und wurde u. a. bereits bei folgenden Projekten der kommunalen oder bundesstaatlichen Verwaltung in Deutschland eingesetzt:

1975: Innenstadtsanierung Hagen-Haspe (Auftraggeber: Innenminister Nordrhein-Westfalen)

1978: Freizeit- und Naherholungsanlagen Bärenloch (Auftraggeber: Innenminister Nordrhein-Westfalen/Stadt Solingen)

1983: Energieversorgung eines neuen Stadtteiles (Auftraggeber: Gemeinde Jüchen)

1987: Stadtentwicklung 2010 (Auftraggeber: Stadt Solingen)

1990: Bürgergutachten ISDN (Auftraggeber: Bundesministerium für Post und Telekommunikation)

Ziel des Einsatzes der Planungszellen ist es, bei konkreten Meinungsbildungs- und Entscheidungsabläufen „als Ideengenerator, Verträglichkeitsprüfer, Folgenabschätzer oder sozialer Kontrollbaustein" zu dienen. „Unter den dort gewährleisteten Bedingungen sind auch die sogenannten Laien in der Lage, vorgegebene Fachprobleme zu verstehen und Lösungsalternativen unter gesamtgesellschaftlichen Gesichtspunkten zu beurteilen." Die Forschungsstelle beschreibt dabei folgende Merkmale des Verfahrens in der Planungszelle:

- Eine Gruppe von etwa 20 Personen wird eine Arbeitswoche lang zur Erörterung und Bewertung eines konkreten Problemes eingeladen, freigestellt und vergütet.

- Die Mitwirkungsmöglichkeit wird durch Zufallsauswahl im jeweiligen Bezirk geregelt. Dieser Prozeß sichert, daß auch Minderheiten sowie „schweigende Mehrheiten" einen fairen Zugang bekommen. Man „gewinnt" sozusagen einen Planungsurlaub.

- Das Instrument ist eindeutig zeitlich befristet und verhindert dadurch die Dominanz organisationsspezifischer Eigeninteressen. Es gibt keinen Aufstieg, keine Wiederwahl, keine Beförderung. Die Teilnehmer identifizieren sich mit der Rolle des unabhängigen Gutachters.

- In Informationsbesprechungen, Anhörungen und Begehungen machen sich die Bürgergutachter mit den Sachverhalten bekannt, die bei der Lösung ihrer Aufgaben eine Rolle spielen. Die Informationen werden kontrovers angeboten: Alle relevante Interessen bringen sich zu Gehör (Hearings).

- Die Arbeit erfolgt großteils aufgabenorientiert in kleinen Gesprächsgruppen (fünf Bürger ohne jeden Prozeßbegleiter).

- Die Ergebnisse dieser Arbeitssituation werden als „Bürgergutachten“ zusammengefaßt und jedem Teilnehmer und dem Auftraggeber als Entscheidungshilfe vorgelegt.

- Die Abwicklung einer solchen Beteiligungsmaßnahme setzt einen relativ autonomen, aufgabenneutralen Durchführungsträger voraus.

Obwohl in der bisherigen Erfahrung der Forschungsstelle die Bürger ideenreiche, ausgewogene und realisierbare Vorschläge und Lösungen vorgelegt haben, wird auch auf die existierenden Berührungsängste zwischen Verwaltung/Politik und den Bürgern hingewiesen bzw. darauf, daß es auch Probleme gibt, für deren Lösung die Planungszelle nicht erforderlich bzw. nicht geeignet ist.

Grundsätzlich ist aber festzustellen, daß durch die Beteiligung der betroffenen Bürger eine „soziale Kreativität“ freigesetzt wird, die besonders auf kommunaler Ebene für das Herstellen und Absichern notwendiger Entscheidungen eine breitere Akzeptanz in der Bevölkerung sicherstellt. Ist diese Partnerschaft zwischen Regierungen bzw. Verwaltungen und den betroffenen Bürgern gegeben, sind die Möglichkeiten der Bürgergesellschaft – sei es im sozialen, kulturellen, ökologischen oder politischen Bereich – beachtlich.

„Best practices" aus Österreichs Bundesländern und Gemeinden

Beispiele für das bürgernahe Land

Steiermark

Im Bundesland Steiermark wurde nach eineinhalbjähriger Diskussion, an der sich über 2.700 Landesbedienstete aktiv beteiligten und die auch mit externen Partnern und Institutionen geführt wurde, das „Leitbild des steirischen Landesdienstes" in Kraft gesetzt. Darin sind die Spannungsfelder, die Leitsätze und die daraus abgeleiteten Maßnahmen für eine bürgernahe Landesverwaltung niedergelegt. „Im Zentrum unseres Bemühens und Handelns", heißt es im ersten Leitsatz, „steht der Dienst an den Bürgern".

Getreu diesem Leitbild wurden in den Dienststellen der steirischen Landesverwaltung zahlreiche Initiativen in Richtung bürgernaher Verwaltung realisiert. So wurden beispielsweise in mehreren Bezirkshauptmannschaften Bürgerämter bzw. Bürgerinformationsschalter errichtet, die die persönliche und telefonische Erreichbarkeit sowie den täglichen Parteienverkehr sicherstellen sollen, um damit die Erledigung von Amtswegen für den Bürger so einfach wie möglich zu gestalten.

Ein weiterer Schwerpunkt der bürgernahen Verwaltung sind das Verfahrensmanagement verbunden mit Controlling und Bescheidfeedback, das in Steiermark z. B. dazu führte, daß 90 Prozent der Betriebsanlagenverfahren innerhalb von drei Monaten abgewickelt werden können. Die Verfahrens- und Verhandlungskonzentration, die in allen steirischen Bezirkshauptmannschaften und in den Landesdienststellen angeboten wird, trägt ebenfalls zur Verfahrensbeschleunigung bei. Im Dienste des Bürgers steht auch die Zertifizierung einzelner Abteilungen, wie z. B. der Gewerbeabteilung des Amtes der steiermärkischen Landesregierung, die als erste Dienststelle nach der ISO-Norm 9002 ausgezeichnet wurde. Die Kundenzufriedenheit wurde in der Steiermark durch gezielte Kundenbefragungen ermittelt. Im Gegenzug wurden die Leistungen des steirischen Landesdienstes auch durch gezielte Öffentlichkeitsarbeit der Bevölkerung präsentiert.

Durch die seit Jänner 1999 im Pilotbetrieb befindliche Kosten- und Leistungsrechnung, durch ein zentrales Controlling, durch die geplante Kosten-Nutzen-Untersuchung bei Rechtsakten, Gesetzen, Verordnungen und allgemeinen Erlässen und durch eine derzeit durchgeführte Aufgabenkritik soll eine Entschlackung der steirischen Landesverwaltung erreicht werden. Durch das Projektmanagement, durch die Neuregelung des Erlaßwesens (Erlässe, die älter als drei Jahre sind, treten automatisch außer Kraft, wenn sie nicht wieder verlautbart werden), durch die Einrichtung einer Hotline in jeder übergeordneten Dienststelle, durch die Beschleunigung der Abläufe zwischen den einzelnen Dienststellen etc. hat der steirische Landesdienst gemeinsam mit dem Bürger Qualitätsparameter fixiert.

Die Einführung der Personalentwicklung durch eine landesweite Jobbörse, eine leistungsorientierte Besoldungsreform im steirischen Landesdienst und eine gezielte fachliche und persönliche Aus- und Weiterbildung im Rahmen der steirischen Landesakademie sollen dazu beitragen, daß die Mitarbeiter den ständig steigenden Anforderungen an die öffentliche Verwaltung auch in Zukunft gerecht werden.

Oberösterreich

Bereits im Jahr 1997 hat die oberösterreichische Landesverwaltung den „elektronischen Behördenführer" im Internet eingeführt. In diesem Behördenführer werden die Zuständigkeiten der Landesbehörden dargestellt und ihre Produkte bzw. die Voraussetzungen für den Produktzugang – wie die Förderungsvoraussetzungen und die notwendigen Unterlagen für

Förderungen etc. – erklärt. Mittlerweile stehen den Bürgern über 6.500 Seiten aktuelle Information aus dem Bereich der oberösterreichischen Landesverwaltung zur Verfügung. Täglich werden rund 10.000 Zugriffe auf diese Homepage registriert. Derzeit arbeitet die Landesverwaltung an einer Erweiterung dieses Internet-Angebotes um z. B. elektronische Formulare aus den Bereichen Wirtschaft, Landwirtschaft und Wohnbau. Damit soll eine große Zahl von Anträgen von Bürgern elektronisch an die Landesverwaltung gesendet werden. Dort werden die Daten durchgehend elektronisch weiterbearbeitet, wodurch die Verwaltung papierärmer und schneller arbeiten kann.

Parallel zum Ausbau der Internets wurde auch die interne EDV-Ausstattung der Landesverwaltung dahingehend verbessert, daß den Mitarbeiterinnen und Mitarbeitern der oberösterreichischen Landesverwaltung ein Online-Zugang zu amtsinternen Informationen zur Verfügung steht. Damit können die Mitarbeiter innerhalb weniger Stunden über Neuigkeiten informiert werden; das E-mail wird zu einem wichtigen Element der verwaltungsinternen Kommunikation, das die Arbeitsabläufe vereinfacht und beschleunigt.

Ein weiteres Beispiel für „best practices“ ist das Betriebsanlagengenehmigungsverfahren in Oberösterreich. Die Zielsetzung Oberösterreichs Anfang der neunziger Jahre war, sich durch rasche und einfache Verfahren einen entscheidenden Wettbewerbsvorteil im internationalen Tauziehen um Unternehmen zu verschaffen. Im Detail wollte man im Wettbewerb der Regionen die raschesten Verfahren anbieten können, Kosten sparen und den Standort Oberösterreich durch weniger Hürden auf dem Weg zur Genehmigung bei gleichbleibender Qualität stärken (z. B. werden Anrainerinteressen nicht geschmälert).

Dieses Ziel wurde erreicht: Im Schnitt dauern Betriebsanlagenverfahren in Oberösterreich jetzt durch alle Instanzen nur noch maximal drei bis sechs Monate, wobei 90 Prozent der Fälle in drei Wochen bis maximal drei Monaten rechtskräftig abgeschlossen werden.

Diese rasche und bürgerfreundliche Abwicklung der Betriebsanlagenverfahren konnte erreicht werden durch:

1. Organisatorische Maßnahmen:

- Informationssprechtage: Welche Voraussetzungen erfordert mein Vorhaben, welche Genehmigungen, Unterlagen etc. brauche ich? Alle diese Fragen werden in einer einheitlichen Ansprechstelle bei der Gewerbebehörde beantwortet.

- Checkliste für Einreichunterlagen: Was brauche ich? Anhand der Checkliste findet jedes Unternehmen die richtige Antwort. Das spart beim Verfahren selbst wertvolle Zeit und teures Geld.

- Informationssprechtage bzw. konzentriertes Vorbegutachtungsverfahren (Aktion „Mobile Beamte"): Informationen über die notwendigen Einreichunterlagen und die Vorprüfung werden vor Ort von allen Fachbereichen gemacht. Mit dabei sind Sachverständige, der Arbeitsinspektor und der Verfahrensleiter.

- „Stammtische für verschiedene Branchen": Im Rahmen von branchenspezifischen Gesprächen, zu denen die Wirtschaftskammer einlädt, bekommen Unternehmen laufend Informationen (über die geltende Rechtslage, den Stand der Technik, den Umfang der Betriebsprüfung etc.). Mit dabei sind Interessensvertretung, Behörde, technische Sachverständige und der Arbeitsinspektor.

- „Aus drei mach eins" und in späterer Folge Installierung der „Anlagenbehörde": Die Durchführung von bau-, naturschutzbehördlichen, wasserrechtlichen und gewerberechtlichen Verfahren wird weitestgehend konzentriert.

2. Gesetzliche Maßnahmen:

- Zweigliedriger Instanzenzug und Erweiterung des vereinfachten Verfahrens.

- Im Rahmen der WRG-Novelle wickelt die Gewerbebehörde auch die wasserrechtlichen Verfahren ab.

Oberösterreich hat damit nicht nur einen Wettbewerbsvorteil gegenüber anderen Regionen – auch die Bürger und Unternehmer haben ihre Skepsis weitgehend abgebaut und die Akzeptanz gegenüber den Behörden konnte gesteigert werden.

In Oberösterreich bekennt sich aber nicht nur die Verwaltung, sondern auch der Gesetzgeber zur „Bürgernähe". Gesetze sollen klar, nachvollziehbar und durchschaubar sein. „Geregelt wird das, was geregelt werden muß, und dies in einer möglichst klaren, deutlichen, einfachen und verständlichen Art und Weise", ist der Grundsatz des oberösterreichischen Gesetzgebers. Dementsprechend wurden im Verlauf der vergangenen 20 Jahre die Gesetze des Landes systematisch durchforstet. Nunmehr wurde vom oberösterreichischen Landtag ein „Leitbild für die Erarbeitung von Normen" erstellt und am 29. Jänner 1999 vom oberösterreichischen Landtag beschlossen. Neue Gesetze sollen unter folgenden Prämissen erstellt werden:

- Die neue Regelungen sollen verständlich und nicht zu detailliert sein.
- Auf die Eigenverantwortung der Bürgerinnen und Bürger muß Rücksicht genommen werden.

- Kosten, die mit den einzelnen Bestimmungen verbunden sind, müssen berücksichtigt werden.

- Bestimmungen, die sich spezifisch an einem Einzelfall orientieren, sollen vermieden werden.

Dementsprechend wird jedes neue Landesgesetz anhand eines konkreten Fragenkataloges analysiert, um ein Mininum an Regelungsaufwand sicherzustellen.

Bei allen Entwicklungsstrategien des Landes wird der Aspekt „Bürgernähe“ berücksichtigt. So ist im Grundsatzpapier der Vorarlberger Landesregierung über die Entwicklungsstrategien unter dem Titel „bürgernahe Verwaltungsorganisation“ folgender Grundsatz angeführt: „Vorrangiges Gestaltungsprinzip für die Organisation der Verwaltung muß bleiben, daß sie bei Wahrung der Rechtmäßigkeit zügige Verfahrensabläufe und damit eine Rechtsdurchsetzung innerhalb angemessener Frist garantiert. […] Die neuen Kommunikationsformen dürfen auch zu keiner (organisatorisch möglichen) Zentralisierung von Verwaltungseinrichtungen und Entscheidungen führen, sondern müssen die Verwaltung durch Dezentralisierung und Öffnung näher zum Bürger bringen.“ Anträge sollen beispielsweise ungeachtet der örtlichen und sachlichen Zuständigkeit bei der nächstgelegenen geeigneten Behörde eingebracht werden können. Damit kann auch der unübersichtlichen Auffächerung in zahlreiche Sonderbehörden entgegengewirkt werden und auf jeder regionalen Ebene im Interesse des Bürgers eine Konzentration auf eine einzige Verwaltungsstelle erfolgen.

Um den Bürger mit den Öffnungszeiten möglichst entgegenzukommen, sind in Vorarlberg nach vorheriger Anmeldung die Landesdienststellen auch nachmittags für den Parteienverkehr offen. In Ausnahmefällen werden Termine auch abends vereinbart. Erfolglose Behördengänge werden durch die neue Regelung vermieden, gleichzeitig wird für den Sachbearbeiter die Terminplanung entscheidend vereinfacht.

Für den Bürger gestaltet sich die Suche nach kompetenten Ansprechpartnern in der Landesverwaltung oft recht mühsam. Als Wegweiser zu Ansprechpartnern im Landhaus und den Bezirkshauptmannschaften werden in einem eigenen Stichwortverzeichnis (von Abfall bis Zivilschutz) die Durchwahlen zu den Sachbearbeitern aufgelistet. Schon seit 1996 ist der „direkte Draht zu Landhaus und Bezirkshauptmannschaften“ auch im Internet abrufbar.

Unter dem Begriff „bürgernahe Dienstleistungen“ wurde beim Amt der Salzburger Landesregierung eine Arbeitsgruppe eingerichtet, die das Reformprogramm „Landesdienst 2000“ erstellt hat. Einige Maßnahmen wurden vom Land Salzburg bereits verwirklicht. Gezielte Kundenbefragungen über die Qualität von Führungen in den Burgen und Schlössern und Behördendienstleistungen des Landes machen es möglich, die Leistungen besser als bisher an die Wünsche der Kunden (Bürger) anzupassen. Ausgewählte Pilotdienststellen setzen sich selbst Qualitätsziele, die sie dem Bürger gegenüber leisten. Das Gewerbeamt der Bezirkshauptmannschaft Zell am See hat sich z. B. das Qualitätsziel gesetzt, jedes vollständige Betriebsanlageverfahren binnen einem Monats zu genehmigen. Pässe können in den Salzburger Bezirkshauptmannschaften grundsätzlich in 20 Minuten ausgestellt werden.

Das Land Salzburg bekennt sich zur breiten Anwendung betriebswirtschaftlicher Instrumente: Für die politische Steuerung ist das Wissen über die Kosten der Dienstleistungen des Landes Salzburg wesentlich. Derzeit wird in sechs Pilotdienststellen eine Kosten- und Leistungsrechnung eingeführt. Ziel dieser Maßnahme ist es, für den Bürger und die Verwaltung besser meßbare Leistungsstandards zu erhalten. Außerdem wird der Wettbewerb innerhalb der Verwaltung und mit anderen Verwaltungen über Kennzahlen gefördert.

Überreglementierung durch komplizierte und schwer verständliche Rechtsnormen engen den Handlungsspielraum der Bürger und der Verwaltung immer mehr ein. Um unnötige bürokratische Hürden abzubauen, sind alle Dienststellen des Landes Salzburg seit Mitte 1997 verpflichtet, die Qualität neuer Landesgesetze und Verordnungen mit Hilfe eines Qualitätssicherungsverfahrens systematisch zu verbessern.

Zur Steigerung der Leistungsfähigkeit der Landesverwaltung wurden auch bezüglich der Mitarbeiter folgende Reformmaßnahmen verwirklicht: Ab 1998 verfügen Dienststellenleiter erstmals über eigene Finanzmittel, um besondere Leistungen ihrer Mitarbeiter wirksamer und schneller honorieren zu können. Transparente vor Ort erstellte Bewertungskriterien sichern eine größtmögliche Objektivität der Prämien und damit auch eine höhere Motivation der Mitarbeiter. Andererseits können seit 1. Juli 1998 Mitarbeiter, die den zu erwartenden Arbeitserfolg nicht erbringen, bereits nach sechs Monaten einer negativen Leistungsfeststellung unterzogen werden und nach weiteren sechs Monaten bei neuerlicher negativer Leistungsfeststellung entlassen werden (statt wie bisher erst nach zwei Jahren). Neue Konzepte in Grundausbildung, Weiterbildung und Bildungsinformation sowie das gezielte Fördern von Nachwuchsführungskräften in einem Assessment-Center soll den Bedarf an Führungskräften in einer schlagkräftigen Verwaltung decken helfen.

Bürgernahe Gemeinde: Beispiel Niederösterreich

Die Pflege der Heimat stiftet Identität

„Dorferneuerung ist mehr als bauliche Kosmetik, sie bedeutet ökonomische, ökologische und sozio-kulturelle Revolution hinter den Fassaden."

Therese Friewald-Hofbauer, Dorferneuerung in Niederösterreich – Eine Erfolgsstory, in: NÖ Gemeinde 3/1997

Als Grundelement der Regionalpolitik in Niederösterreich feiert die Dorferneuerung 1999 ihr 15jähriges Jubiläum. Was mit vier Pilotdörfern begann, entwickelte sich im Laufe der Jahre zu einer landesweiten Aktion, an der mittlerweile mehr als 500 Ortschaften teilnehmen und die 1992 um die Stadterneuerung erweitert wurde. Ziel ist es, eine gesamthafte Verbesserung der Lebensbedingungen der Menschen in den ländlichen Räumen zu erreichen und dabei die wirtschaftliche, soziale und kulturelle Eigenart und Vielfalt zu bewahren. Das Dorf wird als komplexes Gefüge verstanden, das sich durch individuelle Merkmale und örtliche Gegebenheiten auszeichnet. Pläne und

Maßnahmen können deshalb nicht schablonenartig angewendet werden, sondern werden ganzheitlich und sektorübergreifend in jedem Ort neu entwickelt.

Den Hintergrund der Dorf- und Stadterneuerung bildet der Ansatz der „endogenen Regionalentwicklung", die auf die Ausschöpfung regionaler Ressourcen, die Stimulierung des Gründerpotentials und die Stärkung der regionalen Identität setzt. Das „Bottom-up"-Prinzip bestimmt dabei die Umsetzung dieser Politik, d. h. die Dorferneuerung lebt von der Eigenverantwortung und der Beteiligung der Bürger in einem dynamischen Prozeß, der sich ständig weiterentwickelt. „Talente in der Bevölkerung sollen freigelegt werden und Kreativität bei der Nutzung vorhandener Möglichkeiten und Chancen entstehen. Die Dorferneuerung soll also Impulse auslösen und letztlich dazu führen, daß der eingeleitete Prozeß auch ohne Intensivbetreuung und Hilfe von außen weitergeführt wird."

Die Bilanz: 1998 leisteten 22.370 Mitglieder in 404 Dorferneuerungsvereinen 171.047 freiwillige Arbeitsstunden. Das entspricht neunzig Personen, die ein Jahr lang 40 Stunden pro Woche freiwillig arbeiten. Diese Fakten untermauern nicht zuletzt auch den immensen volkswirtschaftlichen Wert der ehrenamtlichen Arbeit. Ein derart beachtliches Ergebnis konnte erreicht werden, weil Bürgerbeteiligung nicht als Schlagwort, sondern als ernstgemeinte Voraussetzung dazu führt, daß

- die Identifikation der Menschen mit ihrem Lebensraum steigt,
- die Motivation für politische Beteiligung zunimmt, weil die Ergebnisse „erlebt" werden können,
- die Erhaltung und Entwicklung von Lebensräumen in Teamarbeit durch die ansässigen Menschen erfolgt,

- sich die Bürger abhängig vom Grad des Sich-Einbringen-Könnens und Mitgestaltens zunehmend wohler fühlen und

- Verantwortlichkeit und Solidarität steigen, wenn klare, gemeinsam entwickelte Ziele verfolgt werden.

Die Niederösterreichische Landesregierung schafft geeignete Rahmenbedingungen

Wenn auch Dorf- und Stadterneuerung in ihrem Ablauf als „Prozeß von innen" konzipiert sind, schuf die Niederösterreichische Landesregierung die notwendigen Rahmenbedingungen, in denen sich dieser Prozeß entfalten konnte. Ausgehend von der Ortsbildaktion „Niederösterreich schön erhalten – schön gestalten", die zur Bewußtseinsbildung und Gegensteuerung bei besorgniserregenden Entwicklungen in der Baugesinnung ins Leben gerufen worden war, erfolgte der Startschuß für die ganzheitliche Dorferneuerung im Jahr 1984. In einer ausgewählten Modellgemeinde pro Landesviertel erstellten Gemeindevertreter und Bevölkerung gemeinsam mit fachkundigen Landesbeamten Dorferneuerungspläne. Mit dem Beschluß der Richtlinien zur Dorferneuerung schuf die Landesregierung 1985 eine klare politische Aufgabenstellung und einen entsprechenden budgetären Ansatz. Die erste regionale Dorfwerkstatt wurde 1988 in Hollabrunn eingerichtet; zwei Jahre später erfolgte die Gründung des niederösterreichischen Landesverbandes für Dorferneuerung. Heute wird das organisatorische Rückgrat der Dorf- und Stadterneuerung vom Verband für Landes-, Regional- und Gemeindeentwicklung zusammen mit den Regionalbüros in den vier Landesvierteln und natürlich den örtlichen Dorferneuerungsvereinen gebildet.

Konkreter Ablauf des Dorferneuerungsprozesses

Das umsetzungsorientierte Arbeiten in den Ortschaften wird unter dem Grundsatz der „Hilfe zur Selbsthilfe" professionell unterstützt. Betreuer – außenstehende, neutrale Personen –

fungieren als Moderatoren und Prozeßbegleiter. Basierend auf den Erfahrungen der letzten 15 Jahre wurde der Ablauf der Dorferneuerung ständig weiterentwickelt, um damit am Puls der Zeit zu bleiben. Derzeit kann er in folgende Phasen unterteilt werden:

Phase 1: Dorfgespräch, Arbeitsvereinbarung und Leitbilderstellung

Im Dorfgespräch mit Gemeindevertretern, Vereinen und aktiven Bevölkerungsgruppen wird über Abwicklung, Arbeitsmethoden, Ziele und Förderungsmöglichkeiten informiert. Gemeindevertreter schließen eine Arbeitsvereinbarung mit dem Landesverband über die Abwicklung der Leitbilderstellung. Das Leitbild für die zukünftige Entwicklung des Ortes wird in Zusammenarbeit von Gemeindevertretern, Vereinen, der Bevölkerung und einem Mitarbeiter des Landesverbandes erstellt. Diese Phase darf höchstens ein Jahr dauern.

Phase 2: Umsetzung des Leitbildes (Projektphase)

Mit dem Leitbild wird der Ort in die Dorferneuerungsaktion aufgenommen. In der Umsetzungsphase werden Projekte aus dem Leitbild realisiert, wobei Planung und Umsetzung mit Landesmitteln gefördert werden können. Diese Phase dauert maximal vier Jahre; nach Abschluß wählt der Ort, ob er mit Phase 3 oder Phase 4 fortfahren möchte.

Phase 3: „Geistige" Dorferneuerung" – Weiterführung der Dorferneuerungsidee

In dieser Phase erfolgt die inhaltliche Weiterentwicklung und die Vorbereitung innovativer Projekte. Die Aktivitäten und Maßnahmen zielen u. a. auf folgende Bereiche ab:

- Stärkung des sozialen Bewußtseins und Engagements der Bevölkerung
- Stärkere Einbindung von Jugendlichen und Senioren in die Gemeinschaft

- Förderung der Bildung und Weiterbildung

- Mitwirkung aller Bevölkerungsgruppen bei der Meinungsbildung und Entscheidungsfindung in ortsbezogenen, kommunalen und regionalen Fragen

- Erfassen der Fähigkeiten und Talente der Bevölkerung und Setzung von konkreten Maßnahmen unter Einbeziehung dieser Erkenntnisse

Phase 4: Inanspruchnahme der Basisdienste
Vereine oder die Gemeinde können die Dorfwerkstätten als Informationsdrehscheibe nutzen und folgende Basisdienste in Anspruch nehmen: Öffentlichkeitsarbeit, Teilnahme an Veranstaltungen, Vernetzungsaktivitäten in der Region.

Die Stadterneuerung

Die Stadterneuerung bedient sich etwas abgeänderter Arbeitsmethoden, die auf die unterschiedlichen Rahmenbedingungen im städtischen Umfeld angepaßt sind. Der Ansatz sowohl der Dorf- als auch der Stadterneuerung besteht jedoch darin, „nicht Ungleiches gleich zu behandeln, sondern Dörfer bzw. Städte differenziert zu betrachten und demgemäß auch differenzierte und adäquate Lösungsansätze zu entwickeln. Dorf- und Stadterneuerung betrachten sich als ‚nie abgeschlossen'. Die Impulse, die durch einzelne Projekte gesetzt werden, sollen dazu führen, daß ein sich ständig fortsetzender, dynamischer Prozeß eingeleitet wird, [...] der sich langfristig auch ohne Impulssetzung von außen fortsetzt und zur ständigen Verbesserung der örtlichen und regionalen Lebensqualität und Identifikation beiträgt."

Weitere ausgewählte Beispiele der Dorf- und Stadterneuerung

Die angeführten Projekte stellen nur eine sehr kleine Auswahl der zahlreichen Initiativen und Maßnahmen dar, die im Rahmen der Dorf- und Stadterneuerung bisher verwirklicht wurden. Alle diese Projekte haben jedoch eines gemein: das hohe Engagement der örtlichen Bevölkerung in der Umsetzung und das Auftreten einer „Initiativgruppe", die bereit war, die oft mühsamen organisatorischen Arbeiten zu übernehmen.

Behindertentagesheimstätte in Mühlbach am Manhartsberg (Weinviertel)

In diesem „Leuchtturmprojekt" der sozialen Dorferneuerung sollte der dem Verfall preisgegebene und seit drei Jahren leerstehende Pfarrhof eine neue, zeitgemäße Nutzung finden und damit das Ensemble erhalten bleiben. Die Dorfwerkstätte Mühlbach als Initiator lieferte die Idee der Behindertentagesheimstätte; als Projektträger und Organisator übernahm der neu gegründete Verein „füreinander & miteinander, Sozialtherapeutische Lebens- und Arbeitsgemeinschaft Mühlbach", der von politischen Vertretern aus zehn Gemeinden getragen wird, die Verantwortung. Gemeinsam mit vielen freiwilligen Spendern und Helfern wurde der Pfarrhof renoviert und der Caritas zur therapeutischen Betreuung des Tagesheimes übergeben.

Abenteuerspielpaltz Elsarn/Wiedendorf (Waldviertel)

Die Kleinsten des Ortes wurden eingeladen, in Zeichnungen ihre Ideen, Wünsche und geheimen Sehnsüchte für einen Traumspielplatz darzustellen. Dabei kam heraus, daß das Umfeld vielfältig gestaltbar sein muß, damit die Kinder den Spielbereich nach Lust und Laune verändern können. Bei den Jugendlichen lagen die Prioritäten bei Bewegungsräumen und kommunikativen Bereichen, wie Volleyball, Tischtennis, Sitzmulde mit Grillstelle, Hängematten etc. Letzten Herbst wurden die Vorstellungen den Erwachsenen präsentiert, um daraus ein Konzept zu erarbeiten, dessen Umsetzung im Frühjahr 1999.

Erlebniswelt Mendlingtal in der Gemeinde Göstling (Mostviertel)

Durch das Zusammenwirken aller Kräfte – Gemeinde, Dorferneuerungsverein, Niederösterreichische Eisenstraße –

konnte diese Idee als touristisches Impulsprojekt verwirklicht werden. Am Fuße des Hochkars bei einer der letzten Holztriftanlagen Mitteleuropas hat die Erlebniswelt ihren Ausgangspunkt. Der Themenweg führt entlang des Mendlingbaches durch Klammen, über Triftwege und Brücken zum Gastbetrieb im Hammerherrenhaus Hof. Als Besuchermagnet bringt dieses Projekt auch wichtige wirtschaftliche Impulse für die Region.

Dokumentations- und Forschungszentrum Schloß Katzelsdorf (Industrieviertel)

Unter Mithilfe aller Vereine im Ort – von der Feuerwehr bis zur Akademikerrunde – wurde das von der Gemeinde erworbene Schloß Katzelsdorf renoviert, um ein regionales Veranstaltungszentrum sowie Dokumentations- und Forschungsarchiv zu errichten. Neben einer Bibliothek und einer „Infothek" wird das Schloß Ort für Konzerte, Ausstellungen, Workshops und Fortbildungskurse sein. Die Forschung und Dokumentation in der Dorf- und Stadterneuerung und Regionalentwicklung wird einen Schwerpunkt seiner Tätigkeit auf Know-how-Transfer in die mittel- und osteuropäischen Länder setzen.

Jugendfreundliche Gemeinde in Niederösterreich

1998 wurden die Auszeichnungen zum 14. Mal vergeben. Prämiert werden Gemeinden, die sich durch ihre Aktivitäten und Projekte in der Jugendarbeit auszeichnen. Der Arbeit von Vereinen und freien Initiativen kommt dabei ein außerordentlicher Stellenwert zu; kommunale Beteiligungsformen, vor allem die projektbezogene freiwillige Mitarbeit von Jugendlichen, gewinnen immer mehr an Bedeutung.

Niederösterreichischer Umweltpreis

Dieser Preis wird alle zwei Jahre vom Land Niederösterreich gemeinsam mit der Österreichischen Gesellschaft für Ökologie vergeben. Prämiert werden Privatinitiativen, Gemeindeprojekte und Projekte von Schulklassen.

Niederösterreichische Verkehrsberatung

Durch die neue Gesetzeslage wurde die Eigenverantwortung der Gemeinden bei der Umsetzung kommunaler Verkehrskonzepte erhöht. Um den Gemeinden Unterstützung bei diesen oft schwierigen Entscheidungen zu bieten, wurde die Verkehrsberatung zur fachkundigen Beratung vor Ort von Seiten des Landes Niederösterreich eingerichtet.

Niederösterreichisches Hilfswerk

In 20 Jahren entwickelte sich das Hilfswerk zur größten Sozialhilfeorganisation in Niederösterreich. In 144 Dienstleistungseinrichtungen (Sozialstationen, Jugendhelfertreffpunkte, „Familie aktiv"-Gruppen) und 64 örtlichen Zweigvereinen arbeiten neben 1.500 ausgebildeten Dienstnehmern auch 2.500 Nachbarschaftshelfer und 1.000 ehrenamtliche Mitarbeiter und Freiwillige. Zum Service des Hilfswerk zählen Hauskrankenpflege, Alten- und Heimhilfe, Nachbarschaftshilfe, Tagesmütter und vorbeugende Jugendarbeit.

Niederösterreichische Gesundheitsforum – Projekt „Gesunde Gemeinde"

Betreut vom Gesundheitsforum erarbeiten die Gemeinden auf ihre individuellen Bedürfnisse abgestimmte Aktivitäten im Bereich Ernährung, Bewegung, Natur/Umwelt, psychosoziale Gesundheit, Vorsorgemedizin.

Offenes Rathaus – Waidhofen/Ybbs

Ziel ist die transparente Stadtverwaltung durch verbesserte Arbeitsbedingungen für die Bediensteten des Magistrates sowie eine benutzerfreunldiche Infrastruktur mit moderner Bürgerservicefunktion.

Stille Helden des Alltags in Wien

Ein Bericht von Dr. Wolfgang Gerstl, Wien, 1999

Die Aktion begann mit einer Idee von Dr. Bernhard Görg. Beim ersten Wiener Zukunftsforum im Oktober 1997 präsentierte er die Grundgedanken zu dieser Aktion: Menschen, die sich in besonderer Weise überdurchschnittlich für Mitmenschen engagierten, sollten geehrt und hervorgehoben werden. Entsprechend der zentralen Anliegen der Wiener ÖVP, das Miteinander, das Helfen, die Eigeninitiative und das soziale Engagement der Bürger zu fördern, wurden die Zielsetzungen dieser Aktion definiert. Dabei sollten Menschen, die sich für Mitmenschen außerordentlich engagiert haben, geehrt und vor den Vorhang gestellt werden, um anderen wiederum als Vorbild zu dienen.

Die Auswahlkriterien sollten breit gefächert sein. Hier sind einige beispielhaft angeführt:

- Beamte, die mehr tun als sie müßten
- Praktizierte Nachbarschaftshilfe
- Mut im Alltag – handeln, wenn andere wegsehen
- Kreativität entwickeln, um die kleinen Probleme des Alltags zu beseitigen

Das Aufspüren der „Stillen Helden" läuft über drei Schienen:

- Normierung durch die Bezirksorganisationen: In jedem Bezirk wurde ein Verantwortlicher für die Aktion nominiert. Alle Angaben über die betreffende Person mußten in den Bezirksgremien überprüft werden, um die Integrität des jeweiligen „Helden des Alltags" zu gewährleisten.

- Medienbeobachtung: Diese wurde in erster Linie ebenfalls von den Bezirksorganisationen, der Landespartei und dem Bürgerservice durchgeführt.

- Meldungen durch das Bürgerservice: Hier wurde erwartet, daß sich auch die Nutznießer der Heldentaten melden – was auch eintrat.

Die zu Ehrenden werden der Landespartei gemeldet, wobei pro Bezirk und Monat maximal fünf Nominierungen durchgeführt werden dürfen. Auch im Stadtjournal wurde dazu aufgerufen, Kandidaten den Bezirksorganisationen zu melden. Kandidaten, die direkt der Landespartei gemeldet werden, werden den jeweiligen Bezirken zugeordnet. Aufgabe des Bürgerservice ist es, die Angaben zu diesen Personen zu überprüfen.

Der „Stille Bezirksheld des Monats“ wird von einer Kommission unter der Leitung des Bezirksobmannes ausgewählt. Diese alle werden dann der Pressestelle der Landespartei gemeldet.

Aus den 23 Kandidaten wählt eine Jury (Barbara Stöckl von Help-TV, E. W. Marboe und Karl Mader, Herausgeber der Bezirkszeitung Stadtjournal) drei „Stille Wiener Helden“. Die Auswahl erfolgt über ein Punktesystem.

Die Geehrten werden im jeweiligen Bezirk im Rahmen einer kleinen Feier durch einen lokalen Prominenten geehrt. Die „Stillen Helden“ erhalten eine Urkunde und ein kleines Geschenk als Anerkennung. Im Zuge der Aktion wurden seit ihrem Beginn im Jänner 1998 112 Menschen geehrt.

Bürgerbüros für Jung und Alt von Bürger zu Bürger

In Anlehnung an die einschlägigen Beispiele von Bürgerbüros in Baden Württemberg, die als kommunale Drehscheiben für ehrenamtliche Leistungen von Bürger zu Bürger geschaffen wurden, wird das Bundesministerium für Umwelt, Jugend und Familie zehn österreichischen Bürgerbüros (auf Basis eines Wettbewerbes) eine Startförderung zur Errichtung einer Minimalinfrastruktur gewähren.

Die Bürgerbüros sind auf Vereinsbasis zu organisieren und von der Gemeinde zu unterstützen.

Die Palette der zu vermittelnden Aktivitäten ist breit und reicht von Besuchsdiensten bei alten und kranken Menschen über Schülerlotsendienste bis hin zu Reparaturhilfen.

Besonderes Augenmerk ist dabei auf die immer stärker wachsende Zahl der Senioren zu richten – einerseits als aktiv Beitragleistende, die sich als junge Senioren in ihrem letzten Lebensabschnitt einer neuen Herausforderung stellen wollen, und andererseits als „Inanspruchnehmer der ehrenamtlich vermittelten Hilfe, vor allem in Pflegefällen.

Martin Bartenstein weist in dem Buch „Stadtpolitik. Themen. Ideen. Fakten." darauf hin, daß die Bürgerbüros weder als Lückenbüßer für mangelnde soziale Dienstleistungen noch als Drehscheibe für den organisierten „Pfusch" zu verstehen sind.

Vielmehr liegt ihre Bedeutung in der Funktion von „Trainingsplätzen" für gesellschaftliches Engagement – ein dringend benötigtes Forum für mehr Solidarität, das letztlich zur gesteigerten Lebensqualität im unmittelbaren Umfeld führt.

Heimat Bürgergesellschaft – Das Aktionsprogramm

Die gesellschaftspolitische Vision der ÖVP: Wir wollen unsere Heimat als Gesellschaft aktiver Bürger gestalten

Die Österreichische Volkspartei will die Heimat Österreich zu einer Gesellschaft aktiver Bürgerinnen und Bürger ausgestalten; geprägt von einer neuen Aufgabenteilung zwischen Privat und Staat, einer neuen Aufgabenverteilung zwischen Freiwilligen und öffentlichem Dienst, von einem Füreinander in bürgerschaftlicher Solidarität und von der Verlebendigung der Demokratie durch freie bürgerschaftliche Initiative. Wir wollen eine Bürgergesellschaft, die gleichzeitig dem einzelnen mehr

Freiheit wie auch mehr Gemeinschaft gibt, die von Solidarität, Mitgestaltung und Mitbestimmung geprägt ist. Die aktive Bürgergesellschaft baut auf der Freiheit des einzelnen auf. Diese persönliche Freiheit ist die Grundlage für persönliche Verantwortung, und diese ist wiederum die Grundlage für die Solidarität, die zu einer aktiven Bürgergesellschaft führt.

In der Sicht einer aktiven Bürgergesellschaft sind alle Bürger aufgerufen, in privaten Einrichtungen, wie Vereinen und freien Bürgerinitiativen, öffentliche Aufgaben zu besorgen: beispielsweise im Sozialwesen, im Katastrophenschutz, im Rettungswesen, bei der örtlichen Sicherheit, im Natur- und Umweltschutz, im Sport, in der Kultur. Kurzum: In der aktiven Bürgergesellschaft gestalten die Bürgerinnen und Bürger aus eigener Initiative ihren engeren und engsten Lebensraum: in der Nachbarschaft, im (virtuellen) Dorf, im „Grätzel".

Aus einem Nebeneinander oder Gegeneinander wird dadurch, auf Grundlage freiwilligen und ehrenamtlichen Mittuns, ein solidarisches Füreinander. Die Einrichtungen der Bürgersolidarität sollen dabei nicht das staatliche Sozialsystem verdrängen oder beeinträchtigen, sondern ergänzen und nutzen, es wirksamer machen. Zusammen mit den öffentlichen Einrichtungen der Gemeinde, des Landes und auch des Gesamtstaates sollen initiative Bürgerinnen und Bürger die Chance zur wirksamen und ertragreichen Bürgerbeteiligung bekommen.

Der verstärkte Einbau der Einrichtungen der aktiven Bürgergesellschaft in die Gestaltung des öffentlichen Lebens, die lebendige Bürgerbeteiligung bewirkt eine partnerschaftliche Gesellschaft. Diese Bürgerbeteiligung bedeutet auch eine Verlebendigung unserer Demokratie, die oft im Formalen zu erstarren droht.

Unser Vorschlag für aktive Bürgerinnen und Bürger ist offensiv und dynamisch. Wir nehmen die Herausforderung der Globalisierung, der Beschleunigung aller Lebensbereiche, der Überflutung mit immer mehr Informationen und neuen Trends an. Der Globalisierung in der Wirtschaft setzen wir die Verwurzelung, die Beheimatung in der Bürgergesellschaft als Gegengewicht entgegen.

Wie zu jeder Zeitwende erleben wir heute eine Krise traditionell wertstiftender Institutionen. Für die Politik im 21. Jahrhundert brauchen wir aber klare Grundwerte, Visionen für die Zukunft und Möglichkeiten der Sinnfindung in der Gesellschaft über die Tagespolitik hinaus.

Der Grundkonsens unserer Gesellschaft ist zweifach bedroht: von der Entsolidarisierung und vom Rückzug breiter gesellschaftlicher Eliten in das Abseits eines zynisch materiellen Egoismus, der einhergeht mit der ständigen Aufblähung staatlichen Einflusses.

Die fortschreitende Polarisierung unserer Gesellschaft zwischen hedonistischem Zeitgeist und spät-marxistischem Wildwuchs staatlicher Apparate, deren Kälte die Unterprivilegierten, Alten und Schwachen ausgeliefert werden, droht die Freiheit des einzelnen und damit unser wichtigstes gesellschaftliches Gut zu zermalmen. Als Partei, die den Menschen in den Mittelpunkt stellt, muß die ÖVP eine zeitgemäße Antwort auf die Herausforderung finden, die individuelle Freiheit vor dem zunehmenden Druck der Ellbogengesellschaft zu bewahren; eine Gesellschaft, die andererseits wiederum die Liegestuhlgesellschaft, die Abhängigkeit breiter Gesellschaftsschichten vom Staat zur Folge hat. Die ÖVP muß ebenso gegen die stets wachsenden Staatsaufgaben kämpfen: Entgegengesetzt zum Subsidiaritätsprinzip werden im Bürokratie-Staat die kleinen Einheiten entmachtet statt gestärkt, zieht der staatliche Apparat immer wieder neue Aufgaben an sich, anstatt die privaten Bürgerorganisationen zu stärken und ihnen zu helfen. Beispiele der letzten Monate sind der Versuch der sozialistischen Sozialbürokratie, das private Rettungswesen über den Weg einer neuen Ausbildungsvorschrift zu „professionalisieren" und der Versuch der sozialistischen Bürokratie der Frauenministerin, die privaten Organisationen für Tagesmütter durch ein „Berufsbild" zu verstaatlichen.

Wir wollen Subsidiarität und Solidarität neu durchsetzen

Die ÖVP will in der aktiven Bürgergesellschaft zwei gesellschaftspolitische Ziele erreichen, die wir aus der christlichen Soziallehre gut kennen: Subsidiarität und Solidarität.

- *Unser erstes Ziel: Die neue Bürgersolidarität*
  Neue Wärme in der Gesellschaft aus der Erkenntnis, daß Freiheit ohne Solidarität, ohne kollektiven Beitrag zum Gedeihen der Gemeinschaft und ohne Bereitschaft zur Übernahme von Verantwortung des einzelnen für die Gemeinschaft auf Dauer nicht existieren kann. Wir brauchen die neue Bürgersolidarität.

- *Unser zweites Ziel: Die neue Verwirklichung der Subsidiarität*
  Neuordnung der Aufgaben vom Staat zum Bürger nach dem Prinzip der Subsidiarität. Dieser Grundsatz der Aufgabenteilung verbürgt, daß nur Aufgaben, die der einzelne, die Familie, die Gruppe nicht leisten kann, „nach oben" an Gemeinde, Land oder Bund abgegeben werden. Der Grundsatz beinhaltet im Gegenzug auch das Recht auf Hilfe durch die übergeordnete Gemeinschaft, wo dies durch das Subsidiaritätsprinzip gerechtfertigt ist.

- *Unser drittes Ziel: Österreich als Heimat selbständiger, verantwortungsbereiter Menschen*
  Die ÖVP will nach diesen Grundsätzen unsere Heimat zu einer neuen, modernen und aktiven Bürgergesellschaft weiterentwickeln. Eine Gesellschaft, geprägt von selbständigen Menschen, die eigenverantwortlich und solidarisch handeln. Eine Bürgergesellschaft, in der eine neue Arbeitsteilung zwischen Staat und Bürger verwirklicht wird. Eine Bürgergesellschaft, die gleichzeitig mehr Freiheit wie auch mehr Gemeinschaft gibt, die von Solidarität, Mitgestaltung und Mitbestimmung geprägt ist.

Die ÖVP wird daher die Staatsaufgaben auf allen Ebenen kritisch hinterfragen: Kann eine konkrete Aufgabe von einer bürgernäheren staatlichen Stelle oder von einer privaten Initiative nicht ebenso gut oder besser besorgt werden? Daher treten wir auch vehement für einen staatlichen Aufbau ein, der durch stärkere Bundesländer und Gemeinden geprägt ist. Daher wollen wir auch die Steuern und die sonstigen Abgaben senken: Nur so kann der Staat zum Abbau der Bürokratie und zu einem leistungsorientierten öffentlichen Dienst angehalten werden.

Die sozialen Einrichtungen der Bürgergesellschaft bringen Wärme in unser Sozialsystem

Österreich ist mit über 100.000 Organisationen ein Land der Vereine. Die Statistik weist einen hohen Organisationsgrad der Österreicher bei Freizeitvereinen (Sport und Kultur), politischen Interessensvertretungen sowie religiösen und sozialen Organisationen aus. Die Sozialforschung bestätigt die hohe Bereitschaft zur Übernahme von ehrenamtlichen Tätigkeiten im Rahmen der Bürgergesellschaft. Die Bürgergesellschaft ist gerade in Österreich mehrheitsfähig. Die ÖVP wird dafür eintreten, diese Einrichtungen für die Gesellschaft noch stärker nutzbar zu machen.

Gerade im Sozialbereich wird der Umfang und die Bedeutung der Bürgergesellschaft besonders deutlich. Ohne die vielen Institutionen des „Dritten Sektors", die weder dem Markt noch dem Staat zuzuordnen sind, würde unser österreichisches Sozialsystem nicht existieren.

Einem weltweiten Trend entsprechend wachsen diese Nonprofit Organisationen sehr schnell und gewinnen nicht nur für das Sozialsystem, sondern auch für den Arbeitsmarkt immer größere Bedeutung. Caritas, Rotes Kreuz, Hilfswerk und die vielen basisorientierten Selbsthilfegruppen haben sich zu einer unverzichtbaren Säule unseres Gesellschafts- und Wirtschaftssystems entwickelt. Für all diese Organisationen stehen gerade jene Leistungsziele im Vordergrund, die dem Gemeinwohl verpflichtet sind und vom solidarischen Handeln freiwilliger, ehrenamtlicher und hauptberuflicher Mitarbeiter getragen werden. Zwischen Markt und Staat hat sich eine neue Dimension der Bürgergesellschaft entwickelt. Die NPOs haben gerade in den vergangenen Jahren eindrucksvoll unter Beweis gestellt, daß sie Leistungen, für die es keinen reinen Markt gibt, besser und effizienter als der Staat anbieten können. Wir wollen diesen NPO-Bereich aber nicht nur aus Effizienzüberlegungen, sondern auch aus der grundsätzlichen Überzeugung fördern, daß die private Initiative, die freiwillige Solidarität den verordneten Hilfeleistungen des Staates vorzuziehen ist.

Der Nonprofit Sektor im Sozialbereich deckt insbesondere jene Leistungsbereiche ab, die einerseits von (gesellschafts)politischer und ideologischer Bedeutung sind, andererseits einer besonderen Sensibilität im Leistungsangebot bedürfen, die kommerziellen Unternehmen nicht zugetraut wird.

Zum anderen sind die Sozialorganisationen bedeutende Arbeitgeber: Mit 94.950 bezahlten Arbeitskräften sind in ihnen weit mehr Personen als in den anderen Branchen des Nonprofit Sektors wie Sport, Kultur, Umwelt etc. beschäftigt. 35,7 Prozent der im Gesundheits- und Sozialwesen und knapp 4,8 Prozent der im Dienstleistungsbereich insgesamt beschäftigten Menschen bzw. ca. 3,1 Prozent aller unselbständig Beschäftigten in Österreich sind im Nonprofit Sektor im Bereich Soziale Dienste angestellt. Mindestens 150.000 Menschen engagieren sich ehrenamtlich und gemeinsam mit Gleichgesinnten für soziale und gesellschaftspolitische Aufgaben. Der Beitrag zum österreichischen Bruttoinlandsprodukt von zwischen 22,2 Milliarden und über 38 Milliarden Schilling gibt einen deutlichen Hinweis auf die weit unterschätzte ökonomische Relevanz des Nonprofit Sozialbereichs.

Klare Regeln für die Organisationen der Bürgergesellschaft (NPOs)

Die Volkspartei will die nicht auf Gewinn gerichteten Organisationen (Nonprofit Organisationen) als wichtiges Instrument der Bürgergesellschaft insbesondere durch folgende Maßnahmen unterstützend stärken:

- *Abgrenzung zu gewinnorientierten Unternehmen*
  NPOs haben keine Gewinnerzielungsabsicht und richten sich auf Sachziele bzw. das Gemeinwohl aus – basierend auf einem erkennbaren öffentlichen Interesse. Dessen ungeachet ist zu bedenken, daß der steigenden Nachfrage nach gemeinwohlorientierten Diensten stagnierende öffentliche Subventionen gegenüberstehen. Daher wird eine stärkere Eigenfinanzierung durch höhere Kundenbeiträge notwendig. Bei einzelnen Angeboten wird damit die Unterscheidung zwischen „kostendeckend" und „gewinnorientiert" zu nehmend schwieriger, und Konflikte mit gewinnorientierten Anbietern entstehen.

- *Klare Definition von „Gemeinnützigkeit"*
  Eine verbindliche Definition mit klaren Kriterien und die Kontrolle des Begriffes „Gemeinnützigkeit" (z. B. mittels Feststellungsbescheid) würde die Situation der NPOs u. a. insofern verbessern, als sie weniger von der „Auslegung" durch die Steuerbehörde abhängig wären.

  Die klare Definition von „Gemeinnützigkeit" ist ein dringliches Anliegen, weil aus Gründen der Rechtssicherheit die großen Vereine zur Rechnungslegung im Sinne des Rechnungslegungsgesetzes verpflichtet werden sollten.

- *Klare gesetzliche Regelungen zur „Mehrwertsteuer-Befreiung"*
  Aus Gründen der „Liebhaberei" besteht für NPOs die Möglichkeit von „nicht steuerbaren Umsätzen". Allerdings erscheint die derzeitige Situation (Absicherung durch Erlässe)

als nicht zufriedenstellend. Günstiger wäre es, wenn aufgrund gesetzlicher Regelungen – analog zu stationären Einrichtungen wie Kranken- und Pflegeanstalten, Altersheimen etc. – auch alle mobilen gemeinwohlorientierten Dienste in den Bereichen Familie, Soziales und Gesundheit unecht umsatzsteuerbefreit wären. Eine taxative Aufzählung der unechten Steuerbefreiungen im Umsatzsteuergesetz – erweitert um z. B. mobile Dienste, mobile Jugendarbeit und Familienarbeit etc. – ist somit notwendig.

- *Anforderungen an die Auftragsvergabe und „New Public Management"*

  Hinter der Bezeichnung „New Public Management" bilden sich Ansätze für ein neues Verständnis von Gewährleistung und „Produktion" öffentlicher Leistungen heraus – nämlich das Auftraggeber/Auftragnehmer-Modell. Für NPOs bedeutet das, daß sie gleichberechtigt mit öffentlichen und privatkommerziellen Anbietern in den Wettbewerb treten und von den öffentlichen Einrichtungen, die die Erbringung der betreffenden Leistungen gewährleisten, Leistungsaufträge über einen begrenzten Zeitraum erhalten.

  Allerdings ist bei diesen Auftragsvergaben darauf zu achten, daß unter dem Deckmantel des „New Public Management" nicht ein „verstecktes Outsourcing" in „verstaatlichte Dienstleistungsorganisationen" betrieben wird. Dies ist dann der Fall, wenn die Zusammensetzung der Gesellschafter durch Proponenten der Verwaltung dominiert wird (z. B. im Bereich AMS).

  Die qualitativ hochwertige und längerfristige Sicherstellung der Dienstleistungen, die im Interesse der Öffentlichkeit sind, hat sich in der Praxis durch „Auftragsvergaben" an große private Träger bewährt. In diesen großen NPOs funktionieren ähnliche Mechanismen in der Unternehmensführung wie bei gewerblichen Unternehmen. Dazu zählen u. a. vielfältige Angebote, freie Angebotswahl durch den „Konsumenten" und Konkurrenz als Motor zur Steigerung der Qualität und Wirtschaftlichkeit.

Im Unterschied zur öffentlichen Verwaltung erfolgt eine starke Einbindung von engagierten und ehrenamtlichen Mitarbeiterinnen und Mitarbeitern. Dies kommt auch durch die Verbundenheit der NPOs mit der Bevölkerung – Stichwort „Bürgergesellschaft" – zum Ausdruck.

Damit für die NPOs keine einseitige „Abhängigkeit" von der öffentlichen Verwaltung entsteht, gilt es klare Regelungen für die Auftragsvergabe zu erstellen:

Grundregeln für die Auftragsvergabe an NPOs

- Klare personelle und organisatorische Trennung von Auftraggebern („öffentliche Geldgeber") und Durchführenden („Träger")

- Verbindliche Rahmenbedingungen für die Zulassung von „Trägern"

- Offener Zugang für durchführende „Träger", die die Voraussetzungen erfüllen – keine Monopolstellungen

- Leistungsbezogene Entgelte und Zuwendungen – keine starren Verteilungsschlüssel

- Fachlicher und wirtschaftlicher Wettbewerb („Konkurrenz") mit freier Wahl für den Kunden – kein „Gebietsschutz"

- Überprüfbare Qualitätsparameter und transparente Kosten als Grundlage für kompetente Eigenverantwortung der „Träger" – keine „Entmündigung" durch die Behörde

- Effiziente Kontrolle („Stichprobenverfahren") – keine bürokratische „Bevormundung"

- Auftragsvergabe über längere Zeiträume, um eine mittel- bis längerfristige Planung zu ermöglichen.

Die Bürgergesellschaft sichert kulturelles Erbe und sinnvolle Freizeitgestaltung

Ohne die Privatinitiative wäre Österreich kein Kulturland mehr. Neben den großen Trägern der öffentlichen Kultur und den vielen Unternehmen der Massenunterhaltung sind es die örtlichen Kulturvereine, die privaten Kulturinitiativen, die den Kern unserer Kulturnation darstellen. Diese Vereine und freien Initiativen im Theaterspielen, im Musizieren, in der Volkskunst sind tief im Volk verwurzelte Träger unseres Kulturerbes. Diese Vereine und freien Initiativen verdienen die besondere Unterstützung und Förderung im Rahmen der aktiven Bürgergesellschaft.

Die Rettungseinrichtungen der Bürgergesellschaft bringen persönliche Sicherheit

Auch unser Sicherheits- und Rettungswesen ist ein Ausdruck der aktiven Bürgergesellschaft. Hier arbeiten „Helden des Alltags", die neben ihrem Beruf, neben ihrer Familie, neben ihrer Freizeit die Verantwortung und das Risiko auf sich nehmen, in Not geratene Mitbürger zu retten. Tag für Tag sehen wir sie bei Verkehrsunfällen, bei Lawinenunglücken, beim Katastropheneinsatz. Unsere Sanitäter, unsere Feuerwehrmänner, die Bergrettung, die Lawinenkommissionen und viele andere mehr übernehmen Verantwortung und Risiko für die Mitmenschen. Viel zu selten erfahren sie auch den verdienten Dank und die Anerkennung durch die Gemeinschaft. Wir wollen gerade diese freiwilligen Dienste an der Gemeinschaft, die in Österreich vorbildlich geleistet werden, noch mehr unterstützen und vor allem verhindern, daß durch bürokratische Hemmnisse dieser konkrete Ausdruck der Bürgersolidarität untergraben wird.

Darüber hinaus ist der gegenseitige Schutz und die Gewährung von Sicherheit in der Gesellschaft, den wir in der Nachbarschaft, am Arbeitsplatz, in der Gemeinde Tag für Tag sehen, ebenso Ausdruck einer solidarischen Bürgergemeinschaft.

Community Policing verstärkt die örtliche Sicherheit

Die Bewahrung der Sicherheit im örtlichen Kleinraum ist dann besser sichergestellt, wenn die Bürgerinnen und Bürger Mitverantwortung tragen, sich einbringen und mithelfen – und nicht wegschauen. Die Bekämpfung von Gewalt und Kriminalität ist eine Aufgabe aller, der gesamten Gesellschaft – nicht nur des Staates und der Sicherheitsexekutive. Selbständige Bürgerinnen und Bürger sollen bei Straftaten hin-, nicht wegschauen, sollen die Polizei verständigen, sollen sich als Zeuge zur Verfügung stellen. Die ÖVP tritt für die Einrichtung von Sicherheitsbeiräten initiativer Bürgerorganisationen ein, die die Gemeinderäte und die Bezirksvertretungen in den Städten im Bereich der Sicherheit beraten. Sie sollen auf kriminalitätsfördernde Umstände hinweisen und Sicherheitsmaßnahmen vorschlagen können. Damit die Bürger wieder eher ihrer Zeugenpflicht nachkommen, müssen die Zeugen eine bessere Rechtsstellung bei Gericht haben: Sie haben das Recht auf Beratung und Betreuung.

Wir fördern das Ehrenamt

Die freiwillige Mitarbeit aktiver Bürger im „Ehrenamt“ ist ein wichtiger Baustein der neuen Bürgersolidarität und das Fundament der aktiven Bürgergesellschaft. Es ist die Aufgabe der ÖVP, dafür einzutreten, daß die Politik das „Neue Ehrenamt“ in seinen verschiedensten Formen unterstützt und fördert:

- Schaffung politischer Freiräume auf allen Verwaltungsebenen in Gemeinden, Ländern und Bund durch Stärkung der

Eigenverantwortung und des Vertrauens in den Bürger entsprechend dem Subsidiaritätsprinzip. Dies bedeutet den Rückgang des staatlichen Einflusses und weniger Vorschriften in bürgernahen Bereichen.

- Bürgeranerkennung und Motivation vor allem im Bereich der Gemeinden und Länder stärkt das Selbstwertgefühl und die Bereitschaft zur Übernahme von Verantwortung und So lidarität.

- Praktische unterstützende Hilfe sowie Ausbildungshilfe für Vereine vor allem auf Länderebene durch
  - „Vereinsakademien",
  - „Ehrenamts-Hotlines",
  - Vereinshandbücher,
  - Computerprogramme,
  - Referentenpools für Vereine,
  - Internetangebote,
  - spezielle Bildungsmöglichkeiten u. ä.
- Förderung freier Initiativen durch Vermittlung von Hilfe durch Selbsthilfe wie z.B. Bürgerbüros in den Gemeinden sowie auf Landes- und Bundesebene.

Wir fördern die Bildung zum aktiven Bürger

- Die Familie ist der erste und wichtigste Ort der Bildung und Ausbildung. Auch die Erziehung zum aktiven, selbstbewußten und solidarischen Bürger beginnt in der Familie. In der Geborgenheit kann Solidarverhalten am besten vermittelt werden. Die ÖVP tritt ganz entschieden gegen Auslagerungsbestrebungen der Solidarerziehung in die Schule auf. Die Schule kann die Erziehung durch Vater und Mutter nur ergänzen, aber nie ersetzen!

- Für die ÖVP ist die Schulpartnerschaft ein konkret erlebbarer Ansatz zur Gestaltung der Bürgergesellschaft. Selbständigkeit und Solidarität sind die Hauptziele der schulischen Erziehung zur Bürgergesellschaft. Schulpartnerschaften bestehen aus Eltern, Lehrern, Schülern mit zugeteilten oder verhandelten Verantwortungen. Sie funktionieren in vielen Schulen vorbildhaft und sind ein idealer Ansatz für weitere Formen der Mitarbeit in Bürgersolidarität. Garantiert sind damit ein reichhaltiges Schulleben und vielfältige Entfaltungsmöglichkeiten für Lehrer und Schüler. In den geltenden Schulgesetzen sind die Eltern in das Schulgeschehen mit eingebunden. Doch zum Leidwesen vieler handlungsbereiter Eltern ist das vielfach eine „Kann"-Bestimmung und hängt vom guten Willen des Schulsystems ab. Die ÖVP tritt dafür ein, die Schulpartnerschaft im System immer verbindlich zu verankern.

- Bürgerschaftliche Mitarbeit in der Jugend- und Familienpolitik ist eine wichtige Aufgabe der Gemeinde. Die Familienpolitik in der Gemeinde soll in besonderer Weise Teilhabe, Selbsthilfe, Eigenleistungen und Ehrenamtlichkeit verbinden (z. B. Jugendlobbies-Plattform). Schwerpunkte sind zu setzen, wie das Fördern von Eigenleistungen und Projekte der Selbsthilfe, in denen Familien mit Verwaltungen und Dienstleistungseinrichtungen zusammenarbeiten, um deren Leistungen familiengerecht zu gestalten.

Wir fördern die Schaffung geeigneter rechtlicher und steuerlicher Rahmenbedingungen für die aktive Bürgergesellschaft

- *Mehr bürgernahe Information zum Vereinsrecht*
  Das gültige Vereinsgesetz ist ein Grundgesetz der Bürgerfreiheit und Bürgersolidarität in Österreich. Auf seiner Grundlage hat sich ein vielfältiges, gemeinnütziges und gut arbeitendes Vereinswesen entwickelt. Dieses Gesetz hat sich in der Praxis hervorragend bewährt. Es ist für alle Funktionäre

und Mitglieder einfach zu handhaben. Wir lehnen Änderungenen im Vereinsrecht ab: Es darf zu keiner weiteren Bürokratisierung, Verschärfung des Bewilligungs- bzw. des Anmeldeverfahrens oder anderen Eingriffen der Vereinsbehörde kommen. Gefordert ist mehr Information zum recht lichen Schutz der Vereinsmitglieder und Funktionäre sowie Klärung der Vertretungs-, Haftungs- und Abwicklungsfragen im Geschäftsbereich.

- *Neue steuerliche Regeln für die Gemeinnützigkeit*
  Die ÖVP tritt für eine maßgeschneiderte steuerliche Förderung der aktiven Einrichtungen der Bürgergesellschaft ein. Jene Organisationen, die in gemeinnütziger Weise Aufgaben im Dienste der Gemeinschaft für das Gemeinwohl übernehmen und erfüllen, sollen keinen steuerlichen Schikanen ausgesetzt sein und eine ihrer Funktion und Bedeutung an gemessene steuerliche Förderung erfahren. Folgende Maßnahmen sind vorzusehen:

- Schaffung einer Gemeinnützigkeitsverordnung zur Verbesserung der Rechtsstellung der Vereine gegenüber den Steuerbehörden

- Differenzierung der Gemeinnützigkeit in Begünstigungsstufen zur Erhöhung der Treffsicherheit steuerlicher Maßnahmen

- Differenzierung materieller Steuerbegünstigung nach Begünstigungsstufen

- Steuerliche Spendenbegünstigung für gemeinnützige Organisationen. Die Einführung einer qualitativ und quantitativ begünstigten Abzugsfähigkeit von Spenden im Bereich der Ertragssteuern nach dem Vorbild vergleichbarer Staaten würde eine Gleichstellung der finanziellen Unterstützung gemeinnütziger Organisationen mit der Sponsorentätigkeit im Bereich der Forschung und des Sports bedeuten.

Wir fördern Bürgerarbeit und Bürgergeld auf einem „zweiten Arbeitsmarkt"

Neue Modelle der Bürgerarbeit

Die Einrichtungen der Bürgergesellschaft leben von der Mitarbeit Freiwilliger, leben vom Ehrenamt – dessen „Lohn" ist Lebenssinn, Mitbestimmung, öffentliche Anerkennung. Die größeren privaten Hilfswerke beschäftigen natürlich in der Verwaltung und Organisation bezahlte Kräfte. Diesen Organisationen wäre viel geholfen, hätten sie Arbeitskräfte zur Verfügung, die sie nicht marktentsprechend entlohnen müssen. Durch eine öffentlich-private Mischfinanzierung könnte ein nicht marktgesteuerter „zweiter Arbeitsmarkt" entstehen: Für „Bürgerarbeit" gäbe es ein „Bürgergeld".

Vor allem für am freien Arbeitsmarkt benachteiligte Männer und Frauen stellt die Bürgerarbeit insbesondere im nicht marktorientierten Gesundheits-, Pflege-, Kultur- und Gemeinnützigkeitsbereich eine Chance dar, die in Zusammenarbeit von Gemeinden, Vereinen, Unternehmen und dem Arbeitsmarktservice umgesetzt werden kann.

Die ÖVP tritt daher für Bürgerarbeitsmodelle ein, die über die bereits bestehenden Ansätze hinausgehen. Bürgerarbeit muß zusätzliche Arbeitsplätze schaffen und nicht bestehende durch subventionierte ersetzen. Bei den Modellen der Bürgerarbeit darf es aber nicht zu Wettbewerbsverzerrungen zu Lasten der freien Wirtschaft kommen, indem Gewerbetreibende und Unternehmen durch staatliche Mittel aus dem Markt gedrängt werden.

Die Modelle der Bürgerarbeit dürfen auch nicht zu einem vom Arbeitsmarktservice gesteuerten, finanzierten und beherrschten Sozialvereinswesen führen, in das vom AMS Aufgaben ausgelagert werden; etwa zu vom AMS gegründete Sozialverein mit mehreren hauptamtlichen, vollbeschäftigten Mitarbeitern, die ausgelagert und nur schwer kontrollierbar mit der Arbeitssuche und -beschaffung für Langzeitarbeitslose beschäftigt werden: dem Modell nach ein Verein, zwei hauptamtliche

Mitarbeiter und Arbeit für sechs Langzeitarbeitslose – alles finanziert vom AMS.

Kombi-Lohn/Bürgergeld für nicht voll marktfähige gemeinnützige Arbeit:

Der Arbeitgeber erhält dabei maximal den Betrag des Arbeitslosengeldes bzw. der Notstandshilfe (inkl. allfälliger Familienzuschläge und Kranken- sowie Pensionsversicherungsbeiträge bis zu 66,7 Prozent des laufenden Bruttoentgeltes samt einem Zuschlag von 50 Prozent Pauschale für Nebenkosten) vom Arbeitsmarktservice als Bürgergeld ausbezahlt. Im Unterschied zur bestehenden Wiedereingliederungshilfe soll dieses jedoch nicht auf ein Jahr beschränkt sein. Die Vergabe des Bürgergelds im Kombi-Lohn-Modell muß durch öffentliche Stellen erfolgen, vorzugsweise durch Gemeinden oder Gemeindeverbände, die dann auch die Kontrolle der zweckbestimmten Verwendung übernehmen. In den Gemeinden und Gemeindeverbänden könnten Aufgaben- und Tätigkeitspools eingerichtet werden, aus denen Arbeitslose bzw. Notstandshilfeempfänger auch aktiv ihre Tätigkeit auswählen können sollen.

Bürgergeld für unbezahlte Gemeinwesenarbeit

Notstands- und Sozialhilfeempfängern sollte angeboten werden, mit der Verrichtung von Gemeinwesenarbeit einen Zuschlag zu ihrer Notstands- bzw. Sozialhilfe von bis zu 20 Prozent als „Bürgergeld" zu erhalten. Die auch heute schon gegebene Pflicht zur Arbeitsannahme bei sonstigen Strafabzügen kann mit der Ausdehnung auf die Gemeinwesenarbeit sinnvoller gestaltet werden und eine neue Motivation zur Arbeit bewirken. Auftraggeber dieser Gemeinwesenarbeit sollen ausschließlich öffentliche Körperschaften sein.

Sozialversicherung für gemeinnützige Arbeit

Das Opting-in bei geringfügig Beschäftigen ergibt für gemeinnützige Vereine die ideale Möglichkeit, einem Mitarbeiter auch bei nur geringer Bezahlung einen vollen Versicherungsschutz angedeihen zu lassen.

Wir gestalten Gemeinden und Länder bürgernah

Die österreichische allgemeine Verwaltung ist ein Garant des bürgerlichen Rechtsstaates und international mustergebend, was Gesetzestreue, Unbestechlichkeit, Bürgernähe und „Kundenorientierung" angeht. Gerade das unmittelbare und mittelbare Umfeld von Gemeinden und Ländern ist daher eine konkrete Umsetzungsebene für die Bürgergesellschaft. Hier entscheidet sich Erfolg oder Mißerfolg des Bürgergesellschafts-Modells, je nachdem ob es gelingt, ein ausreichendes Maß an Bürgerbeteiligung sicherzustellen. Mit der Hilfe des modernen öffentlichen Dienstes kann hier Entscheidendes bewirkt werden.

Wir sind für die Bürgerbeteiligung

Wir unterstützen daher Initiativen in den Gemeinden und Ländern, die Bürgerinformation nach dem Prinzip des „Offenen Rathauses" oder durch Informationsstellen in der Bezirkshauptmannschaft verstärken und dadurch eine Einbindung des Bürgers in den Entscheidungsprozeß ermöglichen. Die Einrichtung von Büros für Bürgerinitiativen oder ähnlicher Bürgerbeteiligungsmodelle wie „Planungsstellen" ist für die ÖVP der Weg, durch Zusammenarbeit mit dem Bürger einen höhere Effizienz und Akzeptanz behördlicher Entscheidungen zu erreichen. So soll der Weg von der Zuschauerdemokratie zur Teilnehmerdemokratie eröffnet werden.

Heimat stiftet Identität

Das NÖ-Modell der bürgernahen Gemeinde: Die seit 1985 durchgeführte bundesweite Aktion der Dorferneuerung – und seit 1992 auch Stadterneuerung – soll im unmittelbaren Lebensbereich eine gesamthafte Verbesserung der Lebensbedingungen der Menschen erzielen und dabei die wirtschaftliche, soziale und kulturelle Eigenart und Vielfalt bewahren. Seit 1998 leisteten 22.370 Mitglieder in 404 Dorferneuerungsvereinen 171.047 freiwillige Arbeitsstunden. Auch Erfahrungen wie beispielsweise in Steinbach an der Steyr („Steinbacher Weg") sind ermutigend. Die darin zum Ausdruck kommende breite Bürgerbeteiligung, die sich in den Projektphasen des Dorfgespräches zur Leitbilderstellung, der Umsetzungsphase und der „geistigen Dorferneuerung" als kreative Weiterführung der Dorferneuerungsidee konkretisiert, bedeutet eine modellhafte Umsetzung der aktiven Bürgergesellschaft auf Gemeindeebene. Die ÖVP tritt dafür ein, diese beispielhaften Initiativen je nach Gegebenheiten auszubauen und zu entwickeln.

- *Die Erfahrungen der Bundesländer für die aktive Bürgergesellschaft nutzen*

- Nutzung von EDV und Internet für „elektronische Behördenführer" (Oberösterreich), worin Behördenzuständigkeit, Verfahren, Förderungsmöglichkeiten für den Bürger klar ersichtlich sind.

- Verständliche Abfassung und regelmäßige automatische Durchforstung von Verwaltungsvorschriften (Oberösterreich, Steiermark, Salzburg).

- Konzentration der Zuständigkeiten auf möglichst einen Ansprechpartner mit bürgernahen Parteienvertretern (Oberösterreich, Steiermark, Niederösterreich, Salzburg).

- Rasche und transparente Verfahren, etwa bei Betriebsanlagengenehmigungen, Ausstellung von Reisepässen etc. (Steiermark, Oberösterreich, Salzburg).

- Motivation der Mitarbeiter durch verbesserte Ausbildung und leistungsorientierte Bezahlung sowie Kosten- und Qualitätskontrolle (Steiermark, Salzburg).

Die staatliche Verwaltung ist für die Bürger da

Der Freiraum des Bürgers muß abgesichert werden. Daher bauen wir den Rechtsstaat weiter aus: Um den Freiraum des Bürgers zu sichern, müssen wir stets versuchen, den Umfang des Staates und der Verwaltung zu verringern und damit mehr Raum für private Initiativen, für den Markt, die Vereine und die freien Initiativen zu schaffen. Für die ÖVP ist daher Wachsamkeit gegenüber bürokratischem Regelungsdickicht angesagt, das jede Privatinitiative im Keim ersticken will. Im Sinne einer Neuverteilung der Aufgaben zwischen Bürger und Staat tritt die ÖVP für eine konsequente Beschneidung des staatlichen Wildwuchses ein. Folgende Maßnahmen auf der Ebene von Bund, Land und Gemeinde sind beispielsweise notwendig:

Schaffung einer Privatisierungs- und Entstaatlichungsgruppe
Zum Zwecke der laufenden Durchforstung der Staatsfunktionen soll eine autonome Privatisierungs- und Entstaatlichungsgruppe geschaffen werden, die aus Experten der Privatwirtschaft, der Wissenschaft und der Verwaltung zusammengesetzt wird und für alle Verwaltungsebenen (Bund, Länder, Gemeinden) Privatisierungs- und Entstaatlichungsempfehlungen ausspricht.

Eine Charta der Bürgerrechte
Das Recht des Bürgers soll gegenüber der Verwaltung auf korrekten Umgang, Information über Verwaltungsabläufe sowie das Recht auf rasche und pünktliche Erledigung und Transparenz festgeschrieben werden. Dem Bürger ist eine Bewertung der Behördenleistungen im Sinne einer Qualitätssicherung zu ermöglichen.

Wir wollen eine neue Verwaltungskultur
Die Absicherung des Freiraumes des Bürgers gegenüber der Verwaltung erfordert eine neue Verwaltungskultur und die Schaffung neuer Verwaltungsstrukturen. Gefordert sind Dienstleistungs- und Bürgerorientierung. Ein Umdenken von

der Dienstgesinnung zur Dienstleistungsgesinnung hat im Selbstverständnis der Verwaltung Platz zu greifen. Die ÖVP tritt für konkrete Maßnahmen ein:

- *Erhebung der Kundenwünsche – Neudefinition des Produkts Verwaltung:* Zur Feststellung der von der Verwaltung als Ganzes sowie von den einzelnen Mitarbeiterinnen und Mitarbeitern erwarteten Leistungen sind Befragungsverfahren einzuführen bzw. auszubauen. Ein geeignetes Beschwerdemanagement hat sich mit der Kritik der Bürgerinnen und Bürger zu befassen. Das Eingehen auf die Bedürfnisse der Bürgerinnen und Bürger führt zu einem neuen Gesamtprodukt Verwaltung.

- *Bürgerorientierte Verwaltungsorganisation:* Im Bereich der Aufbauorganisation ist von überschaubaren, funktionsfähigen Organisationseinheiten auszugehen, die auf Kundenwünsche rasch reagieren können. Dezentralen Strukturen ist daher grundsätzlich der Vorzug zu geben. Die Ablauforganisation ist so zu gestalten, daß einfache, transparente Verfahrensabläufe sowie ein möglichst konzentrierte Behandlung der Anliegen der Kunden gewährleistet sind.

- *Information:* Ausführliche, kompetente und verständliche Information nach den Bedürfnissen der Bürgerinnen und Bürger ist zu gewährleisten.

- *Verwaltungsmarketing:* Ein Verwaltungsmarketing hat das äußere Erscheinungsbild zu verbessern und durch gezielte Personalentwicklung die Motivation der Mitarbeiter zu verbessern.

- *Bürgerorientierte Verwaltung:* Die Schaffung bürgerorientierter Verwaltungsstrukturen ist anzustreben.

Teil IV

Modelle der Bürgergesellschaft in internationaler Theorie und Praxis

Programmatisches aus dem Ausland

Die Bürgergesellschaft als Antwort auf die Globalisierung: Der Amerikanische „Third-way"

„Nichts wird daran vorbeiführen. Wohlfahrtsstaat, Neoliberalisierung und der ‚dritte Weg': Europa im Zeitalter der Globalisierung" von Carl Baudenbacher im *Spectrum* der „Presse" vom 30. April 1999 (Auszug)

Europa tut sich schwer mit den Konsequenzen der Globalisierung. Das Modell der sozialen Marktwirtschaft, das den Kontinent lange Zeit zu einer Insel der Seligen zu machen schien, ist unter Druck geraten. Der deutsche Soziologe Ulrich Beck hat festgestellt, in Deutschland und Frankreich erschüttere die Globalisierung das Selbstbild eines abgeschlossenen und abschließbaren nationalstaatlichen Raums.

Auch kleinere Länder wie Österreich oder Belgien haben Probleme. Die Unternehmen reagieren auf sich verschlechternde Standortbedingungen mit Absetzbewegungen, sie bauen bestehende Arbeitsplätze in Europa ab und schaffen neue Arbeitsplätze – vorzugsweise außerhalb des alten Kontinents. Die Globalisierung erlaubt ihnen überdies, Hochsteuerländern auszuweichen.

Die in aller Regel vom Staat betriebenen Universitäten sind durch leere Kassen und überfüllte Hörsäle gekennzeichnet. Wettbewerbselemente wie Vorlesungs- und Forschungsevaluation fehlen weitgehend. In der Forschung ist überdies ein kontinuierlicher *brain drain* in die USA im Gange.

Unter dem Strich sprechen vor allem angelsächsische Beobachter offen von einer europäischen Malaise. Erschwerend kommt hinzu, daß es auf die Frage nach angemessenen Therapien keine eindeutigen Antworten gibt. Verteidiger des Wohlfahrtsstaates bisherigen Zuschnitts fordern eine nachfrageorientierte Zins- und Fiskalpolitik und ermuntern die Gewerkschaften zu kräftigen Tarifforderungen. Was die Sozial-, Gesundheits- und Bildungspolitik nahezu schulbuchmäßig durchexerziert. Auf den Exodus global operierender Unternehmen reagieren die Anhänger wohlfahrtsstaatlicher Ideen mit der Forderung, die Regulierungsebene etwa bei Arbeitsbedingungen und Steuern nach oben zu verschieben.

Neoliberale Beobachter sehen den Grund für die europäische Malaise in der Unfähigkeit oder Unwilligkeit, verkrustete Strukturen vor allem im Sozial- und Steuerbereich aufzubrechen. Nach dieser Auffassung sind Steuersenkungen für die Unternehmen und Flexibilisierung der Arbeitsmärkte angesagt. Indes hat die neoliberale Revolution ihren Höhepunkt überschritten. Vor allem in den USA hat sich unter Präsident Bill Clinton ein dritter Weg durchgesetzt.

„Third-way"-Modelle haben den wohlfahrtsstaatlichen Glauben an die Allzuständigkeit des Staates für das Funktionieren von Wirtschaft und Gesellschaft verloren, wollen aber gleichzeitig die einseitig ökonomische Ausrichtung und die soziale Kälte des Neoliberalismus vermeiden. Das heißt, daß es keine Rückkehr zu nachfrageorienterter Fiskalpolitik gibt, daß der Wohlfahrtsstaat zu reformieren ist, daß attraktive Standortbedingungen durch Budgetausgleich und tiefe Steuern geschaffen werden sollen.

Gleichzeitig sind „Third-way"-Modelle grundsätzlich ebenso freihändlerisch eingestellt wie neoliberale. Die Politik der Öffnung ausländischer Märkte ist von der Administration Clinton noch intensiviert worden. Die Notwendigkeit der Flexibilisierung der Arbeitsmärkte wird nicht in Frage gesellt. Dem Staat wird aber eine aktivere Rolle zugestanden als im Neoliberalismus. In Europa hat sich die britische Labour-Regierung dem dritten Weg verschrieben. Mittlerweile gibt es aber auch auf dem Kontinent Stimmen, welche einen dritten Weg verfechten. Stichworte sind die Forderung nach einem neuen Gesellschaftsvertrag mit einer neuen Mischung zwischen Markt, Staat und Gesellschaft, die Hoffnung, daß das Entstehen einer Bürgergesellschaft helfen wird, die Folgen der Globalisierung zu bewältigen, das Vertrauen in einen Regionalismus und Lokalismus als

Gegenkräfte zum Globalismus, aber auch die Forderung nach einer neuen Verantwortung gegenüber den Entwicklungsländern.

Kein Weg wird daran vorbeiführen, daß sich die europäischen Gesellschaften dem amerikanischen Modell annähern.

Aktive Bürger gewinnen die Zukunft in Hessen

Programm der CDU Hessen, hg. von Roland Koch, Ministerpräsident von Hessen, 1998.

Unsere Demokratie braucht den aktiven Bürger. Nur wenn viele sich und ihre Fähigkeiten einbringen, funktioniert unser Gemeinwesen, ist es lebendig und zukunftsfähig.

Freiheit sichern

Eigenverantwortung und Eigeninitiative sind in unserer Gesellschaft, die immer komplizierter wird, mehr denn je gefragt, um Freiheit für den einzelnen auf Dauer zu bewahren. Denn je mehr die Bürger mitgestalten, desto weniger muß der Staat in die Bresche springen, desto größer wird der persönliche Freiraum.

Fehlentwicklung: Der Staat als alleiniger Problemlöser

So wenig Staat wie möglich – eine Forderung, die von den meisten unterschrieben wird. Doch in der konkreten Wirklichkeit sieht es vielfach anders aus. Ein Problem, ein Mangel, ein neues Bedürfnis? sofort erschallt der Ruf nach dem Staat, der alles richten soll. Wie selbstverständlich wird er als allgegenwärtiger Problemlöser gesehen, bei dem Leistungen für alle Lebenslagen eingeklagt werden. „Was kann ich selbst tun?“ – diese Frage wird immer seltener gestellt. Der Trend zur Vollkaskosgesellschaft setzt sich fort – aber ohne Eigenbeteiligung.

Bereitschaft zum Engagement verkümmert

Die Forderungen an den Staat steigen, doch die Bereitschaft, selbst zu geben, sinkt. Das Anspruchsdenken ist hoch entwickelt, das Verantwortungsgefühl gegenüber der Gemeinschaft schwach, weil die Nähe, die Beziehung zum Nächsten immer mehr verloren geht und persönliche Interessen im Mittelpunkt stehen.

Diese „Ohne-Mich-Bewegung“ ist eine Sackgasse. Der Staat wird überfordert. Er kann nicht grenzenlos Ansprüche erfüllen – die leeren Kassen allerorten zeigen das Ende der Fahnenstange an. Er allein ist nicht in der Lage, eine aktive Gesellschaft zu erhalten und weiterzuentwickeln. Es läßt sich nur dann gut in einer Gesellschaft leben, wenn jeder einzelne bereit ist, etwas für das Gemeinwohl beizusteuern.

Die „Ohne-Mich-Bewegung“ stoppen

Wir sind an einer Wegmarke angelangt, die eine Weichenstellung dringend erfordert, ein neues Gleichgewicht zwischen Staat und Bürgern. Wir brauchen eine Wiederfindung des Gemeinschaftlichen. Der Gemeinsinn muß wiederentdeckt und wiederbelebt werden. Und wir brauchen den schlanken, sich selbst beschränkenden Staat. Bereiche, die vom Staat ausgefüllt werden, müssen den Bürgern zurückgegeben werden, als Betätigungsfeld für eine freie eigenverantwortliche Gestaltung.

Die aktive Bürgergesellschaft ist kein bequemer Weg. Sie erfordert eine geistige Umkehr, damit Werte wie Solidarität, Nächstenliebe, Ehrfurcht, Gerechtigkeit und Toleranz wieder Hochkonjunktur bekommen. Sie verlangt den Bürgern etwas ab.

Aktive Bürgergesellschaft zum Markenzeichen machen

Die Politik kann diesen Weg nicht verordnen. Doch wir wollen ihn durch Gespräche, Veranstaltungen, Aktionen und Broschüren ins Rampenlicht stellen, um zu motivieren, ihn zu gehen. Wir wollen bessere Rahmenbedingungen schaffen, die fördern, und Hürden abbauen, die behindern. Wir wollen Ideen vermitteln, wie die aktive Bürgergesellschaft wieder auf- und ausgebaut werden kann – von Bürgern mit Unterstützung der Politik.

Kinderbetreuung – nicht nur was für Profis

In Hessen fehlen vielerorts Kindergartenplätze und Betreuungsangebote für Grundschulkinder. Immer öfter ergreifen Eltern selbst die Initiative, um die Lücken zu schließen.

Eltern in der Betreuungsarbeit – zwei erfolgreiche Modelle aus der Praxis laden zur Nachahmung ein:

Kindergarten-Experiment – Das „Zwergenland" in Offenbach

Initiatoren, Gründer und Träger des „Zwergenlandes" sind Eltern, die sich zu einem Verein zusammengeschlossen haben. Sie verwalten den Kindergarten ehrenamtlich.

Jede Gruppe wird von zwei angestellten Erzieherinnen betreut. Bei Engpässen, z. B. Krankheit, greift ein Elternnotdienst ein, damit der Kindergarten geöffnet bleibt.

Das „Zwergenland" wird durch Elternbeiträge und Zuschüsse von Stadt und Land finanziert.

Mit dem Mut zu unkonventionellen Lösungen gründen, organisieren und gestalten Eltern Einrichtungen und Angebote, überlassen die Betreuung ihrer Kinder nicht nur professionellen Erziehern und Sozialpädagogen. Das ist nicht nur eine Frage der Versorgung, sondern auch Ausdruck dafür, daß sich Eltern auch hier stärker einbringen wollen. Die Politik muß den Rahmen schaffen und die Hindernisse ausräumen, damit solche Elterninitiativen sich leichter entfalten können.

Grundschulkinder in guter Hand – Der „Verein außerschulische Betreuung"

Im Main-Taunus-Kreis beweist seit 1994 der „Verein außerschulische Betreuung", daß auch ein anderer Träger als die öffentliche Hand Betreuungsangebote für Grundschulkinder durchführen kann. Er betreut an Schulen vormittags die Kinder vor und nach dem Unterricht, bei Unterrichtsausfall und in den Ferien.

An jeder Schule gibt es eine Betreuungsleiterin, die beim Verein als Halbtagskraft angestellt ist. Sie wird unterstützt von ehrenamtlichen Betreuerinnen, die pro Stunde eine kleine Vergütung erhalten und nach Bedarf eingesetzt werden.

Finanziert werden die Angebote durch Elternbeiträge und Zuschüsse von Stadt und Land.

Sicherheit geht alle an

Steigende Kriminalität und Personalnot der Polizei verunsichern in Hessen die Bürger. Die Angst vor Verbrechen wächst, die Bürgerinnen und Bürger fühlen sich zu wenig geschützt – insbesondere vor Wohnungseinbrüchen, Überfällen und Straßenraub.

An vielen Stellen im In- und Ausland gibt es Beispiele für bürgerschaftliches Engagement:

Nachbarschaftswache Usingen: Sicherheit durch Gemeinschaft

Wo die Nachbarn zusammenhalten und aufeinander achten, ist das Leben für alle sicher: Gemäß diesem Motto entstand 1993 die Nachbarschaftswache Usingen. Die Bürger eines Wohngebietes haben sich zusammengetan, um sich und ihr Eigentum zu schützen und aufeinander aufzupassen. So sind sie wachsam, ob verdächtige Personen oder Fahrzeuge auftauchen, Rolläden geschlossen bleiben oder Briefkästen überquellen. Wenn etwas nicht stimmt, wird die Polizei informiert.

Ein Schild, das den Schriftzug „Nachbarschaftswache Usingen“ und eine Verbrecher am Kanthaken zeigt, macht auf die Bürgerinitiative aufmerksam. Es ist an den Zufahrten zum Wohngebiet aufgestellt und an Straßenmasten montiert, schreckt potentielle Täter ab und erinnert die Bewohner Tag für Tag an ihre nachbarschaftlichen Pflichten. Einige Bürger haben zudem einbruchhemmende Fenster einbauen lassen. Seitdem die Nachbarschaftswache besteht, ist das Wohngebiet sicherer. Eine starke und gut ausgebildete Polizei ist das Fundament der inneren Sicherheit. Aber die Mitarbeit engagierter Bürger ist hier ebenso nötig wie bei Feuerwehr, Rettungsdiensten und Katastrophenschutz.

Aktion „Vorsicht! Wachsamer Nachbar" – Nachbarn schützen sich gegenseitig

Durch aktive Nachbarschaftshilfe möglichen Eigentumsdelikten, insbesondere Wohnungseinbrüchen, vorzubeugen ist das Ziel der Aktion „Vorsicht! Wachsamer Nachbar". Sie ist vom Verband der Schadensversicherer in Zusammenarbeit mit dem Deutschen Städtetag und der Polizei ins Leben gerufen worden.

Bei dieser Aktion verabreden Nachbarn, daß sie ihren Grundstücken, Häusern, Wohnungen gegenseitig erhöhte Aufmerksamkeit schenken und sich sofort informieren, wenn etwas Ungewöhnliches beobachtet wird.

Aktionsaufkleber, die gut sichtbar, z. B. an Haustür oder Briefkasten, angebracht sind, dokumentieren diesen Zusammenhalt.

Kultur fördern heißt besser leben

Kunst und Kultur als Spiegelbild von Tradition, Zeitgeist und Visionen eines Gemeinwesens brauchen nicht nur Künstler, Akteure und Publikum, sondern auch Förderer und einsatzfreudige gute Geister, um existieren und sich entwickeln zu können. Finanzielle, aber auch zupackende Hilfe durch Bürger wird überlebenswichtig. Angesichts leerer Staatskassen wird dies immer bedeutsamer.

Je nachhaltiger die Unterstützung von Kunst und Kultur durch Bürger, desto größer ist ihre Akzeptanz in der Gesellschaft, desto eher stärken sie als Bindeglied den Zusammenhalt und machen das Lebensumfeld ansprechbar.

Ein Paradebeispiel für bürgerschaftliches Engagement in diesem Sinn, das überall anwend- und wiederholbar ist, ist das „Darmstädter Modell":

Das „Darmstädter Modell"

Eine Dimension kulturellen Lebens zeigt der Verein „Ehrenamt für Darmstadt" auf. Die Mitglieder sind ehrenamtlich im kulturellen Bereich tätig. Sie helfen parteiungebunden in fast 25 Institutionen, in Museen, Archiven, Bibliotheken, Galerien, auch im Krankenhaus und im Vivarium. Sie gestalten Führungen, ordnen Diatheken, sichten und ordnen wissenschaftliche Sammlungen, packen beim Aufbau von Ausstellungen zu, lesen Korrektur etc.

Der Verein ist zu einer Vermittlungsinstitution für kulturell Interessierte geworden, die etwas tun wollen. Er gibt ein Faltblatt heraus, das Möglichkeiten für konkretes Mitwirken aufzeigt.

Auch die Organisation wird von Mitgliedern, in erster Linie dem Vorstand, ehrenamtlich erledigt. Der Verein fordert und erhält keine Zuschüsse, sondern schafft Wert für die öffentliche Hand. Er finanziert sich durch Spenden und Sponsoren.

Den Verlust an Wärme und Heimat kann ein hauptamtlicher Vollservice – auch bei noch so großer Anstrengung – nicht wettmachen. Wir brauchen mehr Bürger, die sich um ihren Nächsten kümmern, wenn er krank, behindert oder alt ist. Nachbarschaftshilfe muß wieder zu einem selbstverständlichen Bestandteil des Zusammenlebens werden.

Nicht wegschauen – dem Nächsten, dem Schwachen helfen

Das Ende der Großfamilie, der Trend zum Single-Dasein hat auch eine bittere Kehrseite: Viele, die auf die Hilfe anderer angewiesen sind, um leben zu können, haben in der vertrauten Umgebung keine Chance, weil in schlechten Zeiten oftmals niemand sie betreut. Die Alternativen heißen dann oft Krankenhaus oder Heim.

Schon kleine Aufmerksamkeiten oder Handreichungen machen Hilfsbedürftigen und auch deren Familien das Leben leichter. Eine Vielzahl solcher Taten ist erforderlich – in Einzelinitiative oder im Zusammenschluß als Verein oder Organisation wie z. B.

- die „grünen Damen“, die Krankenhauspatienten Zuspruch geben und ihnen Besorgungen erledigen,
- die „Lebenshilfe“, die sich um Behinderte kümmert,
- Seniorenvereine, die ältere Mitmenschen betreuen.

Die Gestaltung der Gemeinde ist Bürgersache

Aufgrund der kommunalen Selbstverwaltung können Städte und Gemeinden die Lebensbedingungen prägen. Jeder Bürger hat es in der Hand, in seiner direkten Umgebung die Weichen mitzustellen.

Die Kommunalpolitik ist ein wirkungsvolles, leider oftmals verkanntes Betätigungsfeld, um Einfluß zu nehmen. Die rückläufige Mitgliederentwicklung bei den Parteien ist ein alarmierendes Signal. Kandidaten für Mandate in den kommunalen Gremien sind Mangelware. Das politische Interesse ist vorhanden, doch der Wille zur Mitarbeit kaum ausgeprägt.

Kritik üben allein reicht nicht, die Übernahme von Verantwortung ist gefragt. Je mehr Bürger aktiv das politische Geschehen in einer Gemeinde gestalten, desto vielfältiger und lebendiger wird das Miteinander, desto größer werden die Entwicklungschancen.

Einsteigen statt aussteigen – die Gemeinden brauchen mehr politisch Engagierte. Der Einstieg ist leicht:

- Die Mitgliedschaft in einer Partei ist nicht mehr unabdingbare Voraussetzung für die Mitarbeit. Wer sich nicht binden will, schnuppert zunächst unverbindlich.

- Kommunalpolitik muß kein Dauer-Abonnement sein. Es ist – auch bei Parteien – machbar, sich nur für ein bestimmtes Anliegen und/oder zeitlich befristet einzubringen.

- Gerade bei kommunalen Mandaten besteht die Chance für Seiteneinsteiger. Denn in der Kommunalpolitik ist das Interesse für die örtlichen Gegebenheiten gefragt – nicht politisches Fachwissen.

Ehrenamt ist Ehrensache

Die gemeinsame Klammer, die Umsetzung und Verkörperung der Idee der aktiven Bürgergesellschaft ist das Ehrenamt. In Deutschland sind 12 Millionen Bürger ehrenamtlich engagiert und leisten Monat für Monat über 230 Millionen freiwillige unentgeltliche Arbeitsstunden für die Allgemeinheit. Doch die Bereitschaft, sich langfristig durch eine solche Aufgabe zu binden, sinkt. Der Nachwuchs im Ehrenamt ist rar.

Wer ein Ehrenamt wahrnimmt, bekommt auch etwas dafür: Selbstbewußtsein, Zufriedenheit und Spaß, weil man mitgestaltet. Jungen Leuten muß bewußt gemacht werden, daß es eine Chance ist, dem eigenen Tun mehr Sinn und Erfüllung zu geben.

Das Ehrenamt muß attraktiver werden, durch Veränderung und Aufwertung:

- Bürokratische Hürden wie überflüssige Richtlinien und Vorschriften müssen beseitigt werden.

- Langfristige Verpflichtungen sind immer weniger „in"; die Bereitschaft, sich für einen überschaubaren Zeitraum und ein bestimmtes Anliegen zu engagieren, ist dagegen hoch. Das Ehrenamt muß diesen veränderten Vorstellungen angepaßt werden: Nicht der Allround-Einsatz ist gefragt, sondern die Arbeitsteilung, ein neues Miteinander von Haupt- und Ehrenamtlichen.

- Mehr Ehre für das Ehrenamt: durch spürbare Wertschätzung, anerkennende Maßnahmen von der europäischen bis zur kommunalen Ebene (Preis für ehrenamtliche Arbeit, Tag des Ehrenamtes, Gesprächsforen etc.). Ehrenamtlich geleistete Tätigkeit muß zum Bonus werden, indem sie z. B. in Zeugnissen vermerkt wird und bei der Bewerbung um einen Arbeits-, Ausbildungs- oder Studienplatz positiv in die Waagschale fällt.

Die Eingangstür zum Ehrenamt muß sich weiter und leichter öffnen: indem z. B. in der Schule ein Ehrenamt-Praktikum eingeführt wird, indem Kontakt- und Anlaufstellen, wie z. B. Bürgerbüros, aufgebaut werden, die Interessierten Wege zum Mittun weisen.

- Die Vereinbarkeit von Beruf und Ehrenamt muß gewährleistet sein. Gesellschaftliches Engagement der Mitarbeiter muß für Arbeitgeber ein positives Argument bei Einstellungen und Beförderungen sein.

Mitgestalten, Verantwortung leben, Zukunft gewinnen

Die Palette der Bereiche, in denen sich Gemeinsinn und bürgerschaftliches Engagement entfalten können, ist so breit und vielschichtig wie die Gesellschaft selbst. Der Einsatzbereitschaft und Kreativität sind keine Grenzen gesetzt. Die vorhandenen Initiativen müssen vervielfacht und durch neue Ideen ergänzt werden. Die aktive Bürgergesellschaft muß eine Bewegung werden. Sie weiter anzustoßen, ist das Ziel der CDU-Fraktion im Hessischen Landtag.

Für eine neue Bürgergesellschaft

Auszüge aus der Rede von Ministerpräsidentin Heide Simonis (SPD Schleswig-Holstein) beim „Zukunftsforum des Bundeskanzlers" am 30. September 1997 in Wien.

Meine Vorstellung ist immer noch eine Gesellschaft, in der jeder Mensch die Chance hat, selbstbestimmt zu leben. Das heißt, für sich und die Seinen sorgen zu können, den Kindern eine Ausbildung ermöglichen zu können und *last but not least* im Alter versorgt zu sein. In dieser Gesellschaft hat zwar nicht jeder gleich viel, aber jeder und jede genug für ein menschenwürdiges Leben.

Das alles geht für mich nur in einer Gesellschaft aktiver und solidarischer Bürgerinnen und Bürger.

Die Gesellschaft wäre nicht frei, wenn die Menschen keine Verantwortung für sich selbst trügen. Die Gesellschaft wäre nicht human, wenn niemand mehr Verantwortung für andere übernähme. Dies kann der Staat nicht alles allein. Und er muß sich hüten, diesen „Alles-Könner-Eindruck" zu produzieren! Aber der Staat muß die Voraussetzungen schaffen, unter denen eine Bürgergesellschaft ihre Probleme lösen kann. Dafür muß dieser Staat selbst handlungsfähig sein. Und das wird immer schwieriger.

In Deutschland gibt der Staat über tausend Milliarden Mark jährlich für soziale Sicherung aus. Und doch ist die soziale Sicherheit im klassischen Sinne für Millionen Menschen nicht mehr gewährleistet. Die Finanzierung der öffentlichen Infrastruktur im Bildungswesen, im Gesundheitswesen und des Verkehrsnetzes wird immer teurer. Für diejenigen, die den Staat finanzieren, ist die Grenze der Belastbarkeit aber bereits erreicht, für manche schon überschritten.

Der Staat braucht mehr Effizienz. Das heißt für mich im Bereich der sozialen Hilfe vor allem:

- Erstens: Hilfe muß diejenigen erreichen, die sie wirklich be ötigen. Auch Steuerprivilegien und Sozialleistungen, die die Allgemeinheit finanziert. Viele Steuerprivilegien in Deutsch land sind nicht notwendige Hilfe, sondern ungerechtfertigte Geschenke. Es ist besser, unverheiratete Eltern steuerlich zu begünstigen, als gutverdienenden kinderlosen Ehepaaren steuerliche Vorteile zu verschaffen. Auch die Transfer-Leistungen müssen auf ihre Zielgenauigkeit überprüft werden. Und wir brauchen eine schonungslose Analyse bürokratischer Abläufe, damit die Transfer-Leistungen auch bei den Hilfsbedürftigen ankommen und nicht zu einem erheblichen Teil vom bürokratischen Aufwand aufgezehrt werden.

- Zweitens: Hilfe muß wirksam sein. Sie ist nicht um so wirksamer, je mehr Geld und Personal eingesetzt werden. Am wirksamsten ist die Hilfe, die die Ursachen sozialer Not bekämpft.

- Drittens: Der Staat ist oft nicht der effizienteste Helfer. Er muß sich auf die Aufgaben beschränken, die nur er oder die er besser kann als andere. Oft ist es effizienter, private Initia tiven zu unterstützen, als selbst kostspielige Projekte zu entwickeln.

Zum Beispiel sind im kleinen Schleswig-Holstein in den vergangenen Jahren über zweihundert Initiativen mit dem Ziel einer „Betreuten Grundschule" entstanden. In diesen Initiativen setzen sich Eltern und andere Menschen bisher überwiegend ehrenamtlich dafür ein, daß Kinder nach den Schulstunden nicht auf der Straße stehen. Diese Arbeit wird vom Land künftig mitfinanziert.

So wünsche ich mir das Zusammenspiel von Öffentlich und Privat. Die Gesellschaft gibt Impulse, und der Staat hilft, wenn nötig, bei der Umsetzung der betreffenden Projekte.

Mit Hilfe schleswig-holsteinischer Unternehmen sind wir dabei, immer mehr Schulen im Land mit Computern und Netzanschlüssen auszustatten.

Das ist genau die Form von Mitdenken, die wir brauchen, wenn Mitarbeiter eines Unternehmens ihrem Vorstand sagen: Da gibt es doch die Initiative „Schulen ans Netz" der Landesregierung, der wir die Computer geben können, die wir selbst nicht mehr brauchen.

Der Sozialstaat ist kein Auslaufmodell. Aber er muß leistungsfähiger, kostengünstiger und bürgerorientierter werden, damit er seinen Beitrag zum Zusammenhalt der Gesellschaft leisen kann.

Und er muß unterstützt werden durch eine Solidarität, die nicht über das Finanzamt oder die gesetzlich vorgeschriebene Mitgliedschaft in einer Krankenkasse erzwungen wird.

Eine Bürgergesellschaft des Gemeinsinns lebt davon, daß der berühmte Appell von John F. Kennedy nicht für einen altmodischen Werbeslogan gehalten wird: „Fragt nicht, was das Land für euch tun kann. Sondern fragt, was ihr für euer Land tun könnt."

Zahlen und Fakten aus dem Inland

Die Zahl der Vereine in Österreich

Die Zahl der Vereine hat in Österreich Ende des Vorjahres schon fast die 100.000er Marke erreicht. Wie aus den jüngsten Daten des Innenministeriums hervorgeht, gab es genau 99.979 Vereine, das sind um 3.691 mehr als Ende 1997.

Die meisten Vereine gibt es in Wien mit 18.941, gefolgt von Niederösterreich (17.965) und der Steiermark (16.726). Nach Sparten gegliedert liegen die Turn- und Sportvereine (22.223) an erster Stelle. Es folgen Sparvereine (15.473) und Kulturvereine (13.832).

Der Innenminister verwies gegenüber der APA auf die „zentrale Bedeutung" der Vereine, die in vielen Bereichen eine wertvolle Arbeit in der Gesellschaft erfüllten. Die Tätigkeit in den Vereinen sei größtenteils ehrenamtlich. Aufgabe der Politik sei es, den Vereinen keine bürokratischen Hindernisse in den Weg zu legen, sondern sie aktiv zu unterstützen und zu fördern. Der Innenminister unterstrich auch die positiven Auswirkungen der Tätigkeit in Vereinen für Jugendliche.

Nachfolgend die Daten aus der Vereinsstatistik 1998:

Bundesland	Vereine
Burgenland	4.145
Kärnten	8.740
Niederösterreich	17.965
Oberösterreich	14.715
Salzburg	6.354
Steiermark	16.726
Tirol	8.272
Vorarlberg	4.121
Wien	18.941
Gesamt	99.979

Gegliedert nach Sparten:

Bereich	Vereine
Turn- und Sportvereine	22.223
Sparvereine	15.473
Kulturvereine (Musik, Theater, Gesang)	13.832
Garten- und Tierzüchtervereine	5.621
Wohltätigkeits- und Fürsorgevereine	5.570
Geselligkeitsvereine	5.031
Berufsvereine	4.879
Elternvereine	3.858
Kameradschaftsvereine	1.911
Studentenvereine	1.301
Religiöse Vereine	1.012
Kollegenverein	418
Rotary- und Lionsclubs	382
Sonstige Vereine	18.468
Gesamt	99.979

Der Nonprofit Sektor im Bereich sozialer Dienste

Aus „Der Nonprofit Sektor im Bereich sozialer Dienste: Ergebnisse einer quantitativen Primärerhebung von Werner Bachstein". Working Paper No. 5, Juni 1997. Dieses Papier faßt wichtige Teilergebnisse des vom Fonds zur Förderung der wissenschaftlichen Forschung geförderten Forschungsprojektes „Quantitative Dimensionen des Nonprofit Sektors in Österreich" zusammen, das unter der Leitung von Univ. Prof. Dr. Christoph Badelt in den Jahren 1995–1997 in Wien durchgeführt wurde.

Tabelle: Gesamtsektor – Beschäftigte, Ehrenamtliche, Aufwendungen, Einnahmen und Produktionswert

Beschäftigte gesamt Anteil	**Anzahl bzw. Summe**	**relativer Anteil**
Bezahlte MiterbeiterInnen gesamt	94.950	100 %
davon Frauen	65.859	69,4 %
davon Männer	29.091	30,6 %
Ehrenamtliche gesamt	151.681	100 %
davon Frauen	98.385	64,9 %
davon Männer	53.296	35,1 %
Mehraufwendungen/ Produktionswert d. ehrenamtlichen Arbeit[1] nach Brutto-Medianeinkommen	öS 7.311.623.000	
Aufwendungen[1]		
Sachaufwand	öS 9.274.075.000	32,9 %
Personalaufwand	öS 18.954.105.00	67,1 %
Summe [2]	öS 28.228.180.000	100 %
Einnahmen[1]		
direkte Leistungsentgelte	öS 21.182.463.000	68,5 %
Subventionen	öS 4.788.051.000	15,5 %
Spenden und Mitgliedsbeiträge	öS 2.753.096.000	8,9 %
sonstige Einnahmen	öS 2.190.903.000	7,1 %
Gesamteinnahmen	öS 30.914.513.000	100 %
Produktionswert 1[3]		öS 30.914.513.000
Produktionswert 2[4]		öS 26.126.461.000
Produktionswert 3[5]		öS 38.226.136.000

[1] auf 1.000 gerundet
[2] Summe aus Sachaufwand und Personalaufwand; der tatsächliche Gesamtaufwand erhöht sich um sonstige Aufwendungen und beträgt mindestens 30 Mrd. öS (17,9 Mrd. öS der „kleineren" + 12,1 Mrd. öS der „größeren" Organisationen)
[3] alle Einnahmen bzw. Erlöse
[4] alle Einnahmen bzw. Erlöse abzüglich Subventionen
[5] alle Einnahmen bzw. Erlöse zuzüglich fiktiver Produktionswert ehrenamtlicher Arbeit

Bezahlte und ehrenamtliche MitabeiterInnen

Im Bereich Soziale Dienste sind alles in allem 246.631 bezahlte und ehrenamtliche MitarbeiterInnen tätig. Davon sind 94.950 bezahlte MitarbeiterInnen, 151.681 arbeiten ehrenamtlich für die Sozialorganisationen. Bei der Verteilung nach Geschlechtern zeigt sich folgendes Bild: Von den bezahlten Arbeitskräften sind 69,4 Prozent Frauen und 30,6 Prozent Männer; bei den Ehrenamtlichen sind 64,9 Prozent Frauen und 35,1 Prozent Männer (vgl. Tabelle).

Eine Unterteilung der bezahlten MitarbeiterInnen aller NPOs im Sozialbereich in ganztags, teilzeit oder geringfügig Beschäftigte ist aufgrund der fehlenden Angaben bei den befragten Großorganisationen nicht realisierbar. Werden jedoch die relativen Anteile der „kleineren" NPOs übernommen, dann wären ca. 49,5 Prozent der 94.950 bezahlten MitarbeiterInnen teilzeit- und davon rund 5.400 (knapp 5,7 %) geringfügig beschäftigt.

Finanzierung

Die Finanzierung der Nonprofit Organisationen im Sozialbereich insgesamt setzt sich wie folgt zusammen: 68,5 Prozent (rund 21,2 Mrd. öS) der Einnahmen sind direkte Leistungsentgelte von der öffentlichen Hand, von LeistungsempfängerInnen (KundInnen), Sozialversicherungsträgern und anderen. Subventionen machen mit 15,5 Prozent (rund 4,8 Mrd. öS) den zweitgrößten Teil der Einnahmen aus, gefolgt von den Spenden und Mitgliedsbeiträgen mit 8,9 Prozent (rund 2,8 Mrd. öS). Die Gesamteinnahmen des Sozialsektors betragen knapp 31 Milliarden Schilling.

Zusammenfassung und Schlußbemerkung

Der Nonprofit Sektor im Bereich der Sozialen Dienste spielt nach den Ergebnissen der Primärerhebung eine durchaus beachtliche Rolle in Österreich, und das nicht nur im Hinblick auf seinen Beitrag zum österreichischen Bruttoinlandsprodukt. Der Nonprofit Sektor im Sozialbereich deckt insbesondere jene Leistungsbereich ab, die einerseits von (gesellschafts)politischer und ideologischer Bedeutung sind, andererseits einer besonderen Sensibilität im Leistungsangebot bedürfen, die kommerziellen Unternehmen nicht zugetraut wird.

Zum anderen sind die Sozialorganisationen bedeutende Arbeitgeber: Mit 94.950 bezahlten Arbeitskräften sind weit mehr Personen als in den anderen Branchen des Nonprofit Sektors wie Sport, Kultur, Umwelt etc. beschäftigt. 35,7 Prozent der im Gesundheits- und Sozialwesen und knapp 4,8 Prozent der im Dienstleistungsbereich gesamt beschäftigten Menschen bzw. ca. 3,1 Prozent aller unselbständig Beschäftigten in Österreich sind im Nonprofit Sektor im Bereich Soziale Dienste angestellt (vgl. ÖSTAT, 1995 und ÖSTAT, 1997a). Mindestens 150.000 Menschen engagieren sich ehrenamtlich gemeinsam mit Gleichgesinnten für soziale und gesellschaftspolitische Aufgaben. Der Beitrag zum österreichischen Bruttoinlandsprodukt von zwischen 22,2 Milliarden und über 38 Milliarden Schilling gibt einen deutlichen Hinweis auf die weit unterschätzte ökonomische Relevanz des Nonprofit Sozialbereiches.

Gerade die veränderten Rahmenbedingungen in Zeiten von Sparkursen der öffentlichen Hand haben gezeigt, daß das Aufzeigen auch der volkswirtschaftlichen Bedeutung von Nonprofit Organisationen notwendig ist. Dies um so mehr, als die Organisationen ihre Leistungen gegenüber öffentlichen und privaten Geldgebern rechtfertigen müssen. Allerdings würde eine rein ökonomische Betrachtungsweise bzw. Bewertung von Sozialeinrichtungen, die sich für ideologische und soziale Anliegen einsetzen, dem Stellenwert dieser Organisationen keineswegs gerecht werden.

Die Ehrenamtlichkeit in der Kultur

Aus einem Forschungsbericht von o. Univ. Prof. Klaus Zapotoczky, Mag. Birgit Pirklbauer, Claudia Pass, alle Linz.

Allgemeine Überlegungen zur Bedeutung von Ehrenamtlichkeit im Kulturbereich

Kultur – sofern nicht professionalisiert – drängt immer auf Kleinräumigkeit, da der numinose Charakter von Kulturgütern verschiedenster Art zugleich auch ein identitätsstiftender Charakter ist. Das Unaussprechliche, das Wundervolle, das Erschreckende und Schauderhafte, das Majestätische und das Geheimnisvolle, all das bezeichnet die Grenzen und zugleich die Antwortsuche auf elementare menschliche Fragen der Einzelexistenz wie der Existenz des Kollektivs. Musik, Kunst, Brauchtum, Feste und religiöse Riten waren immer bevorzugte Ausdrucksmittel des kollektiven Umgangs mit diesen Grundfragen. Die Kleinräumigkeit ist im Sinne einer unmittelbaren Identifikationsmöglichkeit notwendig und vermittelt unmittelbaren sozialen Zugang, einen Bezug zu den eigenen persönlichen Lebensbereichen, zu Wohnort, Familie, Bekanntenkreis und/oder Arbeitsplatz. Kultur in jeglicher Äußerung, wie der allgemeine Sprachgebrauch sie kennt, ist als Symbolträger für Heimat und Identität unerläßlich. Jedoch gab es in der europäischen Geschichte des Mittelalters und der Neuzeit nie einen abgeschotteten kleinräumigen Kulturraum. Immer war ein solcher durchlässig für Einflüsse von außen, sei es durch Migrationsbewegungen von Ethnien oder von religiösen Minderheiten, sei es durch ein fahrendes Volk von Händlern, Handwerkern und Zigeunern, durch Eroberungen und Kennenlernen fremder Kulturen, oder sei es nicht zuletzt durch missionarische Aktivitäten.

Mit der kulturellen Öffnung auf größere Bezüge, d. h. auf größere Gemeinschaften hin, als welche die Ausrichtung Österreichs auf den europäischen Kultur- und Wirtschaftsraum zu sehen ist, lebten wieder verstärkt Fragen nach der nötigen Regionalität oder gar Lokalität und der möglichen Offenheit bzw. Universalität von Kultur- und Identitätsräumen auf. Der Begriff der Heimat wurde nach einer langen Zeit Ende der achtziger Jahre wieder modern.

In Publikationen und auf Jahrestagungen (besonders 1993–1995) fand allein im Bereich der oberösterreichischen Volkskultur eine intensive Auseinandersetzung mit den Chancen und den Grenzen einer Offenheit von Volkskultur für Innovationen statt.

Da Kultur im rechtlichen Bereich der Landeskompetenzen liegt und da zudem das Land Oberösterreich ein wesentlicher Subventionsgeber für alle Kulturinitiativen und -vereinigungen ist, kommt der Landesregierung bzw. dem Landeskulturreferat und den Kultureinrichtungen des Landes eine wichtige kulturpolitische Bedeutung zu. Als Subventionsgeber legt das Land Oberösterreich seine durchaus für Innovation in der Volkskultur liberale Haltung klar. Es werden im Sinne eines zeitgemäßen Volkskulturangebotes sowohl die Traditionsverbände als auch innovative Einrichtungen gefördert, die zur Stärkung eines neuen Heimatbewußtseins beitragen. Die prinzipielle Offenheit gegenüber Veränderungen, die Akzeptanz des sogenannten „Schaubrauchtums" als kulturerhaltende Einrichtung (z. B. Micheldorfer Georgiritt, verschiedene Faschingsumzüge, Seeprozessionen zu Fronleichnam usw.) und der Verzicht, mit dem warnenden Zaunpfahl der „Kommerzfolklore" zu winken, ist für Oberösterreich im Bundesländervergleich typisch. Nach intensiver Auseinandersetzung mit „echter" Volkskultur hat man sich für die Verfolgung eines weniger puritanischen Kurses entschieden. An die 19 Millionen Schilling flossen 1994 aus der Landeskasse in den Bereich der Volkskultur. Dieser Bereich ist nur einer von 16 Subventionspositionen. Der Anteil dieses Bereiches an der Budgetgruppe Kunst, Kultur und Kultus des Kulturbudgets des Landes Oberösterreich 1994 beträgt 1,63 Prozent.

Auf die geschätzten (da zahlenmäßig schwer erfaßbar) 3.000 Gruppierungen und Kulturvereine entfällt somit im Schnitt eine Fördersumme von 1.127 bis 1.690 Schilling im Jahr 1994. Diese wenigen Zahlen sollen bereits ein zentrales Charakteristikum jenes kulturellen Sektors, der sich in besonderer Weise auf unentgeltliche, freiwillige – also ehrenamtliche – Mitarbeit stützt, aufzuzeigen. Volkskultur steht und fällt mit dem selbstlosen Engagement ehrenamtlicher Mitarbeit. Nicht wegzudenken aus der Gesellschaft sind die Amateurtheatergruppen, Blasmusikgruppen, Brauchtumsträger, Filme- und Fotoklubs, Flurdenkmalforscher, Freilichtmuseen, Goldhaubengruppen, Heimatforscher, Heimatpfleger, Heimat- und Kulturvereine, Krippenfreunde, Mundartpfleger, Trachtenvereine, Volksmusikgruppen usw., sowie viele Einzelpersonen, denen unsere Volkskultur ein besonderes Anliegen ist, die das kulturelle Antlitz von Oberösterreich prägen.

Bedeutung von Ehrenamtlichkeit im Kultursektor Musik

Die Musiklandschaft Oberösterreichs wird aufgrund der vorliegenden Daten – nicht alle Musikgruppen sind verbandlich organisiert – in ihren Grundzügen, nicht im Detail ausgeleuchtet werden. Zu den verbandlich nicht organisierten Musikgruppen sind insbesondere Kirchenchöre, manche Jugendchöre, Hausmusikgruppen und kleinere Singgemeinschaften zu zählen. Wir werden im folgenden zum einen die Landschaft der Chöre und Singgemeinschaften und zum zweiten das oberösterreichische Blasmusikwesen näher betrachten.

Vier Landesverbände prägen das musikalische Erscheinungsbild Oberösterreichs: der oberösterreichische Blasmusikverband mit über 20.000 aktiven Musikern, der oberösterreichisch-salzburgische Sängerbund mit etwa 5.000, der österreichische Arbeitersängerbund – Landesgruppe Oberösterreich mit etwa 600 und das oberösterreichische Volksliedwerk mit etwa 6.000 Mitgliedern.

Chöre und Singgemeinschaften

Um den Wert der ehrenamtlichen Dienste durch Chöre und Singgemeinschaften ermitteln zu können, nehmen wir für die drei Landesverbände eine Funktionärsanzahl von zwei pro Einzelgruppe (Leiter und Stellvertreter) sowie einen Verbandsvorstand von der vereinsbehördlich vorgeschriebenen Mindestzahl fünf an. Hinsichtlich der nicht verbandlich organisierten Chöre und Singgemeinschaften gehen wir von der Mindestannahme aus, daß in jeder zweiten Pfarre mindestens ein Kirchen- oder Jugend- oder sonstiger Chor bzw. Singgruppe besteht. Bei 485 Pfarren sind das mindestens 243. Die durchschnittliche Mitgliederzahl setzen wir bescheiden mit zehn an; das ergibt eine Gesamtzahl von 3.000 Sängern.

Die ehrenamtlich geleisteten Stunden errechnen sich aus einem angenommenen durchschnittlichen Aufwand der Einzelgruppen-Leiter von drei Stunden pro Woche – zwei Stunden für Probe, eine Stunde für Vorbereitung, Beschaffung von Liedtexten, Organisieren von Auftritten, etc. Gehen wir von nur drei öffentlichen Auftritten mit einer Dauer von zwei Stunden aus, der von allen Gesangsmitgliedern ehrenamtlich (d. h. zu gemeinnützigen Anlässen und unentgeltlich) geleistet wird, ergibt sich bereits ein ehrenamtlich „ersungener" Wert von über 52 Millionen Schilling in einem Jahr. Die folgende Tabelle veranschaulicht die Leistungen in den Einzelbereichen:

Ehrenamtlichkeit in den oö. Chören und Singgemeinschaften

Kategorien	Einzelgruppen	Funktionäre	Mitglieder	Ehrenamtl geleistete Stunden/Jahr	Wert in öS.
OÖ.-Sbg. Sängerbund	155	315	5.000	78.360	15.672.000
Österr. Arbeiter-sängerbund	21	47	600	13.152	2.630.400
OÖ.Volks-liedwerk	250	505	6.000	114.000	22.800.000
Verbandl. n. organisierte Chöre	243	243	3.000	55.908	11.181.600
Gesamt	669	1.100	14.600	261.420	52.284.000

Ehrenamtliche Tätigkeiten der Lehrerinnen und Lehrer

Ergebnisse einer Befragung in Salzburg 1998 von Mag. Josef Raos und Sigurd Diess (Auszug).

Fast 60 Prozent der Lehrkräfte in Salzburg üben derzeit zumindest eine ehrenamtliche Tätigkeit aus. Hochgerechnet auf die knapp 8.000 Lehrpersonen im Land Salzburg sind somit rund 4.700 Lehrerinnen und Lehrer in ehrenamtlichen Funktionen für das Gemeinwohl tätig. Anteilig dominieren zwar die männlichen Lehrkräfte beim ehrenamtlichen Engagement (73,4 Prozent ehrenamtlich tätigen Lehrern stehen „nur" 48,5 Prozent Lehrerinnen gegenüber, die sich ehrenamtlich engagieren); die Hochrechnung ergibt jedoch auf Grund der Überzahl der Frauen im Lehrberuf bei weiblichen und männlichen Lehrpersonen etwa gleich viele, nämlich jeweils rund 2.300 ehrenamtlich Tätige.

Rund 28 Prozent aller Lehrkräfte des Landes sind als Funktionäre, Vorstandsmitglieder u. ä. in (zumindest) einem Verein bzw. einer Gruppe ehrenamtlich tätig, weitere 26,8 Prozent zwar nicht in leitender Funktion, aber als aktive Mitglieder, und 2,9 Prozent sind nicht im Rahmen eines Vereines, einer Gruppe, sondern als „Einzelkämpfer" ehrenamtlich aktiv.

Die ehrenamtlichen Aktivitäten der Lehrkräfte sind breit über eine Vielzahl von Bereichen gestreut, wobei vier Bereiche einen deutlichen Schwerpunkt bilden:

- 20 Prozent der Lehrkräfte sind in einem Sportverein,
- 17 Prozent im Bereich der Musik (Musikverein, Kapelle, Chor, etc.),
- ca. 14 Prozent im kirchlichen Bereich und
- ebenfalls ca. 14 Prozent auf dem Gebiet der Erwachsenen- und Weiterbildung ehrenamtlich tätig.

Anteilswerte von acht bzw. neun Prozent erreichen noch die Bereiche „Theater, Kabarett, div. Kultur" (9,2 %), „außerschulische Jugendarbeit" (8,9 %), sowie „Soziales" und „Ökologie/Umweltschutz" (je 7,6 %). 6,6 Prozent der Lehrkräfte betätigen sich kommunalpolitisch.

Am Ende der Rangreihe finden sich „Fremdenverkehrsverein" und „Freiwillige Feuerwehr" mit jeweils weniger als zwei Prozent Nennungen.

Für ihre ehrenamtliche(n) Tätigkeit(en) wenden die solcherart aktivierten Lehrkräfte monatlich im Durchschnitt 17 Stunden auf.

Fast genau die Hälfte jener Lehrkräfte, die derzeit nicht ehrenamtlich wirken, wären grundsätzlich dazu bereit. Derzeit bereits ehrenamtlich tätige und grundsätzlich zur Übernahme ehrenamtlicher Tätigkeiten zu gewinnende Lehrkräfte zusammengezählt ergeben ein Gesamtpotential von fast 80 Prozent der Lehrerschaft. Das ergibt hochgerechnet rund 6.300 Lehrpersonen im Land Salzburg, die sich entweder ohnehin bereits ehrenamtlich engagieren oder die dazu grundsätzlich bereit wären.

Sport und Wirtschaft in Tirol

Aus einer Analyse der Finanzierung des Sports und seiner Organisationsform von Univ. Prof. Dr. Erich Thöni, Mag. Stefan Garbislander, Mag. Martin Keuschnik.

Wandel institutioneller und ökonomischer Rahmenbedingungen im Sport

Bereits einleitend sei festgestellt, daß – gegensätzlich zum Alltagsverständnis – der aktive Sport eine wesentlich größere Bedeutung hat als der passive Zuschauersport. 3,5 Millionen organisierte Sportler in Österreich (bei Doppel- und Mehrfachzählung) und in etwa die gleiche Zahl von nichtorganisierten Hobbysportlern bilden ein erhebliches Nachfragepotential. Darüber hinaus spielt der hier nicht berücksichtigte Schulsport eine nicht unerhebliche Rolle, insbesondere im Bereich der Sportinfrastruktur (Hallen, Geräte etc.), aber auch die sogenannten „Schulsportwochen und –kurse“ und die außerhalb des Unterrichts organisierten (schulischen) „Sporttrainings“ und „Sportwettkämpfe“.

Nachfrage und Angebot im „Selbstverwaltungs-Sektor“ Sport

Der „Dritte Sektor“, wie er auch im Sport genannt wird, macht in Europa (und wie erwähnt auch in Österreich) noch den zentralen Träger sowohl des „Sportangebots“ als auch der „Sportnachfrage“ aus. Gerade dieser Sektor scheint aber einem erheblichen Wandel unterworfen zu sein. Der „Dritte Sektor“ erfüllt, wie es bereits Christian Smekal (1969) für den „intermediären Bereich“ zwischen Individuum, Staat und Gesellschaft in Anlehnung an Jakobus Wössner formulierte, „zwischen dem Einzelnen und dem Staat Funktionen, die Gruppeninteressen betreffen und daher von den Gruppen selbst in eigener Verantwortung am besten verfolgt werden können. Dieser Aufgabenteilung entsprechen die Prinzipien der Subsidiarität und der organisatorischen Selbstverwaltung“. Ihre Hauptfunktion besteht jedoch im Gegensatz zu parafiskalischen Gebilden, die „politisch relevant“ sind, in der Pflege und Förderung der eigenen Funktionen, der eigenen Mitglieder. Sportvereine und Sportverbände sind – idealerweise – „soziale Organisationen, die sich durch die Merkmale freiwillige Mitgliedschaft, Unabhängigkeit vom Staat, Orientierung an den Interessen der Mitglieder, demokratische Entscheidungsstrukturen und ehrenamtliche Mitarbeit auszeichnen“. Dennoch, der Übergang zu politisch relevanten Gruppen ist fließend; aus „nach innen“ gerichteten Verbänden und Vereinen entwickeln sich (auch) „nach außen“ orientierte mit immer bedeutenderem „politischen Gewicht“. Letzeres konzentriert sich jedoch insbesondere bei Funktionalverbänden auf einen Bereich, hier den der „Sportpolitik“.

Veränderung der Mitgliederstruktur

Das Potential der Sporttreibenden aus der Gruppe der Jugendlichen und der zwischen 21- und 30jährigen geht auf demographische Ursachen zurück. Zugleich steigt das Potential der 31- bis 40jährigen, also jene Altersgruppe, die aufgrund ihrer höheren Bildung und ihres Einkommens mit großer Wahrscheinlichkeit eine ausgeprägte Motivation zu sportlicher Aktivität besitzt. Zugleich wächst aber gerade der Bevölkerungsanteil der über 60-jährigen, also jener Bevölkerungsgruppe, die bisher eine unterdurchschnittliche Sport-Partizipation aufweist. In dem Maße, in dem es gelingt, diese neuen Zielgruppen zum Sport zu motivieren, resultiert eine zunehmende Heterogenität des Sportangebots.

44,2 Prozent der Tiroler Sportvereine sind Klein- bzw. Kleinstvereine mit bis zu einhundert Mitgliedern, wobei das Gewicht der Kleinstvereine mit 8,3 Prozent eher gering ist. Weitere 34,9 Prozent können als Mittelvereine bezeichnet werden; Großvereine mit mehr als dreihundert Mitgliedern sind hingegen mit einem Anteil von 20,9 Prozent eher die Ausnahme. Die Hypothese des klein- bzw. mittelstrukturierten Tiroler Sportvereins konnte aufgrund der Analyseergebnisse somit unterstützt werden.

Tirol verfügt einerseits über eine solide Basis an älteren Vereinen mit einem Gründungsjahr bis 1960 (34,1 %) und Vereinen, welche in den Zeiten wirtschaftlichen Aufschwungs von 1961 bis 1980 gegründet wurden (38,2 %). Vereine und Vereinsleben haben in Tirol durchaus Kultur und Bestand, wenn auch der Anteil jüngerer Vereine mit einem Gründungsjahr ab 1991, insbesondere bei Berücksichtigung der Startphase vieler Vereine, eher gering einzuschätzen ist (10,6 %). Kleinere Vereine sind zudem tendenziös eher jüngere Vereine, während mittlere bzw. größere Vereine gleichzeitig auch die älteren sind.

Entgegen einer häufig in sportökonomischen Untersuchungen geäußerten Hypothese geraten Tirols Sportvereine nur bedingt in Konkurrenz zu kommerziellen Anbietern (z. B. Fitneßcenter, Squash- und Tennishallen). So blieb der Mitgliederbestand für die meisten Tiroler Sportvereine für die verschiedenen Altersstufen seiner Mitglieder und unabhängig von deren Geschlecht in den letzten Jahren eher konstant bzw. nahm leicht zu. Nur 21,2 Prozent der Vereine sehen Probleme durch die Abwanderung ihrer Mitglieder zu kommerziellen Anbietern.

Während zwar 48 Prozent der Tiroler Sportvereine keine Veränderung in der Bereitschaft ihrer Mitglieder zur Ehrenamtlichkeit sehen, konstatieren immerhin 36,1 Prozent in dieser Frage eine Abnahme. Die Professionalisierung der Vereinsführung scheint insbesondere bei den größeren und alten Vereinen schon weiter fortgeschritten zu sein. Im Gegensatz zum Trend bei der Mitgliederentwicklung könnten sich Tirols Sportvereine in Zukunft somit vermehrt mit dem Problem mangelnden freiwilligen Engagements ihrer Mitglieder in der Vereinsarbeit konfrontiert sehen. Die monetäre Bewertung der ehrenamtlichen Mitarbeit mit zweihundert Schilling brutto ergibt den geschätzten Gesamtwert der Ehrenamtlichkeit von 306.747.027 Schilling für alle Tiroler Sportvereine.

Die Akquisition neuer Mitglieder wird von den Sportvereinen als notwendig beurteilt, da die bisherige Entwicklung bei den mitgliederbezogenen Einkünften (Mitgliedsbeiträge, Aufnahme- und Kursgebühren) nicht ausreichend ist, um die abnehmende Bereitschaft zur Ehrenamtlichkeit zu kompensieren.

Verfügbarkeit und Zustand der Tiroler Sportplätze, Tennisplätze, Frei- und Hallenbäder sowie der Turn- und Sporthallen werden von Tirols Sportvereinen als überwiegend gut bis befriedigend bezeichnet.

Bezüglich der Sportangebotsstruktur läßt sich für Tirol eine vergleichsweise deutliche Konzentration auf (alpine) Wintersportarten konstatieren. Insbesondere die noch junge Sportart „Snowboard" hat sich innerhalb weniger Jahre bereits als Breitensport etabliert.

Das verfügbare Budget des durchschnittlichen Tiroler Sportvereins beträgt ca. 348.000 Schilling, wobei das den alten Vereinen (mit Gründung vor 1945) zur Verfügung stehende Budget einerseits um ca. 157 Prozent jenes der in den 1980er Jahren gegründeten Vereine, aber andererseits nur um ca. 53 Prozent jenes der wirklich jungen Vereine mit Gründung seit 1991 übersteigt; bei letzteren dürfte die Kreditfinanzierung eine nicht unbedeutende Rolle spielen. Bezüglich der Vereinsgröße läßt sich ein beinahe exponentieller Anstieg des verfügbaren Budgets feststellen.

Die sogenannten tertiären Einnahmen (Drittmittel) aller Tiroler Sportvereine aus Sponsoring, Sportförderung und Krediten übersteigen bereits deren originäre sportliche Einnahmen aus mitgliederbezogenen Einkünften und sportlichen Veranstaltungen.

Aber auch die „Sekundarisierung" (Einkünfte aus wirtschaftlicher Tätigkeit) kann mit einem Anteil von 23,2 Prozent der Vereinseinnahmen als fortgeschritten bezeichnet werden. Dies trifft insbesondere auf Vereine mit über dreihundert Mitgliedern zu (ca. 26,5 % der Einnahmen); hier dürfte die Pflege der Vereinskultur einen sehr hohen Stellenwert einnehmen und zu vermehrten Einkünften aus außersportlichen Veranstaltungen und Bewirtungsbetrieb führen.

Es zeigt sich weiters, daß die Bedeutung kommerzialisierter Sporteinnahmen (Einnahmen aus sportlichen Veranstaltungen und Sponsoring) insbesondere in den mittleren Vereinsgrößenklassen (26 bis 300 Mitglieder) und in den jüngeren Altersklassen (ab 1981) relativ groß ist.

Zusammenfassend läßt sich eine nicht unwesentliche Abhängigkeit der Tiroler Sportvereine von Drittmitteln bzw. von wirtschaftlicher Tätigkeit feststellen. Nur bei den Traditionsvereinen mit einem Gründungsjahr vor 1945 besteht noch eine gewisse Dominanz originärer sportlicher Einnahmen; dennoch wird der „idealtypische" Sportverein auch in Tirol zukünftig immer weniger anzutreffen sein.

Sport und die Vereinssportausübung im speziellen sind aus ökonomischer Sicht durch sehr positive externe Effekte gekennzeichnet. Aus diesem Grunde rechtfertigt sich ein Engagement des öffentlichen Sektors für den Sport, insbesondere in der Funktion des Förderers und Investitionsträgers.

Die Bürgergesellschaft beginnt zu leben

Freiwilligenarbeit in Zürich

Bericht aus der „Neuen Zürcher Zeitung" vom 6./7. Februar 1999.

Gezielte Vermittlung unbezahlter Einsätze

In der Stadt Zürich sind derzeit unterschiedliche Bestrebungen im Gang, die Vermittlung von Freiwilligen für befristete, unbezahlte Einsätze zu professionalisieren. Vor zwei Monaten hat der Kirchliche Sozialdienst eine Agentur für Freiwilligenarbeit eröffnet, und das Sozialdepartment unterhält seit rund einem Jahr die telefonische Anlaufstelle „Ask line".

Seit Anfang Dezember letzten Jahres betreibt der Kirchliche Sozialdienst der evangelisch-reformierten Kirche in der Stadt Zürich eine Freiwilligen-Agentur, die sich auf die Vermittlung von unbezahlten, zeitlich befristeten Arbeitseinsätzen spezialisiert hat. Der Leiter der Agentur, René Rothmund, hat bisher rund sechzig Personen beraten, davon je zur Hälfte Frauen und Männer. Auf der anderen Seite nimmt er Suchaufträge von kulturellen, sozialen und sportlichen Organisationen, von Firmen und Verwaltungsabteilungen entgegen, die für ein bestimmtes Aufgabengebiet freiwillige Mitarbeiter suchen.

Verbindliche Rahmenbedingungen

Wer sich bei der Freiwilligen-Agentur meldet, erhält eine Liste mit den aktuellen Stellenangeboten. Gleichzeitig hat jeder Interessent einen Fragebogen auszufüllen, in dem unter anderem seine Motivation erfaßt wird. Der Großteil seiner Klienten, so René Rothmund, handle nicht ausschließlich aus selbstlosen Gründen; die meisten Freiwilligen äußerten neben dem Wunsch, etwas Sinnvolles zu tun, auch das Bedürfnis, neue Erfahrungen zu sammeln oder neue Leute kennenzulernen. Fast alle Personen, die Rothmund bisher vermittelt hat, waren berufstätig. Wenige waren arbeitslos und haben sich gemeldet, weil sie ein Kontaktnetz erhalten und weiterhin in eine Tätigkeit eingebunden sein wollten. Besonders beliebt sind laut René Rothmund Einsätze bei der Betreuung von Asylsuchenden und bei der Begleitung aidskranker Menschen. Die Freiwilligen-Agentur des Kirchlichen Sozialdienstes will auch Qualitätsstandards erarbeiten. Gemeint sind beispielsweise Richtlinien in bezug auf den Versicherungsschutz der Freiwilligen, Spesenentschädigung und die Möglichkeit zur Fortbildung.

Das Sozialdepartment der Stadt Zürich hat ein „Handbuch der Freiwilligenmitarbeit" geschaffen, in dem verbindliche Rahmenbedingungen festgeschrieben sind. Das „Handbuch der Freiwilligenmitarbeit" dient den Mitarbeitern des Sozialdepartments, die Freiwillige einsetzen oder begleiten, als Arbeitsinstrument. Als „Pflicht" wird darin unter anderem bezeichnet, daß die Dienstabteilungen Spesen zurückerstatten, den Freiwilligen ein Testat ausstellen und ihre Leistung honorieren. Dies kann beispielsweise in Form einer Einladung zum Essen, eines Geschenks oder eines Fortbildungsangebots geschehen.

Das Amt für Soziokultur unterhält mit der „Ask line" eine telefonische Anlaufstelle für Personen, die sich freiwillig engagieren möchten. Die „Ask line" vermittelt vor allem Einsätze bei Einrichtungen des Sozialdepartments oder im Rahmen von Projekten anderer städtischer Verwaltungsabteilungen. So hat etwa das Gartenbau- und Landwirtschaftsamt die Aktion „Freizeit für Stadtgrün" lanciert und die Bevölkerung aufgerufen, sich zur Pflege von öffentlichen Grünflächen im Quartier zu verpflichten. Bisher nehmen Private an rund vierzig Orten in der Stadt Unterhaltsaufgaben an Blumenbeeten, auf Spielplätzen oder an Parks wahr.

Auf großes Interesse stieß im vergangenen Sommer der Aufruf des Gesundheits- und Umweltdepartments, sich in einem der städtischen Altersheime als freiwillige Mitarbeiter zu betätigen und einen entsprechenden Vorbereitungskurs zu besuchen. Laut dem Direktor des Amtes für Altersheime, Ueli Schwarzmann, haben sich rund zweihundert Personen gemeldet; rund ein Viertel davon waren Männer. Fünfzig bis achtzig Personen konnten bereits für einen konkreten Einsatz verpflichtet werden, und dieses Jahr sind weitere Kurse geplant, in denen den Freiwilligen das nötige Wissen für den verständnisvollen Umgang mit älteren Menschen vermittelt wird. Tradition hat gemäß Schwarzmann in den Altersheimen das freiwillige Engagement von Pensionären, die rüstig genug sind, eine Aufgabe im Haus zu übernehmen. So gibt es Altersheimbewohner, die regelmäßig die Post verteilen, für die Blumendekoration zuständig sind, in der Lingerie arbeiten oder für Mitpensionäre Kommissionen erledigen.

Sinnvolle Ergänzung

Birgt Freiwilligenarbeit die Gefahr des versteckten Job-Abbaus? – René Rothmund vom Kirchlichen Sozialdienst weist darauf hin, daß als zeitlicher Rahmen für freiwillige Einsätze in der Regel mit einem halben Tag pro Woche gerechnet wird; länger dauernde Einsätze kämen einem festen Auftragsverhältnis gleich, für das ein Lohn zu bezahlen sei. Heinz Jacobi, Sekretär des Verbandes des Personals der öffentlichen Dienste (VPOD), äußert sich grundsätzlich skeptisch zur Freiwilligenarbeit, anerkennt aber, daß es absolut unproblematische Einzelfälle gäbe.

Die Vorsteherin des Sozialdepartments, Stadträtin Monika Stocker, befürchtet nicht, daß sich Freiwilligenarbeit als „Jobkiller“ erweisen könnte. Vielmehr betrachtet sie freiwillige Einsätze als sinnvolle Ergänzung, die innerhalb klarer Rahmenbedingungen, zeitlich befristet und mit professioneller Begleitung zu organisieren seien. In ihrem Bereich betrachtet Stadträtin Monika Stocker Freiwilligenarbeit als Chance, die sozialpolitische Verantwortung wieder breiter in der Gesellschaft abzustützen.

Reform findet Stadt: in Finnland

„Das finnische Hämeenlinna gilt als fortschrittlichste Kommune der Welt". Zusammenfassung eines Berichts von einem Besuch von Uwe Jean Heuser, Gero von Randow und Ute Watermann, abgedruckt in: „Die Zeit" Nr. 30/1998

Hämeenlinna, hundert Kilometer nördlich von Helsinki, hat 45.300 Einwohner und hat die üblichen Probleme: Arbeitslosigkeit von fast siebzehn Prozent, Problemstadtteile, leere Kassen, Verkehrsstaus in der Innenstadt. Trotzdem ist die Stadt vorbildlich. 1993 wurde sie zu einer der zehn innovativsten Gemeinden der Welt gekürt: in einem internationalen Wettbewerb, ausgerichtet von der Bertelsmann Stiftung in Gütersloh. Seitdem pilgern Stadtmanager aus aller Welt nach Hämeenlinna, um von den Finnen zu lernen. Es gibt auch andere Modellgemeinden, das niederländische Delft etwa oder Phoenix im US-Bundesstaat Arizona. „Aber besonders viel lernt man in Hämeenlinna", sagt der Kommunalforscher Alexander Wegener vom Wissenschaftszentrum Berlin. Nirgends sei die kommunale Neuerung umfassender: Hämeenlinna gilt als die Reformgemeinde schlechthin. Die Stadt bringt immer neue Ideen hervor und kommt ihrem Ziel immer näher: der „kleinen Demokratie". Der Bürger ist nicht Antragsteller, sondern Kunde. Er darf etwas verlangen.

Kundenorientierung. Sie ist ein Erfolgskriterium für jede Reformkommune. Städte und Gemeinden, die dieses Ziel vor Augen haben, müssen sich fragen lassen: Wie werden die Beamten motiviert, wie autonom sind die Ämter? Herrscht Wettbewerb um Qualität und Effizienz öffentlicher Leistungen, mit wie vielen Ämtern hat der Bürger in einer Angelegenheit zu tun? Schließlich: Funktioniert die Erfolgskontrolle?

1983 beschloß der Stadtrat von Hämeenlinna, sich an dem

landesweiten „Gemeinde-Experiment“ zu beteiligen: Damals suspendierte der finnische Staat viele Gesetze, damit die Kommunen neue Wege probieren konnten.

Fachämter wurden zusammengelegt und erhielten pauschale Budgets, mit denen sie eigenverantwortlich planen konnten. Behörden mit Bürgerkontakt wurden in die Stadtteile verlagert. Drei konkurrierende Privatfirmen übernahmen die Müllabfuhr. Auch die Politiker zogen mit. Statt fünfundzwanzig gab es bald nur noch neun Ratsausschüsse, die Zahl der Beiräte sank von fünfzig auf sechzehn.

Bürgerbeteiligung: Durch Garantien werden Einwohner zu Kunden. Doch dabei haben es die Reformer nicht belassen: Sie wissen, daß sie die Bürger brauchen, um besser und billiger zu arbeiten. Es genügt ihnen auch nicht, die Menschen nur zu Verwaltungsvorlagen zu befragen – statt dessen sollen sie an der gesamten Planung teilnehmen.

Der neue Marktplatz wurde in intensiven „Debatten und Planspielen“ geplant. Dazu trafen sich Bürger und Beamte in einem Zelt auf dem Platz. Die Hämeenlinner durften sich ihren Platz auf Karten ausmalen; sie schmückten ihn zum Schrecken der sparwilligen Stadtplaner mit Bäumen und Bänken und einem prächtigen Springbrunnen. Alles viel zu teuer, aber immerhin: Die Bäume wurden gepflanzt, die Bänke dank privater Sponsoren angeschafft. Die Ladenbesitzer rund um den Marktplatz wollten auch noch eine Tiefgarage. Das paßte aber der Mehrheit nicht, und ihre Meinung wurde respektiert. Kein Einzelfall: Auch der Umbau von Bahnhof und Schwimmbad wurde auf diese Weise geplant. Die Mühe lohnt sich für die Stadt. Eine Planung, an der alle beteiligt sind, wird später auch akzeptiert.

Jeden Januar steckt die Post den 20.000 Haushalten eine Broschüre zu, die über die Ideen der Stadtplaner informiert.

Die Jugend der Stadt darf mitentscheiden: Kinder markieren mit Symbolen (Blumen, Totenköpfen, Kringeln) Gebiete auf der Stadtkarte. „An einer unbebauten, ungepflegten Stelle waren lauter Kringel eingezeichnet – also ‚ein Ort, an dem ich mich zu Hause fühle‘. Warum, fragten wir. ‚Da wachsen viele

Erdbeeren im Sommer', lautete die Antwort. Wir haben dann den Bebauungsplan geändert – eigentlich sollte dort ein Hochhaus hin." Zuweilen durchstreifen Gruppen von Stadtbeamten, Kleinkindern, Rollstuhlfahrern und Photographen die Stadt: Sie erkunden in „Planungsspaziergängen" das Gelände. Ohne ihre Partizipation wären die Bürgersteige auf der Stadtbrücke immer noch zu schmal. Zwar verdient ein Trottoir in Finnland nicht mehr globales Interesse als ein Sack Reis in China – wohl aber die Methode, die dahintersteckt.

Vierzig Bürgervereine, von der Stadt gefördert, organisieren heute die Planung von unten. Und an 150 Orten verteilt die Kommune Briefvordrucke für Kritik – Gebühr bezahlt Empfänger. Zwei bis drei ausgefüllte Exemplare kommen pro Tag zurück – Antwort garantiert. Ergänzt wird das System durch Umfragen. Ob in Schule, Kindergarten oder auf dem Arbeitsamt: eine Firma der Stadt prüft regelmäßig, wie zufrieden die Bürger mit dem Angebot sind. Auch die Beamten bittet sie systematisch um Kritik und vergleicht die Ergebnisse mit denen aus anderen Städten.

Zusammenarbeit zwischen Staat, Bürger, Wirtschaft: Networking nennen es die einen, Zivilgesellschaft die anderen. Der Staat tritt in Hämeenlinna nicht bloß als Regulierer oder Dienstleister auf, sondern als das, was in Großbritannien the *enabling state* genannt wird: als eine Instanz, die Neues anregt und möglich macht. So ein Staat muß kein Geld verplempern; seit 1987 reduzierte Hämeenlinna die Zahl der städtischen Mitarbeiter um fast vierhundert auf 2.080 – das sind gut zehn Prozent aller Erwerbstätigen; in Finnland insgesamt arbeiten doppelt so viele im Staatsdienst.

Unternehmergeist, Bürgerbeteiligung und effiziente Verwaltung: Stufe für Stufe reformierten die Finnen ihre Stadt.

Zwettl an der Rodl: Bürgersolidarität im Dorf

Ein Bericht von Bürgermeister Landtagsabgeordneten Arnold Weixelbaumer in Telfs, Oktober 1998.

Bürgersolidarität – ein neuer Begriff

Bürgersolidarität – ein neuer Begriff für Demokratie, Aufgabenverteilung und Ehrenamt, mit dem viele nichts anfangen konnten, obwohl gerade im ländlichen Raum die Solidarität noch einen erfreulichen hohen Stellenwert hat.

Eine verantwortungsvolle Kommunalpolitik hat sich nicht nur an materiellen Werten zu orientieren, sondern ist aufgefordert, auch

- geistige Werte,
- die gesellschaftlichen Strukturen,
- das kulturelle Umfeld,

und in Summe die zwischenmenschlichen Beziehungen auf ein Niveau zu bringen, das ein „Leben mit Qualität" sichert.

Aktive Bürgerbeteiligung

Ein Instrument, dieses Ziel zu erreichen, ist die aktive Bürgerbeteiligung.

Diese große Chance, innerhalb kürzester Zeit viele Projekte umzusetzen, eingefahrene Verhaltensmuster kontrolliert und gezielt aufzubrechen, habe ich ab 1991 als neugewählter Bürgermeister systematisch – und, wie die Ergebnisse in meiner Gemeinde zeigen, sehr erfolgreich – genützt.

Die Bevölkerung wurde 1993 schriftlich eingeladen, in acht Arbeitskreisen aktiv und kreativ mitzuarbeiten. Von den 1.800 Einwohnern haben sich zu unserer größten Überraschung rund dreihundert Personen gemeldet; Kinder und ältere Gemeindebürger berücksichtigt, sind das beinahe 25 Prozent der Bevölkerung, die grundsätzlich Bereitschaft zur Mitarbeit signalisierten. Der harte Kern der aktiven Mitarbeiter in den Arbeitskreisen hält sich nach viereinhalb Jahren immer noch bei beachtlichen 130 Personen, oder zehn Prozent der in Frage kommenden Damen und Herren.

Die intensive Arbeit in allen übrigen vierzig Vereinen, Körperschaften und kirchlichen Gemeinschaften der Gemeinde hat durch die zusätzlichen Arbeitskreise nicht gelitten. Im Gegenteil, es war eine allgemeine Aufbruchstimmung und vereinzelt eine gesunde Rivalität zu spüren.

Wie so oft bei Neuerungen waren zu Beginn dieser derart markanten Änderung der Entscheidungsfindung kritische und abwartende Haltungen der Fraktionen, der Gemeindeausschüsse, der alteingesessenen Vereine, der kirchlichen Organisationen und der Bevölkerung selbst festzustellen.

Diese verständlichen Unsicherheiten, vor allem bei den älteren Führungskräften, haben wir mit gezielten Informations- und Motivationsmaßnahmen und einer gut funktionierenden Öffentlichkeitsarbeit relativ schnell ausräumen können.

Daraus einige Beispiele:

- Auf Kosten der Gemeinde Exkursionen mit den Meinungsbildnern zu Mustergemeinden in einige Bundesländer,
- laufende Einstimmungsberichte in den Medien und in den sieben örtlichen Vereinszeitungen,
- Herausgabe einer eigenen Zeitung,
- Motivationswochenende mit den Arbeitskreisleitern,
- Startveranstaltung mit siebenhundert Besuchern im Rahmen des jährlichen Gemeindetages,
- Abhaltung einer jährlichen Pressekonferenz mit den Arbeitskreisleitern,
- für jeden Arbeitskreis ein bescheidenes, aber frei verfügbares Budget, Finanzierung von Kursen und Seminaren,
- Ehrungen durch die Gemeinde,
- viele persönliche Gespräche des Bürgermeisters, mit einem einfachen „Bitte“ und einem herzlichen „Danke“ haben auch das eine oder andere leichter gemacht.

Eine wesentliche Voraussetzung für ein gutes Gelingen war und ist die sorgfältige und sensible Auswahl und Aufbereitung der verschiedenen Formen der Beteiligung.

Die klassische, umfassende Einbindung in die endgültige Entscheidungsfindung, in die Detail- und Finanzierungsplanung sowie in die praktische Projektumsetzung, bei der die Bevölkerung selbst Hand anlegt, hat sich als ideale Form der demokratischen Mitbestimmung bestätigt.

Dazu ein konkretes Beispiel: Im Zuge einer Stärken- und Schwächenanalyse und gemäß der Vorgaben des zwischenzeitlich erarbeiteten Gemeindeleitbildes hat ein Arbeitskreis einen Bienenerlebnisweg und ein Bienenmuseum mit einem Kostenaufwand von rund sechs Millionen Schilling errichtet.

Der Arbeitskreis

- hat die Idee geliefert und großteils die Entscheidungen getroffen,
- hat die Planungen und Ausführungen koordiniert und
- hat innerhalb von zwei Jahren die geforderten Eigenmittel in Form von Sponsorbeiträgen und 12.000 Freiwilligenstunden an Eigenleistung eingebracht.

Allein bei diesem Projekt waren rund 450 Bewohner, von Kindergartenkindern bis zu Senioren, vom Hilfsarbeiter bis zum Pfarrer, von den Feuerwehren bis zum Gemeindearzt im Einsatz. Und das Schönste an der Sache: das gemeinsam Geschaffene wird fast kritiklos von der gesamten Bevölkerung als ihr Werk angesehen.

Der Bürgermeister, die Gemeinderäte, die Leiter der Arbeitskreise sind in mehrfacher Hinsicht enorm gefordert und müssen Größe beweisen, indem sie parteitaktischen Kleinkrämereien eine klare Absage erteilen, ausgleichend agieren, beratend zur Seite stehen und jede Hilfe sowie die nötige Infrastruktur zur Verfügung stellen.

Es liegt in der Natur der Sache und darf nicht verschwiegen werden, daß unser Krisenmanagement mehrmals gefordert war. Ein starker Politiker wird auch das Gespenst eines oft zitierten konkurrenzierenden „Schattenkabinetts“ nicht fürchten und wird große Wertschätzung ernten, wenn er Leistungen seiner Mitarbeiter in die Auslage stellt.

Bürgerbeteiligung ist ein schöner Weg, eine Gemeinde mitzugestalten, aber nicht für alle Bereiche sinnvoll, daher sind die Grenzen der Mitbestimmungsmöglichkeiten und der Kompetenzen genau auszuloten und festzuhalten.

Wir alle sind gefordert, die teilweise katastrophale gesellschaftspolitische Entwicklung nicht nur mit Lippenbekenntnissen zu beruhigen, sondern Nägel mit Köpfen zu machen. Die berechtigten Sorgen und Existenzängste vor allem der kleineren Gemeinden des ländlichen Raumes sind ernst zu nehmen.

Die Bedrohungen der Bürgersolidarität

Die Bürgersolidarität ist vielfach gefährdet: durch die schleichende Zentralisierung im Zuge des Abzugs von Ämtern und Behörden wie Gendarmerieposten, Bezirksgerichten, Postämtern in den Zentralraum und in größere Orte, durch die drohende Freigabe des Schulsprengels etc. Heute ist es die geplante Änderung des Sanitäterausbildungsgesetzes, morgen ist es vielleicht die Änderung des Feuerwehrwesens, mit der scheinbar ein neuer gesellschaftspolitischer Kurs eingeschlagen werden soll. Die Änderungen, unabhängig vom Kostenaspekt, werden viele Ehrenamtliche vor die Tür setzen und die dörflichen Strukturen und damit das Zusammenleben massiv gefährden. Es geht in eine Richtung, die wir alle nicht wollen.

Teure Konzepte und kostenintensive Programme zur Aktivierung des Dorflebens, zur Erhaltung der Nahversorgung können wir uns in Zukunft sparen, wenn wir mit dem Hausverstand die nötigen Rahmenbedingungen schaffen.

Vieles haben wir nur mit Hilfe der Ehrenamtlichen in den Gemeinden erreicht, vieles haben wir mit ihnen noch vor.

Wie man die Ehrenamtlichen ehrt: Beispiele aus der Steiermark

Auszug aus der Rede des Vorsitzenden der Jury, Univ. Prof. DDr. Gerald Schöpfer.

Die Jury hatte die schwierige Aufgabe, in einer Fülle von rund 420 Vorschlägen einerseits die Große Humanitas-Medaille zu vergeben und außerdem für jeden der 17 steirischen Bezirke eine Entscheidung für die Vergabe der Humanitas-Medaille zu treffen.

Welche Überlegungen gab es nun innerhalb der Jury bei der Zuerkennung der Ehrungen?

Ich darf aus unseren Grundsätzen zitieren: Bei Einzelpersonen soll modellhaftes und effektives Handeln, das der eigenen Initiative entspringt, geehrt werden.

Wir meinen, daß bei Organisationen vor allem junge Vereine, die bisher noch nicht im Rampenlicht gestanden sind, hervorgehoben werden sollten. Da die großen ehrenamtlichen Vereine eigene interne Auszeichnungsmöglichkeiten haben, soll das Wirken von Personen in diesem Rahmen nur dann prämiert werden, wenn es bei der zu ehrenden Leistung eine auffallende Besonderheit gibt, wie etwa Gründungsleistung, Innovationsschub, besondere Eigeninitiative. Die zu ehrende Leistung soll auch eine gewisse Kontinuität aufweisen.

In diesem Sinne haben wir gesiebt und in einem ersten Durchgang auch viele prominente Persönlichkeiten, die große Leistungen erbracht haben, aus unserer Bewertung ausgeschieden, weil sie schon mit hohen Auszeichnungen bedacht worden waren.

Wir haben auch jene spektakulären Hilfeleistungen ausgeschieden, die bereits in den Massenmedien die entsprechende Aufmerksamkeit fanden oder mit Landespreisen – wie beispielsweise dem Josef-Krainer-Heimatpreis bedacht wurden. Es war uns ein Anliegen, auch das Unspektakuläre, das vielleicht weitgehend unbeachtet in der Stille geschieht, aber genauso wirksam ist, in den Mittelpunkt zu stellen.

Wer nun den dicken Aktenordner mit den Einsendungen zur Hand nimmt und Blatt für Blatt durchliest, der wird dabei von den verschiedensten Emotionen heimgesucht.

Da ist einmal die Bewunderung für die vielen selbstlosen Leistungen, wo Menschen sich mit großem persönlichem Engagement in den Dienst sozialer Anliegen stellen und viele Tage und Nächte ihres Lebens opfern, um ihren Mitmenschen in irgendeiner Bedrängnis beizustehen. Die zahlreichen freiwilligen Helfer des Roten Kreuzes, der Feuerwehr, der Bergrettung, der Malteser – und wie sie alle heißen – erbringen unschätzbare Beiträge für das Gemeinschaftsleben in unserem Land, für die ihnen gar nicht genug gedankt werden kann. Es wäre geradezu unvorstellbar, daß es all diese Einrichtungen in unserem Land nicht gäbe.

Dann gab es zahllose Einsendungen, wo einzelne Personen vorgestellt werden, die ihr eigenes Leben in den Dienst der Pflege ihrer Angehörigen gestellt haben. Nur allzu schnell kann einem dabei die Bemerkung auskommen, daß es ja selbstverständlich sei, daß man sich um sein behindertes Kind, um seine kranken Geschwister oder um die pflegebedürftigen Eltern oder Großeltern zu kümmern habe. Wo es sich nicht um eine kurze, zeitlich befristete Hilfe handelt, sondern um eine dauernde, gleichsam lebensbegleitende Aufgabe, dort bedeutet diese angebliche „Selbstverständlichkeit", daß der eigene Lebenslauf ganz andere Bahnen annimmt, daß oft so manche Familie still und ohne viel Aufsehen Aufgaben übernimmt, die sie bis an die äußersten Grenzen der Belastbarkeit ausfüllen. Um dafür nur ein Beispiel zu erwähnen: Wir hatten erst unlängst die Tagung „Landkarte mit vertauschten Namen – die Pflege verwirrter älterer Menschen", wo pflegende Angehörige über ihre Kreuzwege berichteten, die sie mit einer bewundernswerten Gelassenheit, Nächstenliebe und inneren Stärke tragen.

Nicht leinwandgerecht

Wenn Sie die wahren Helden und Heldinnen unserer Zeit suchen: Sie sehen meist nicht leinwandgerecht wie Filmstars aus. Sie haben oft ein faltenzerfurchtes Gesicht, graue Haare und abgearbeitete Hände. Aber sie sind von einer inneren Größe, die für manche Mitmenschen kaum faßbar ist. Es ist auch viel zu wenig bekannt, welche volkswirtschaftliche und soziale Leistung von ihnen bewältigt wird: Den Löwenanteil von Pflegefällen finden Sie keineswegs in den dafür gegründeten professionellen Einrichtungen, deren Kapazität viel zu klein wäre. Den Löwenanteil finden Sie in den vielen Familien, die hier eine entscheidende Entlastung für die öffentliche Hand vornehmen. Um es zu konkretisieren: Von den rund 300.000 amtlich erfaßten Pflegefällen in Österreich – das sind all jene, welche in einem entsprechenden Verfahren ein Pflegegeld zuerkannt bekamen – werden lediglich 12 Prozent in Heimen betreut. Das bedeutet zugleich: 88 Prozent der Pflegefälle werden in der Familie bzw. von Angehörigen betreut, wobei diese Leistungen zu vier Fünftel den Frauen zuzurechnen ist. Lediglich ein Fünftel der Betreuungspersonen sind Männer.

Es ist auch interessant zu sehen, wie urtypische Formen der Hilfestellung in unserem Land reaktiviert werden.

Doch das Spektrum der Ehrenamtlichkeit geht noch viel weiter: Denken Sie an die verschiedenen Vereine, die dem Leben in unseren Gemeinden viel Farbe geben. Beginnend bei den mannigfachen Vereinen, die der heranwachsenden Jugend gewidmet sind, sind es die unzähligen Sportvereinen, Kulturvereine, Musikkapellen, Trachtenvereine, Kameradschaftsbünde, Chöre, Fremdenverkehrsvereine usw., die die Lebensqualität vieler Menschen entscheidend verbessern. Man denke aber auch an die vielen Bürgerinitiativen, die zur Durchsetzung verschiedenster Anliegen auf ehrenamtlicher Basis begründet werden und die aus dem lebendigen Bild unserer Demokratie nicht mehr wegzudenken sind.

Einen ganz besonderen Stellenwert haben sicherlich all jene Initiativen, die es sich zum Ziel setzen, Menschen zu helfen, die aus irgendwelchen Gründen durch die Löcher unseres Sozialnetzes gefallen sind. Österreich gehört heute durch den wirtschaftlichen Aufschwung seit 1945 zu den reichsten postindustriellen Gesellschaften. Dennoch gibt es viele unter uns, die den Wohlstand nur vom Hörensagen kennen. Es mag nun im Einzelfall sehr unterschiedlich sein, ob jemand nie eine gerechte Chance erhalten hat oder ob jemand durch irgendeinen Schicksalsschlag aus seinem vielleicht bislang erfolgreichen Lebensweg geworfen wurde. Fest steht, daß auch jene unsere Hilfe und Zuwendung verdienen, die sich in unsere Wirtschafts- und Sozialordnung nicht zurechtfinden und irgendwo am Rande unserer Wohlstandsgesellschaft zu finden sind. Hier keinen plakativen Aktionismus zu setzen, sondern ehrliche und beständige Hilfe zu leisten, ist ein wichtiges Anliegen, das Anerkennung, aber auch materielle Unterstützung verdient.

In diesem Sinne kam die Jury überein, die Große Humanitas-Medaille all jenen zu widmen, die sich in der St.-Vinzen-Gemeinschaft in Graz-Eggenberg ehrenamtlich betätigen. Ihnen ist es durch ihre Initiativen gelungen, eine modellhafte Hilfe zu leisten, die weit über die Grenzen der Steiermark hinaus Beachtung findet. Alle Entscheidungen sind innerhalb der Jury übrigens einstimmig erfolgt. Die Humanitas-Medaille für Graz wurde einer Selbsthilfegruppe zuerkannt, die uns als modellhaft und vorbildlich erschien. Ein Elternpaar hat die durch einen Schicksalsschlag verspürte Betroffenheit und sein Leid nicht in Resignation und Verbitterung hingenommen, sondern eine positive Initiative gesetzt, die heute anderen beisteht und Leid zu verhindern hilft.

Modellhafte Aktionen

Ob wir es wahrhaben wollen oder nicht: Ich durfte bereits erwähnen, daß Österreich zu den reichsten Staaten gehört. Und so ist es erfreulich, daß vielen Steirern die „Nachbarn in Not“ – wenn ich dieses bekannte Signet verwenden darf – nicht gleichgültig sind. Stellvertretend für viele großartige diesbezügliche Initiativen in unserem Land gehen einige Medaillen an derartige modellhafte Aktionen, deren Ziel es ist, grenzüberschreitende, völkerverbindende Hilfe zu leisten. Dabei zeigte sich Mut und bedenkenlose Einsatzfreude, wenn Hilfstransporte unter nicht geringem Risiko selbst in Kriegsregionen gebracht wurden. Es zeigte sich aber auch Phantasie und Einfallsreichtum, wenn es darum geht, die Mitmenschen zum Spenden zu animieren. Es gab auch Entscheidungen zugunsten von Initiativen, die sich um die Lebensqualität hilfsbedürftiger älterer Menschen bemühen. Wer sich die demographische Entwicklung der Steiermark ansieht, erkennt die steigende Bedeutung dieser Initiativen. In allen Teilen der Steiermark entstehen freiwillige Betreuungsgruppen, die zum Teil noch sehr jung, aber bereits überaus effektiv sind. Wichtige Initiativen widmen sich der unbürokratischen materiellen Hilfe für in Not Geratene und der Integration von Behinderten.

Ein Beispiel aus Stallhofen

Eine besondere Entscheidung gibt es für den Bezirk Voitsberg. Hier erweisen wir einer im 86. Lebensjahr befindlichen Dame unsere Reverenz. Was sie tat, wird manchen von Ihnen auf den ersten Blick vielleicht als nicht spektakulär genug erscheinen. Aber ich darf Sie um einen zweiten Blick bitten: Durch Jahrzehnte hat sie sich mit großem persönlichem Einsatz als „gute Seele“ um vieles im Ort und in der Pfarrkirche Stallhofen gekümmert. Da gab es mannigfache Handgriffe, die eben tagtäglich notwendig sind, um alles in Schuß zu halten: Sie war stets zur Stelle – und das seit sechzig Jahren. Und sie ist heute noch aktiv. Jeder der einzelnen Handgriffe mag klein genug sein, um ständig übersehen zu werden. Solche Dinge fallen meist erst dann auf, wenn sie nicht getan werden.

Wenngleich in den Juryentscheidungen diesmal vor allem das soziale Engagement unterstrichen wurde, soll aber auch nicht übersehen werden, wieviel die Ehrenamtlichkeit zu den übrigen Bereichen beiträgt.

In diesem Sinne ging für den Bezirk Hartberg die Humanitas-Medaille an eine kulturelle Initiative.

Wenn immer wieder über den Wert von Ehrungen, von Orden und Medaillen kritische Bemerkungen fallen, so soll auch hier ein klares Wort gesagt werden: Jeder Psychologe kann das bestätigen, was aber auch die tagtägliche Erfahrung erweist: Der Wunsch nach Anerkennung gehört zu den menschlichen Grundbedürfnissen – dazu braucht man nicht erst die Maslowsche Bedürfnispyramide zu studieren. Die Kälte einer Gesellschaft wird dann besonders spürbar, wenn sie immer nur ihre Kritikfähigkeit verbessert. Die ist zweifellos notwendig und wichtig – ohne kritische Korrektive gäbe es vielmehr Fehlentwicklungen. Kritik ist gleichsam das Salz unserer Demokratie. Doch wo es zuviel an Salz und Säure gibt, verliert sich die Geschmacksbalance. Wir müssen auch mit Lob umgehen können. Und jeder von uns – ganz gleich, in welcher Position er tätig ist – braucht ab und zu ein Lob, das ihn darin bestärkt, daß das, was er vollbringt, richtig und gut ist.

In diesem Sinne darf ich an Frau Landeshauptmann Klasnic die Anregung geben, auch an jene ein besonderes Dankeswort zu richten, die heute nicht unter den zu Ehrenden sind. Wir sollten die Medaillenvergabe nicht als einen Wettbewerb sehen, bei dem zwischen ehrenamtlich, noch ehrenamtlicher und am ehrenamtlichsten entschieden wird. Sondern allein schon vorgeschlagen gewesen zu sein bedeutet, daß etwas ganz Besonderes geleistet wurde.

Der Tatendrang geht nicht in Ruhestand – Das Ehrenamt als Chance

Ein süddeutscher Erfahrungsbericht von Renate Seißler in der „Süddeutschen Zeitung“ vom 26. Februar 1998 (Auszug).

Es war das Gefühl, „unnütz zu sein“, „von niemandem mehr gebraucht zu werden“, das Annemarie Monheims Leben von einem zum anderen Tag die Kraft gab, ihr Leben zu ändern. Die 65jährige begann über das Übliche hinaus anderen zu helfen und – half damit sich selbst. Das war vor drei Jahren. Mit einer Handvoll Gleichgesinnter organisierte sie Lebensmittel für Bedürftige. Annemarie Monheim: „Wir bettelten in der Münchner Großmarkthalle um Waren, die am nächsten Tag sowieso nicht mehr hätten verkauft werden können."

Die unspektakuläre, spontane Hilfe entwickelte sich, weitete sich rasch aus. „Ein Schneeballsystem", nennt Annemarie Monheim das, was sie erlebte. Heute versorgen rund sechzig Ehrenamtliche, vor allem Frauen, mit der „Münchner Tafel – Tischlein deck dich e.V." werktäglich Asylbewerber und ihre Familien, Obdachlose und andere Bedürftige. Die Spendenfreudigkeit für Lebensmittel ist so groß, daß die „Münchner Tafel" mittlerweile Bedürftige auch über Stadtteilmärkte versorgen kann. Gegen einen Berechtigungsschein der „Caritas" oder der Pfarrämter gibt es kostenlos Brot und Babynahrung, Obst, Fisch und andere Lebensmittel. Eine Idee, die sehr gut angenommen worden sei, sagt Annemarie Monheim.

Ähnlich wie der Mittsechzigerin ergeht es vielen Alten. Sie fühlen sich fit und voller Tatendrang. Sie haben großes Wissen und reiche Lebenserfahrung und wollen beides einsetzen und weitergeben. Auf dem Arbeitsmarkt ist kein Platz mehr für sie. Viele werden schon Mitte Fünfzig in den Vorruhestand geschickt oder „freigestellt". Um die Hände in den Schoß zu legen, fühlen sich die meisten noch zu jung. Sie wollen sich nützlich machen und etwas Sinnvolles tun.

Rund drei Viertel der über 60- bis 75jährigen möchten sich nach dem Berufsleben mit etwas beschäftigen, das sie interessiert und ihren Spaß macht. (Umfrage der Gesellschaft für Konsum und Marktforschung 1992.) 25 Prozent der Befragten bedauern, ihre Fähigkeit im Alter nicht mehr einsetzen zu können. Fast ebenso viele befürchten, keine Anerkennung mehr zu finden.

Die bisher gängige Vorstellung, daß die meisten Menschen am Ende eines arbeitsreichen Lebens einen ruhigen Lebensabend genießen wollen, ist offenkundig so nicht richtig. Immer häufiger ist der Wunsch nach einem aktiven Leben im Alter zu hören. Verständlich, denn beim Ausscheiden aus dem Beruf oder nach der Familienphase haben Rentnerinnen und Rentner meist noch 30 Jahre ihrer Lebensspanne vor sich. Sie stehen mit ihrer erworbenen Kompetenz mitten im Leben, sollen aber nicht mehr dazugehören.

Vergeudetes Potential, wie Sozialwissenschafter ökonomisch formulieren. Immer mehr Alte werden in Zukunft zum Nichtstun verurteilt sein. Die Menschen werden immer älter. Bis zum Jahre 2030 wird die Altenbevölkerung um mehr als ein Drittel angewachsen sein. Das traditionelle Altenbild, das von Betreuungsbedürftigkeit und vom Rückzug aus dem öffentlichen Leben gekennzeichnet war, ist überholt.

Gerontologen fordern deshalb, die Altenpolitik müsse sich von dem überholten Leitbild schleunigst verabschieden. Es gelte, die Lebensqualität der Älteren zu fördern. Der Wertewandel der Gesellschaft hat auch die ältere Generation erfaßt. Sie will eigenständig und selbstbestimmt leben. Sie sucht sinnstiftende Aktivitäten und Verantwortung. „Sinnlos vertane Zeit macht unzufrieden und unleidlich", ist die Erfahrung von Annemarie Monheim von der „Münchner Tafel". Eine sinnvolle Beschäftigung sei sehr wichtig, um das Leben weiter zu strukturieren. Das schütze gerade Alleinlebende vor Einsamkeit und Depressionen.

Die Bereitschaft zum freiwilligen Engagement für die Allgemeinheit ist bei den Alten besonders groß. Doch fehlen oft die Möglichkeiten und Anstöße, tatsächlich aktiv zu werden. 38 Prozent der Deutschen sind nach einer Untersuchung des Diakonischen Werks bereit, sich ehrenamtlich zu engagieren. Tatsächlich sind nur rund 17 Prozent der Bevölkerung unentgeltlich sozial tätig. Das sind rund 12 Millionen Bürgerinnen und Bürger, wobei die älteren überproportional stark vertreten sind.

Klagen der Vereine

Die ehrenamtlich geleisteten Arbeitsstunden ergäben umgerechnet einen Wert von rund 130 Milliarden Mark. Fast die Hälfte aller Deutschen sind Mitglieder in Organisationen und Zusammenschlüssen. In nahezu 70.000 Selbsthilfegruppen und Initiativen engagieren sich 2,65 Millionen für sich und andere. Diese Selbsthilfekräfte hat auch die ältere Generation entdeckt. Unkonventionell lassen sich in Selbsthilfegruppen die Wünsche der Alten nach Kreativität und Aktivität, Unabhängigkeit und Eigenständigkeit, Eingebundensein und Interessensvielfalt verwirklichen. Entsprechend dem sich wandelnden Altersbild wird auch die Forderung nach einem neuen „emanzipierten" Verständnis des Ehrenamts laut. Das „alte" Ehrenamt sei nicht mehr zeitgemäß, wird kritisiert. Schon ist ein neuer Begriff aus Amerika da: „Volunteer" (Freiwilliger). Doch ob ein neuer Begriff die Inhalte entstaubt?

Das ganze Spektrum der ehrenamtlichen Tätigkeit ist bisher nicht umfassend untersucht worden. Alle Daten sind mit Vorbehalt zu betrachten. Dazu gehören auch die Klagen von Vereinen, Verbänden und Organisationen, immer weniger ließen sich für ehrenamtliches Engagement gewinnen. Die „Ellbogengesellschaft" und die „Entsolidarisierung" machten sich auch hier bemerkbar. Aktuelle Aussagen zeigen jedoch, daß die Gesamtzahl ehrenamtlich und freiwillig Engagierter sowie die Bereitschaft, ein Amt zu übernehmen, sehr gestiegen sind. Nach Angaben der „Deutschen Gesellschaft für Freizeit e. V." hat sich die Zahl der ehrenamtlich Tätigen seit den sechziger Jahren fast verfünffacht.

Ehrenamtlich meint jede freiwillige, unentgeltliche außerberufliche Tätigkeit, die am Gemeinwohl orientiert ist. Auf freiwillige ehrenamtliche Arbeit sind nahezu alle Bereiche der Gesellschaft und des Staates angewiesen. Ohne „Ehrenamtliche" liefe nichts. Gesundheit und Soziales liegen an der Spitze der ehrenamtlichen Arbeit, gefolgt von Sport und Freizeit. Frauen leisten den größten Teil der ehrenamtlichen Arbeit im sozialkaritativen Bereich. Politik und Sport sind eine Domäne der

Männer geblieben. In der Ehrenamtsspitze dieser Organisationen sind Frauen immer noch unterrepräsentiert.

Die Lebens- und Berufserfahrungen der älteren Generation – dabei wird zwischen jungen Alten, Alten und Hochbetagten unterschieden – sollen nicht weiter brachliegen. Eine Reihe von Modellprojekten, Förderungen und Initiativen umwirbt die Alten. Ziel: ihren ehrenamtlichen Einsatz zu fördern und ihnen damit gleichzeitig die Möglichkeit zu einer selbstbestimmten, befriedigenden Lebensgestaltung zu bieten. Ein erfolgreiches Beispiel ist das 1992 vom Bundesfamilienministerium gestartete Modellprogramm „Seniorenbüro". Heute erreichen rund einhundert Seniorenbüros in Städten und Gemeinden – über das gesamte Bundesgebiet verstreut – ältere Menschen. Die Mitarbeiterinnen und Mitarbeiter der „Seniorenbüros" wissen um die Wünsche und Sorgen der Alten.

Für Kultur und künstlerische Aktivitäten engagieren sich Alte besonders gern. Beliebt sind Musik-, Literatur-, Geschichts- und Theatergruppen. Öffentliche Ehrenämter in der Politik und in Interessensvertretungen nehmen gut ein Viertel der Alten wahr. Sie wirken in Heimbeiräten, im Stadt- und Gemeinderat, als Schöffe, als Schiedsfrau oder übernehmen Vormundschaften. Dem Interesse an Politik folgen soziales Engagement und generationsübergreifende Hilfen: Nachbarschaftshilfen, Oma-Hilfsdienste, Handwerkerdienste, Krankenbetreuungs- und Besuchsdienste, Patenschaften im Kindergarten, Obdachlosenhilfe, die Betreuung von Aussiedlern und Asylbewerbern sowie vieles andere mehr. Immer mehr Menschen – mithin auch Alte – begreifen das Ehrenamt als Chance, als Demokratie von unten. Neue Formen bürgerschaftlichen Engagements und der Selbsthilfe älterer Menschen sind in Baden-Württemberg mit den Senioren-Genossenschaften erfolgreich ausprobiert worden. Über die „Initiative 3. Lebensalter" entwickelte sich die Arbeitsgemeinschaft zur Förderung bürgerschaftlichen Engagements mit dem Ziel, demokratische Strukturen und „die Solidarität der Menschen durch gemeinsames Handeln zu stärken". Die „Aktion 55" wirbt in Sachsen für ein neues Verständnis bürgerschaftlicher Mitsorge, Mitverantwortung und Mithilfe. In Brandenburg gibt es seit 1994 das Förderprogramm „55 aufwärts", das sich wie in Sachsen an die 55- bis 60jährigen wendet. Gisela Gehrmann, Diplom-Gerontologin an der Fachhochschule Potsdam und ehrenamtliche Landesvorsitzende der „Volkssolidarität" – einem 1945 gegründeten Wohlfahrtsverband, der DDR- und Wendezeiten überdauerte und heute der stärkste Wohlfahrtsverband im Osten Deutschlands ist –, schätzt die Arbeit der ehrenamtlich arbeitenden Ortsgruppen, in denen die Nachbarschaftshilfe gewachsenes Vertrauen genießt, sehr hoch ein. Ihre Erfahrung: „In das Ehrenamt werden die Menschen gezogen oder geschoben." Die Ermunterungen „Das kannst du doch" oder „Mach doch mal was" wirken am besten.

So war es auch bei Ingeborg Markl, 77. Der Kaplan der katholischen Pfarrgemeinde St. Johann Baptist in München-Haidhausen sprach sie an: „Könnten Sie nicht etwas helfen?" Eigentlich wollte Ingeborg Markl nur kurz für eine kranke Pfarrschwester einspringen – „ich hatte zwei Söhne und war schon im Elternbeirat". Das „Einspringen" dauert nun schon 37 Jahre. Die 77jährige: „Ich habe damals das erste offene Altenwerk in der Pfarrei mitbegründet und ehrenamtlich geleitet." Seit zwanzig Jahren ist Ingeborg Markl auch für den Frauenkreis des katholischen Frauenbundes da. Mit ihrer Kollegin Luise Wutte, 77, bekam sie dafür kürzlich das „Ehrenzeichen des Bayerischen Ministerpräsidenten für Verdienste von im Ehrenamt tätigen Männern und Frauen". Sie organisierten Vorträge zur Rentenproblematik, sie spielen Theater, laden einmal im Monat Prominente für die „Geburtstagskinder" ein. Ingeborg Markl hat die Arbeit in der Gemeinde immer sehr viel Freude gemacht. „Ich bereue keine einzige Stunde. Es war immer schön, und die Menschen mögen mich."

Hotline für Engagement im Ehrenamt

Über eine Hotline informiert die Stiftung „Bürger für Bürger – die Nationale Freiwilligenagentur für Deutschland", deren

Schirmherr der Bundespräsident ist, Personen, die an ehrenamtlichem Engagement interessiert sind, aber auch Institutionen und Initiativen. Nach dem Vorbild in den Niederlanden, in Großbritannien und in den USA will die Nationale Freiwilligenagentur bundesweit eine wirkungsvolle Lobby für das Ehrenamt bilden. (Anschrift der Agentur: Singerstraße 109, 10179 Berlin)

Vorbereitung auf den Ruhestand in Bad Steben

Das bayerische Staatsbad Steben will „Ruheständlern" helfen, sich auf ihre neue Lebenssituation einzustellen. Die persönlichen Neigungen der Kurgäste stehen dabei im Vordergrund. Das „Aktiv-Programm" in Bad Steben enthält Wanderungen durch den Frankenwald, Kochkurse, kreatives Arbeiten mit Ton und Seide sowie „Arztvorträge" und Kuranwendungen wie Bäder, Massagen, Packungen sowie Rücken-, Herz-, Kreislauf- und Kräftigungstraining. (Nähere Informationen sind unter folgender Rufnummer zu erhalten: 09288/96020, Fax 96010)

Investitionen in der ambulanten Pflege

Die ambulante Pflege ist ein Sektor für Investitionen. Das ergab eine Marktanalyse, die das Bonner Institut Marmas zur Entwicklung der Altenhilfe im ambulanten und stationären Bereich erarbeitete. Sie zeigt, daß trotz guter Ausstattung viele ambulante Dienste Erweiterungsinvestitionen ins Auge fassen, um ihre Leistungsfähigkeit zu steigern. Dazu gehören eine verbesserte EDV-Ausstattung, nicht EDV-gestütze Pflegeplanungs- und Dokumentationssysteme und Fahrzeuge sowie Mobilfunk und Mobiltelephone.

Der Steinbacher Weg: Wie Bürgersolidarität eine Krisen-Gemeinde zu einem Vorbild machte

Auszug aus einem Bericht über den „Steinbacher Weg" von Bürgermeister Ing. Karl Sieghartsleitner, Dr. Christian Dörfel, Karl Schwarzelmüller, Albert Schinke und DI Günther Humer, 1999.

Wir über uns

Die Gemeinde Steinbach an der Steyr erstreckt sich über eine Fläche von 28,22 Quadratkilometer im oberösterreichischen Alpenvorland. Zu ihr gehören außer dem Ort Steinbach an der Steyr die Katastralgemeinden Forstau, Zehetner und Pieslwang. Die anmutige Landschaft wird geprägt durch einen reichen Wechsel von Wiese, Feld und Wald.

Die Zahl der Bevölkerung ist wieder gestiegen und beläuft sich auf 2.085 Personen. Zum Teil leben die Menschen von der Landwirtschaft. Im Ort selbst gibt es zunehmend Gewerbe- und Dienstleistungsbetriebe, trotzdem muß der überwiegende Anteil der Arbeiter und Angestellten ihren Arbeitsplatz außerhalb der Gemeinde wahrnehmen.

Der geschlossene Ortskern liegt auf 380 Metern Seehöhe und stellt ein historisch gewachsenes Ortsbild dar. Von den Flußterrassen steigt das Gelände in sanft geböschten Hängen mit zahlreichen Vierkanthöfen bis zur Wasserscheide zwischen dem Enns- und Steyrtal.

Entwicklungsstufen des Leitbildes

Erstmals wurde 1987 – im Rahmen einer Klausurtagung des gesamten Gemeinderates und nach grundsätzlichen und wertorientierten Impulsvorträgen im Plenum – das Leitbild in Gruppenarbeit erstellt und die wesentlichen Grundsätze und Ziele der künftigen Gemeindearbeit formuliert. Als Diskussionsgrundlage wurde an alle Fraktionen des Gemeinderates der erarbeitete Entwurf zur Stellungnahme weitergeleitet. Ein Redaktionsteam hat die Ergänzungen und Abänderungsvorschläge der Fraktionen in den bestehenden Text des Leitbildentwurfs eingearbeitet.

Anschließend wurden die Meinungsbildner der Gemeinde eingeladen, den Text des Leitbildentwurfes zu hinterfragen und zu ergänzen. Die diesbezüglichen Formulierungsvorschläge und inhaltlichen Ergänzungswünsche wurden vom Redaktionsteam geprüft und weitgehendst in das Leitbild eingearbeitet.

In der darauffolgenden Gemeinderatssitzung wurde sodann das Leitbild, Fassung Nr. 1, im Jahr 1988 nach eingehender Diskussion einstimmig von den Mitgliedern des Gemeinderats beschlossen. In einer Bürgerversammlung wurde das Leitbild der gesamten Bevölkerung präsentiert. Nach der Gemeinderatswahl 1991 wurde im Rahmen einer moderierten Gemeinderatsklausur, an der auch die kooptierten Mitglieder der Fachausschüsse teilnahmen, hinterfragt, inwieweit die Aussagen des Leitbildes der inzwischen eingetretenen Entwicklung der Gemeinde noch gerecht würden.

In der Folge wurden die weiteren Schritte eingeleitet: Diskussionen des überarbeiteten Leitbildes in den Fraktionen, Vereinen, Institutionen usw.

Das so überarbeitete Leitbild, Fassung Nr. 2, wurde in der Gemeinderatssitzung, die am 11. September 1992 in Reichersberg am Inn im Rahmen einer Exkursion des Gemeinderates stattfand, einstimmig von allen Fraktionen beschlossen.

Aus Anlaß der Gemeinderatswahlen 1997 wurde das Leitbild im Jänner 1998 im Rahmen der nun jährlichen Gemeinderatsklausur und unter Beteiligung der kooptierten Mitglieder der Fachausschüsse neuerlich überarbeitet. Der überarbeitete Entwurf wurde allen Haushalten der Gemeinde zur Stellungnahme zugesandt. Die eingebrachten Abänderungsvorschläge bzw. Ergänzungen wurden vom Redaktionsteam eingearbeitet.

Am 16. März 1998 wurde der nun vorliegende Text, Leitbild Fassung Nr. 3, mit den Stimmen aller Fraktionen einstimmig beschlossen. Die Mitglieder des Gemeinderats und die kooptierten Mitglieder in den Fachausschüssen wurden und werden auf die Einhaltung und Umsetzung des Leitbildes angelobt.

Das nun vorliegende Leitbild, Fassung Nr. 3, wurde neuerlich allen Haushalten der Gemeinde, den Ämtern und Behörden auf Bezirks- und Landesebene sowie den Nachbargemeinden zugestellt.

Leitbild Steinbach an der Steyr: Die Grundsätze

- *Langfristig und nachhaltig*

Unsere Entscheidungen und Handlungen orientieren sich nicht an kurzfristigen Erfolgen, sondern an der langfristigen Sicherung der Lebensqualität gegenwärtiger und künftiger Generationen.

Wirtschaftliche Belastungen für die Zukunft werden in zumutbaren Grenzen gehalten.

Im Sinne einer nachhaltigen Entwicklung sehen wir die Bewahrung unserer natürlichen Lebensgrundlagen, ein ausgewogenes soziales Miteinander und ein erfolgreiches Wirtschaften nicht im Gegensatz zueinander stehend, sondern als innere Einheiten.

- *Identität – „sich daheim fühlen"*

Angesichts der vielen Veränderungen rund um uns gehen wir behutsam mit dem Gewachsenen und Vertrauten um. Dies bezieht sich besonders auf das reiche kulturelle Erbe, die vielfältige Landschaft und das gewachsene Ortsbild.

Geborgenheit und das „sich daheim Fühlen" sollen durch lebendige Beziehungen der Menschen zueinander erlebbar sein.

- *Selbstversorgung und Nähe*

Wir streben einen höchstmöglichen Grad an Selbstversorgung mit naturnah erzeugten Lebensmitteln, nachwachsender Energie und wichtigen Dienstleistungen an.

Durch bewußtes Verhalten beim Einkaufen, bei der Auftragsvergabe und in der Freizeitgestaltung tragen wir auch persönlich zur Stärkung von „Strukturen der Nähe" bei. Der Erhaltung bestehender und der Schaffung neuer Arbeitsplätze vor Ort schenken wir besondere Beachtung.

- *Eigenverantwortung, Partnerschaft und Solidarität*

Im Bewußtsein unserer christlichen und sozialen Wurzeln wollen wir im privaten wie auch im wirtschaftlichen Umgang miteinander Eigenverantwortung wahrnehmen und gleichzeitig Partnerschaft und Solidarität bewußt leben.

Wir übernehmen Mitverantwortung für die Schwachen und Bedürftigen in der eigenen Familie, in der Gemeinde und in der Region.

- *Bürgerbeteiligung und Patentschutz der Ideen*

Das bewußte miteinander Arbeiten und Gestalten soll jedem Gemeindebürger neue Freude und persönliche Wertschätzung erfahrbar machen.

Wir betrachten die Fähigkeiten und Talente unserer Bürgerinnen und Bürger als wertvolle Grundlage zur Mitgestaltung. Ein Klima der Kreativität und der Erneuerung, das vielversprechende Ideen aus allen Bevölkerungsschichten verwirklichen hilft, ist zu fördern. Wir wollen die Urheber neuer Ideen wertschätzen, den „Patentschutz" wahren und uns nicht mit „fremden Federn" schmücken.

- *Neue politische Kultur*

Die politischen Verantwortlichen der Gemeinde nehmen die Herausforderung an, im Sinne des Leitbildes als Vorbilder zu wirken.

Die erfolgreichen Erfahrungen mit der „neuen politischen Kultur" wollen wir konsequent weiterführen. Verantwortung wie Erfolg werden gemeinsam geteilt.

Bei auftretenden Konflikten und Mißverständnissen bemühen wir uns um eine rasche, sachliche Klärung.

- *Von der Vision zum Handeln*

Wir wissen, daß es zunächst bestimmter „Visionen“, weiters konkreter Ziele und schließlich konsequenter Aktivitäten bedarf, um die erfolgreiche Entwicklung unserer Gemeinde weiterzuführen. Diese werden periodisch den neuen Herausforderungen angepaßt.

Personenregister

Bachstein, Werner 215
Badelt, Christoph 215
Bartenstein, Martin 116,179
Baudenbacher, Carl 201
Beck, Ulrich 201
Benz, Hermann 55
Berlach-Pobitzer, Irene 84
Blair, Tony 29,106
Bretschneider, Rudolf 93
Breuer, Rolf-E. 66
Burkert-Dottolo, Günther 93
Bush, George 28, 86
Clinton, Bill 29, 202
Diess, Sigurd 223
Dörfel, Christian 251
Domany, Christian 93
Erhard, Ludwig 22
Fidesser, Erich 93
Fleischhacker, Michael 17
Fröschl, Susanne 93
Garbislander, Stefan 224
Gehrmann, Gisela 249
Gerstl, Wolfgang 177
Görg, Bernhard 177
Herb, Michael 93
Heuser, Uwe-Jan 232
Hochhauser, Anna-Maria 93
Höbelt, Lothar 18
Humer, Günther 251
Jacobi, Heinz 231
Johannes Paul II. 88
Kennedy, John F. 213
Keuschnik, Martin 224
Khol, Andreas 15ff, 93
Kirchweger, Peter 93
Klasnic, Waltraud 114, 244
Klinger, Albrecht 93
Koch, Roland 203
Krejci, Heinz 93
Landau, Michael 78
Lenze, Hans Heinz 93
Liessmann, Konrad Paul 11, 19
Lincoln, Abraham 115
Mader, Karl 178
Marboe, E. W. 178
Marin, Bernd 52
Markl, Ingeborg 249
Mikl-Leitner, Johanna 93
Molden, Fritz 11
Monheim, Annemarie 294f.
Nenning, Günther 15
Pass, Claudia 219
Passath, Gerald 93
Peinhaupt, Christa 84
Peter, Reinhard 93
Pirklbauer, Birgit 219
Postman, Neil 135
Pröll, Erwin 35, 93
Pühringer, Josef 35, 93
Randow, Gero von 232
Raos, Josef 223
Rauscher, Hans 15
Reagan, Ronald 15, 27, 28, 106
Riedl, Johannes 93
Riegler, Josef 22
Rinke, Inge 93
Rothmund, René 229ff
Ruppe, Hans Georg 93
Sallmutter, Hans 78
Schilcher, Bernd 16
Schinke, Albert 251
Schmidt, Heide 16
Schöpfer, Gerald 239
Schrader, Oliver 84
Schüssel, Wolfgang 11
Schwarzelmüller, Karl 251
Schwarzmann, Ueli 231
Seißler, Renate 244
Sieghartsleitner, Karl 251
Simonis, Heide 211
Smekal, Christian 225
Spannring, Markus 93
Sperl, Gerfried 16
Sporschill, Georg 120
Stocker, Monika 231
Stöckl, Barbara 178
Thatcher, Margaret 15, 28, 106
Thöni, Erich 224
Ulram, Peter 34f.
Walterskirchen, Gudula 93
Watermann, Ute 232
Wegener, Alexander 232
Weissel, Erwin 17
Weixelbaumer, Arnold 234
Winkler, Hans 18
Wintoniak, Alexis 89, 93
Wössner, Jakobus 225
Wutte, Luise 249
Zapotoczky, Klaus 219
Zulehner, Paul Michael 52, 65, 93, 129

Dieter Zehetmayer, *Der Standard*